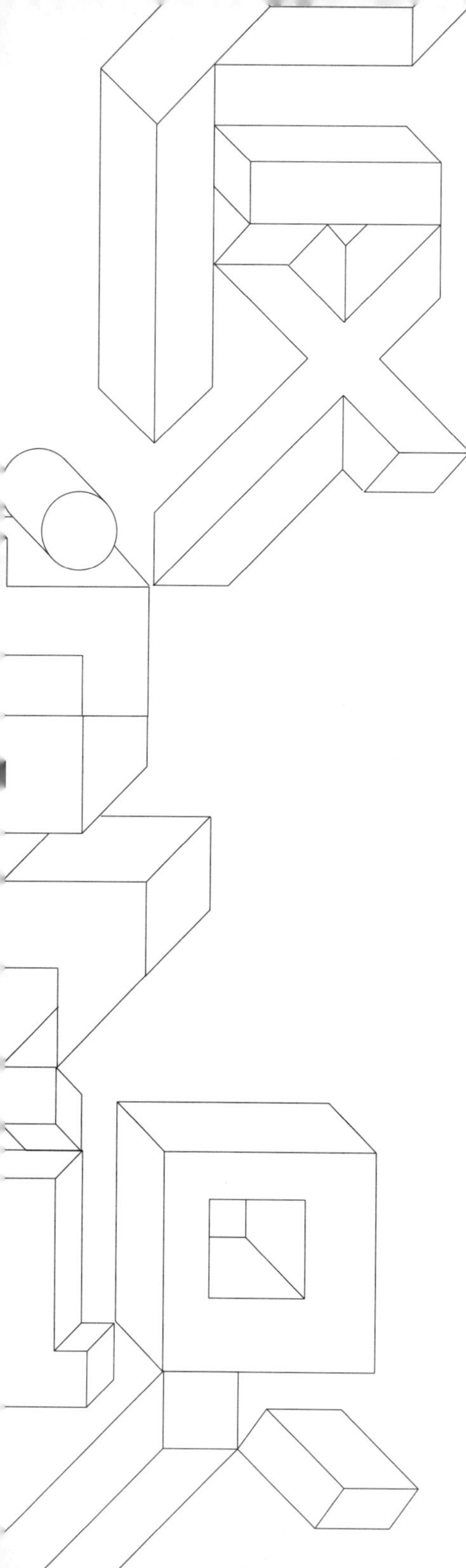

反常识经济学 /1

生活中的经济游戏

The Armchair Economist

Economics and Everyday Life

Steven Landsburg

[美] 史蒂夫 · 兰兹伯格 著

徐臻 译

中信出版集团 · 北京

图书在版编目（CIP）数据

反常识经济学 . 1，生活中的经济游戏 /（美）史蒂夫 · 兰兹伯格著；徐臻译 . -- 北京：中信出版社，2018.6

书名原文：The Armchair Economist: Economics and Everyday Life

ISBN 978-7-5086-4085-3

I. ①反… II. ①史… ②徐… III. ①经济学－通俗读物 IV. ① F0-49

中国版本图书馆 CIP 数据核字（2017）第 234720 号

反常识经济学 1——生活中的经济游戏

著　　者：[美] 史蒂夫 · 兰兹伯格
译　　者：徐　臻
出版发行：中信出版集团股份有限公司
　　　　（北京市朝阳区惠新东街甲 4 号富盛大厦 2 座　邮编　100029）
承 印 者：北京诚信伟业印刷有限公司

开　　本：880mm × 1230mm　1/32　　印　　张：12.5　　字　　数：216 千字
版　　次：2018 年 6 月第 1 版　　印　　次：2018 年 6 月第 1 次印刷
京权图字：01-2007-0300　　广告经营许可证：京朝工商广字第 8087 号
书　　号：ISBN 978-7-5086-4085-3
定　　价：58.00 元

目 录

再版序 // V

前　言 // XI

关于章节的说明 // XV

第一部分 **生活的真谛**

第 1 章　诱因的力量：安全带如何成了罪魁祸首 // 003

第 2 章　理性的谜题：为什么 U2 乐队演唱会门票总能售罄 // 017

第 3 章　真相还是推论：如何分开付账或挑选电影 // 033

第 4 章　无差别原则：谁在意清洁的空气？ // 049

第 5 章　模拟人生的电脑游戏：学习生活的真谛 // 069

第二部分 **正义与邪恶**

第 6 章　明鉴是非：民主的雷区 // 077

第 7 章　税收为什么存在弊端：效率的逻辑 // 095

第 8 章　为什么价格是好东西：斯密 vs 达尔文 // 113

第 9 章　药品与糖果，火车与火花：法庭上的经济学 // 127

第三部分 如何阅读新闻

第 10 章 对打击毒品该如何站队：为什么《大西洋月刊》弄错了 // 145

第 11 章 赤字方法论 // 161

第 12 章 喧哗与骚动：媒体的虚假智慧 // 179

第 13 章 数据如何说谎：失业也可以是好事 // 209

第 14 章 政策骗局：我们需要更多文盲吗？ // 223

第 15 章 几则中肯建议：两党制的终结 // 235

第四部分 市场如何运作

第 16 章 为什么电影院的爆米花要更贵，为什么显而易见的答案总会出错 // 249

第 17 章 求爱与串通：约会博弈 // 269

第 18 章 赢者诅咒与闷闷不乐的失败者：为什么生活总充满失望 // 279

第 19 章 股价与随机漫步理论：投资者入门 // 289

第 20 章 关于利率的几点想法：扶手椅上的预测 // 305

第 21 章 艾奥瓦州的汽车公司 // 317

第五部分 科学的雷区

第 22 章 爱因斯坦真的可靠吗？科学方法中的经济学 // 323

第 23 章 改进的橄榄球：经济学是怎么弄错的？ // 337

第六部分　**信仰的雷区**

第 24 章　我为什么不是环保主义者：经济学作为一种科学 vs 生态学作为一种信仰　// 351

附　录　关于资料来源的说明　// 367

再版序

1991 年的一天，我走进一家中等规模的书店，在书架上数到了 80 余种量子物理学与宇宙史的图书。又经过几排书架，我发现了理查德·道金斯（Richard Dawkins）的畅销书《自私的基因》（*The Selfish Gene*），附近还陈列了几十本解释达尔文进化论以及基因密码的书。

这些书中的佳作令我受益匪浅。通过它们，我了解到了自然奇观、未解之谜，领略了崭新的思考方式。在这场知识的伟大探险中，我发现自己与它们达成了一项共识，即视野与简洁性成就了理念的非凡。

经济学同样是一场知识的伟大探险。然而 1991 年时，我竟然找不到一本书致力于将其中的妙处分享给普通读者。没有书探讨经济学家思考问题的独特方式，而他们总能利用几个简洁的理念就阐明人类的大部分行为。这些理念修正了偏见，令我们震动之余得以用全新的方式认识世界。

于是，我决定写作此书。1993年，本书的第一版出版后，吸引了数量众多并且热情洋溢的读者。过去20多年间，它逐渐获得了更为广泛的认可。然而最令我引以为傲的是，如果经济学家想挑一本书向母亲解释自己的工作，他们总会想起我的这本书。

过去20多年发生了许多重大改变。如今，再没有人会抱怨在书店里找不到大众经济学读物。我相信，有些脱颖而出的作品一定受到了本书的启发。近年来，最畅销的经济学普及读物来自史蒂芬·列维特（Steven D. Levitt）与史蒂芬·都伯纳（Stephen J. Dubner）所著的《魔鬼经济学》系列（*Freakonomics*）。它提供了十分愉悦的阅读体验（我为《华尔街日报》撰写评论时已经提过）。然而，尽管具备许多优点，《魔鬼经济学》只是一系列奇妙并且极具启发性的轶事的辑录，并不能被视作理解经济学的一种指引。《魔鬼经济学》令人眼前一亮的是取材于日常生活的事实，而本书令人眼前一亮的是它的逻辑。

逻辑很重要。它使我们从简单的理念（idea）中获得意外的结论。简单的理念是，人们会对诱因做出反应，意外的结论是，如果司机知道自己受到安全气囊的保护，他们会更加肆无忌惮地开车从而导致更多事故；简单的理念是，商品价格降低，供应随之减少，意外的结论是，回收纸张——导致树木价格降低，将造成植被数量减少，森林面积萎缩；简单的理念是，垄断者攫取了其所在市场的所有好处，意外的结论是，石油供应受到影响后，价格飙升的原因并非垄断而是竞争——如果石油公司具有垄断能力，绝不会等到供应减少才大幅提价。

证据也很重要，但逻辑本身已经足够显示它的强大能力。再次引用回收与森林面积的案例。如果我指出，美国拥有数量庞大的牛群是因为人们消费很多牛肉，罕有读者会要求我提供具体的数字作为佐证。但我们应该明白，基于同样的理念，种植大片森林是因为人们消耗很多纸张。当然，理念本身可能存在误导性——如同数字。尽管如此，我们仍然得以在全新的思考方法中向前迈进，即使它们并非绝对可靠。

1991 年以来，改变不胜枚举。我写作本书的第一版时，设想过一种“模拟人生的电脑游戏”。没有人告诉你是赢是输。你在游戏中生活，然后死去。如果你玩得不错，就能获得相应回报；如果觉得没必要钻研玩法，那也无所谓。如今，现实生活中真的出现了类似的游戏，它已经拥有超过 2 000 万玩家。它就是“第二人生”（*Second Life*）[①]。1991 年时，我编造过 CEO（首席执行官）试图研发一款能装在口袋中的电脑的故事。或许，现在你正通过

① “第二人生”是由 Linden Lab 开发，于 2003 年推出的一款以“合作、交融和开放”为特色的大型 3D 模拟现实游戏。——译者注

那种电脑阅读这本书。

也有许多事没有发生改变。如同1991年，我们一如既往地从最基本的经济学原理中获得启发、乐趣，以及意想不到的发现，尽管如今它们已经应用到了更为广阔的领域。

为适应21世纪，在升级版中，我将同样的经济学原理应用到了互联网、媒体以及其他我认为合适的当代场景中。因此，我对有些章节——它们已经落后于时代——进行了全部改写，在另外一些章节中融入了更多当下的案例。关于磁带、宝丽来胶片以及沃尔特·蒙代尔[①]的案例则被完全删除。

这个版本还汲取了大量来自丽莎·戴利（Lisa Talpey）的建议。她眼光挑剔，反复审读本书的每个章节，在简洁性上提出了相当之高的标准，并督促我不断修改。获得戴利的认可后，我认为它几乎已经没有改进空间了。

1991年以来，还有一件事发生了改变：整个世界更加强调意识形态。如今，已经不太可能给出毫无争议的经济学论证。每个人都会怀疑你抱有某种意识形态的目的。因此，请允许我开宗明义：我的确持有自己的观点，总的来说，我相信市场的力量，并且对政府干预能够产生更好结果的观点心存疑虑。某些段落中，

① 沃尔特·蒙代尔（Walter Mondale），美国政治家，在总统卡特任内出任副总统。——译者注

我或许过分强调了自己的观点，但绝非为了强调意识形态。除了极少数例外，经济学家无论立场如何，都不该影响他们的研究。这是经济学家展开工作的最基本前提。经济学家中，对理念重要性的优先顺序存在一些争议，但他们绝不会反对理念本身的正确性。经济学家无论立场如何都对本书第一版赞赏有加，认为它准确勾勒了我们共同拥有的基本思想，我十分期待新版本也能够获得同样的嘉赏。

前 言

我刚进入芝加哥大学研究生院时，《华尔街日报》发表了约翰·特雷西·麦克格拉斯（John Tracy McGrath）的一篇文章，罗列了“为难经济学家的各种方式”。他提出了一系列令人尴尬的常见问题，内容包罗万象，自以为经济学家无法对此做出解答：为什么自动售卖机卖的香烟比商店里的贵？为什么橘子汽水的价格高达汽油的4倍？

那天吃晚餐时，我的朋友们与我——均为研究生一年级学生——不停揶揄麦克格拉斯的文章，认为根本不需要太多经济学知识就能轻易化解他的刁难。

如今，我在经济学领域的积累又增加了30年，却转而认为麦克格拉斯提出的问题既有趣又令人费解。在我的记忆中，当年我们在餐桌上给出的回答实在太过草率，无异于一种逃避。大部分回答都提及了“供应与需求”，好像我们真的完全理解它。无论当时我们以为它的含义是什么，我们都确信那就是经济学的真谛。

而如今，我如此理解经济学的真谛：首先，你要对世界怀抱好奇之心并承认它充满未解之谜；其次，你要将一般命题设定为人类行为总是服务于某种目的，继而尝试对其做出解释。有时，谜题本身——如同麦克格拉斯提及的那些——相当棘手，于是我们在虚拟世界中寻求类似谜题的解释，并将之称为“模型”。如果我们的目标是理解橘子汽水的价格为什么高于汽油价格，可以想象一个人们只能购买橘子汽水和汽油的世界；如果我们的目标是理解为什么有人希望废除禁止用硅胶丰胸的法律，可以想象一个男性将胸围作为唯一择偶标准的世界。

我们构建模型，并非是认为它们就能够代表现实，而是因为在理解现实世界前，它们为我们提供了有效的热身。我们的目标——一如既往——从来都是理解人类生活的现实世界。理解的第一步恰恰在于承认理解世界并非轻而易举之事，但我们刚进入研究生院时还对此一无所知。

这本书收录了一系列文章，它们试图呈现经济学家如何思考：我们认为什么现象神秘、它们为什么神秘，以及我们如何理解它们。书中提及的有些谜题得到了解答，而有些尚待解答。我可以列举许多理由说明了解经济学为什么很有好处。然而在这本书中，我试图强调它能够作为一种解开谜题的工具，而且过程本身充满乐趣。

过去几十年间，我万分荣幸每天中午都能与一群杰出的经济学家共进午餐。我在他们睿智且独辟蹊径的思考中获益良多，并且深深叹服于他们的质疑精神。每一天，总有人带着新的谜题加入午餐，它们总能收获十几个原创的绝妙解答，继而遭到另外十几种反对观点的打击，只有少数能够得以幸存。而我们每日的乐此不疲，仅仅来自单纯的乐趣。

在某种程度上而言，这本书是对我们午餐讨论的记录。我提出过一部分原创想法，但已经无法肯定它们具体是哪些。多年来，我从马克·比尔斯（Mark Bils）、约翰·伯伊德（John Boyd）、马尔文·古德弗兰德（Marvin Goodfriend）、布鲁斯·汉森（Bruce Hansen）、哈南·雅各比（Hanan Jacoby）、吉姆·卡恩（Jim Kahn）、肯·麦克劳林（Ken McLaughlin）、阿兰·斯托克曼（Alan Stockman）以及其他人处大获裨益。对于大家一路走来的经历与回忆，我深怀感激，并将此书献给我们共同的午餐讨论会。

THE ARMCHAIR ECONOMIST

关于章节的说明

本书各章呈现了经济学家思考世界的方式。绝大多数情况下，不存在必要的阅读顺序。有些章节提及了前述章节中的故事、想法，但不会影响理解该章节的内容。

本书力图客观真实地反映主流经济学家的思考方式。当然，在具体细节上存在许多讨论空间，任何经济学家都可能对我的某些叙述提出异议。但我相信，绝大多数读过此书的经济学家将赞同它准确地反映了他们的普遍性观点。

细心的读者或许会发现，此书将经济学论证应用到了大量人类行为（有时是非人类行为）中。他们还将发现，抛出经济学原理应用的相关问题时，作者总不惮承担过分笼统的风险。我深信，经济学原理具有普适性。它们与人种无关，与性别无关。因此，我自信，我使用“他”、“他们”或者“他的”人称代词时不会引起细心读者的误解。当我使用男性称谓时，它们均为客观的第三人称叙述。

THE ARMCHAIR ECONOMIST

第一部分

生活的真谛

第 1 章　诱因的力量：安全带如何成了罪魁祸首

大部分经济学现象都可以用以下几个字概括："人们会对诱因做出反应"[①]。剩下的，都是对这句话的解释说明。

"人们会对诱因做出反应"听起来没什么特别，几乎所有人都认可，它就如普遍原理，人们对它的正确性毫不怀疑。然而经济学家不同于众人的地方就在于，他们无时无刻不恪守原理。

我记得 20 世纪 70 年代后期，当时美国政府实行价格管制，常常要排半小时队才能加满一整箱汽油。经济学家普遍认为，如果油价可以自由浮动，人们就会少买汽油。然而不懂经济学的人

---

① 原文为"people respond to incentives"，也有人译作"人们会对激励做出改变"。——译者注

不这么认为。事实证明经济学家是正确的：管制解除后，排长队加油的现象消失了。

或许每一代人都要重新学习这一课。2008年夏，油价再次飙升，记者们估计严重依赖汽油的美国人会不计代价地维持旧习。然而经济学家却相当笃定，认为人们会减少汽油消费。这一次，经济学家又说对了。到2008年8月，汽油消费已经减少了8.5%（并非出于偶然），正好与此前经济学家的预测一致。

经济学家坚信诱因的力量，并从中获益良多。在探索未知的领域时，他们总将它作为自己的“向导”。安全带（或者安全气囊、防抱死刹车）刚被引入市场时，所有经济学家都预计到其中的一个后果：车祸数量的上升。人们小心开车很大程度是因为车祸可能导致死亡，但司机有了安全带或安全气囊，原来的威胁就减少了。诱因改变，人们依此调整了自己的行为，开车不那么当心了。结果就是，车祸反而增加。

在油价上涨方面，政府的原则正是基于相似可预测的行为。汽油价格下跌，人们会购买更多汽油；不需为事故付出太多代价（比如降低死亡或者收到医疗账单的概率），人们会“选择”更多车祸。

你或许会反对，认为车祸不像汽油，不论怎样都称不上是人们会争着抢着去买的“好东西”，但对于追求速度而不顾一切的人而言，它的确是个好东西。选择将车开得快一点，或者更风风火火一些，其实相当于选择了更多事故，至少在概率上如此。

还有个有意思的问题：哪种后果更严重呢？安全带等安全设备究竟增加了多少交通事故？我们可以使用以下一目了然的方式看待它：安全带增加了事故中的幸存概率，也就是降低了司机的死亡率；但安全带在纵容放肆行为上却增加了司机的死亡率。哪一种效果更明显？是增加死亡人数的净效应，还是减少死亡人数的净效应呢？

这个问题无法用纯逻辑回答。你必须知道具体数字。第一位研究它的是芝加哥大学的萨姆·佩兹曼（Sam Peltzman）。他的结论是，两者的后果几乎相当，因此就相互抵消了。安全带（以及填充式仪表盘和折叠式转向管柱）引入市场时，车祸的数量增加了，但每起事故中的死亡人数降低了。不过总体而言，司机的死亡人数没有发生根本改变，行人的死亡数量反而上升了——这也难怪，行人可没有自带填充式仪表盘。随后的研究表明，安全气囊和防抱死刹车的效果也与此相似。

我发现，每次与外行人谈及佩兹曼的研究，他们都无法相信仅仅因为汽车变得更安全，司机就会变得粗心大意。不过，深知诱因导致人们行为改变的经济学家从来不会对此放松警惕。

如果你很难相信这点，不妨这么想，当汽车存在更多隐患时，人们总会在驾驶时更加小心翼翼。当然，这不过是换一种方式讲同一件事，但使用这样的方式人们似乎更容易理解：如果我从你的车上卸下安全带，你开车时会更加小心吗？要是我将车门都卸了呢？

将这种逻辑推到极致，如果每辆新车的方向盘上都伸出一根长矛，直抵司机的心脏位置，车祸的发生率恐怕会急剧降低。我估计，连追尾事故也一定会大大减少。

另外一个极端案例是纳斯卡车赛（NASCAR）[①] 的车手。他们的座驾十分安全，就算以高速撞上水泥墙，车手也能安然无恙地走下车。车手如何看待这种安全性呢？引用经济学家罗素·索贝尔（Russell Sobel）和托德·内斯比特（Todd Nesbit）的话："他们以200英里[②] 的时速在环形赛道上彼此追逐，与身旁赛车的距离仅隔几英寸[③]——且事故层出不穷。"当赛车本身足够安全时，车手制造的事故反而更多。纳斯卡车赛每年都会更新数百条与安全有关的规定，这些都反复验证了索贝尔和内斯比特的论断。

2001 年的戴通纳 500（Daytona 500）赛事上，导致老戴尔·恩

---

① NASCAR 全称为 National Association for Stock Car Auto Racing，是在美国流行的汽车赛事，每年有超过 1.5 亿人次到现场观看比赛，有人称它为美国人的 F1。——译者注

② 1 英里 ≈ 1.609 公里。——编者注

③ 1 英寸 ≈ 2.54 厘米。——编者注

哈特（Dale Earnhardt Sr.）死亡悲剧的车祸引发了赛车规则上的一项重大变化。如今，车手必须穿戴保护头部与颈部的汉斯装置（HANS device）。车祸发生时，该装置会为车手提供全面保护。经济学家亚当·波普（Adam Pope）和罗伯特·托利森（Robert Tollison）认为，汉斯装置几乎使车祸发生率提高了两个百分点。车手死亡和受伤的情况减少了，但后勤保障团队的受伤比例却增加了。

由于系了安全带，开起车来就甘愿冒更多风险，听起来似乎有些说不过去。人们会为不顾死活地驾驶付出代价，但也要看到它的好处。你去哪儿都更快了，在路上还常常有了更多乐趣。所谓“不顾死活”其实有许多形式：可以是在危险的情况下驾驶，也可以是在驾驶时头脑放空或者玩 iPad（苹果平板电脑）。不管哪种做法，都会为你的旅途增加乐趣，但与此同时，也可能提高事故发生的概率。因此，认为安全带根本一无是处的说法其实并不正确。它当然对驾驶者有好处，只不过不一定在你以为的方面而已。

有时，人们想当然地以为没有什么值得我们甘冒死亡的风险——至少不包括我以上列出的任何事项。经济学家认为这种想法尤其令人沮丧，因为不管提出它的人还是其他人都不会信以为真。每一天，所有人都为微不足道的甜头冒着死亡风险。去星巴克买摩卡星冰乐当然有风险，肯定不如待在家里安全，可人们照样开车去星巴克。我们要问的不是凡此种种小乐趣是否值得冒险。答案毫无疑问，当然值得。正确的提问方法应该是为了一星半点的乐趣值得冒多大风险。我可以很理性地说："如果开车时玩 iPad 的死亡率只有百万分之一，我会想玩；但如果概率提高到千分之一，那我就不玩了。"很多人会在车速 25 英里而不是 70 英里时玩 iPad，正是这个道理。

佩兹曼的观察表明，随着驾驶环境的改变，司机的行为会发生很大改变。有些司机的行为还可能会影响其他人。《辛普森一家》（*The Simpson*）[①] 的粉丝或许记得，霍默和玛姬有一次在他们汽车的后挡风玻璃上贴了一张"车内有婴儿"的贴纸。这么一来，其他司机就会格外留意，避免发生剐蹭事故。现实中，人们也是这么做的。我知道，有些司机认为这些贴纸简直是在侮辱人，它们的潜在含义其实是别人开车不够上心。但经济学家才不会在意他们的感受，因为他们知道司机不可能时刻保持警惕（你每次去杂货店时都会踩刹车吗？）。不仅如此，他们还知道大多数司机的警惕性与他们所处的环境有很大关系。一般来说，所有司机都不想伤害其他汽车里的乘客，如果车里坐的是孩子，许多司机更不愿

① 《辛普森一家》是美国福克斯广播公司出品的动画情景喜剧，霍默和玛姬均是其中的主角。——译者注

发生悲剧。那些人看到婴儿贴纸时会格外小心驾驶，也很乐意自己得到了提醒。

这个发现意外引发了一项有趣的研究。研究旨在观察有贴纸或没有贴纸的情况下发生车祸，司机的谨慎程度有何差别。经济学家提出假设，许多司机看到“车内有婴儿”的贴纸后开车会更加小心。但不幸的是，车祸发生率可能存在偏差，至少有以下三个原因导致了这种偏差。第一，贴了贴纸的父母开车时可能格外小心。他们较少碰上车祸只是因为他们自己是小心驾驶的司机，而不是贴纸影响到其他司机的行为。第二（它起到了“反作用”），贴了贴纸的父母认为这会引起其他司机的注意，所以自己开车时反而掉以轻心了。这会导致他们更有可能遭遇车祸，部分抵消了其他司机小心开车带来的好处。第三，如果“车内有婴儿”的贴纸真的管用，你根本无法阻止没有孩子的伴侣往自己的车上贴同样的贴纸。如果司机知道很多人都在撒谎，就不会再做出反应了。

这意味，车祸发生的原始数据其实无法反映司机对“车内有婴儿”贴纸的态度。现在的问题是找出一种高明的统计方法揭示其中必要的关联性。我并不想罗列问题的解决方法，只是用这个案例说明实证经济学研究[①]面临的典型困境。许多经济学研究就此

① 实证经济学是指描述、解释、预测经济行为的经济理论研究。——译者注

提出了各式富有创见的解决方案。

好吧，关于实证研究所面临挑战的讨论有些跑题，现在让我们回到主要话题：诱因的力量。经济学家的第二天性就是对这种力量做出解释。更安全的避孕技术会减少意外怀孕吗？不一定。新技术减少的是性行为付出的“代价”（意外怀孕只是代价的一种），因此人们更沉溺性爱。性行为导致怀孕的概率降低，但性行为的次数却增加了，所以意外怀孕可能减少，也可能增加。节能汽车会降低我们对汽油的消耗吗？不一定。节能汽车降低了驾驶成本，所以人们会更频繁地开车。他汀类药物（Statin），比如立普妥（Lipitor）降低了“沙发土豆”[①]所付出的代价，但可能提高心脏病发病率。正如低焦油香烟可能提高肺癌发病率，优质橄榄球头盔可能导致更多伤害，低卡路里合成脂肪可能是导致肥胖症的罪魁祸首。

刑法是研究人们对诱因做出反应的关键领域。严厉的惩罚究竟能在多大程度上遏制犯罪活动呢？其中，死刑引起了研究者的特别关注。大大小小政府设立的委员会与不计其数的学者从各个方面研究过死刑产生的威慑效应。通常，他们的研究总是仔细检

---

① “沙发土豆”指那些拿着遥控器蜷缩在沙发里，只会跟随着电视节目转来转去的人，这个词形象地描绘了电视对人们生活方式带来的影响。——编者注

视执行死刑与豁免死刑的美国各州间谋杀率的比较。由于这些研究经常忽视决定谋杀率的其他重要因素，所以常常受到经济学家的严厉批评。（比如，他们经常未能将执行死刑的宽严尺度纳入考量，而谁都明白各州之间的情况其实大相径庭。）

另外一方面，以精密统计技术为基础的计量经济学（econometrics）可以用于衡量诱因的力量。因此，计量经济学很自然地就被运用到了对死刑效果的检视中。纽约州立大学水牛城分校的艾萨克·埃利希（Isaac Ehrlich）是相关研究的代表人物之一。由他领衔的先锋性研究得出了一项惊人的结论：20 世纪 60 年代（美国最高法院宣布暂时中止死刑前的十几年）[①]，每宗死刑大约可以预防 8 起谋杀。1976 年死刑恢复后，后续研究获得了相同的数据。

埃利希采用的研究方法受到了其他经济学家的广泛批评。但我认为，这未免有些太过苛刻。大部分批评都十分晦涩难懂，针对的主要是统计方法上的技术问题。类似质疑十分必要，但在经济学界，人们其实已经普遍接受埃利希使用的实证研究能够揭示

① 1972 年，美国最高法院裁决死刑违反宪法，后又于 1976 年推翻了这项裁决。——译者注

死刑效果的重要真相。[①]

加利福尼亚大学洛杉矶分校的爱德华·利默（Edward Leamer）曾发表过一篇题为《别再将计量经济学视作众矢之的》（*Let's Take the Con Out of Econometrics*）的有趣文章。他警告，影响研究结果的其实是研究者的偏见。他列举了一个简单的计量经济学实验。如果研究者倾向支持死刑，他得出的结论可以是每执行一次死刑会预防 13 起谋杀。同样的实验，如果研究者倾向反对死刑，他得出的结论可以是每次死刑实际上只能遏制 3 起谋杀。尽管如此，除非有人对死刑抱有极大偏见，绝大多数计量经济学研究均认为，死刑的确具备威慑效果。谋杀犯会受到诱因的影响。

结果怎么会是这样呢？多数谋杀犯难道不是激情杀人或者采取了非理性行为吗？上述怀疑或许没错，但我至少可以指出其中的两处缺陷。首先，埃利希的研究表明，每一宗死刑可以遏制 8 起谋杀，但他并没有明确指出是 8 起怎样的谋杀。只要有谋杀犯收手，死刑就具有威慑力；其次，为什么我们想当然地以为激情谋杀犯没有受到诱因影响呢？我们想象一位对妻子恨之入骨的丈夫，通常情况下，如果他知道自己有 90% 的机会能够逃脱死刑的

---

① 课堂上，我通过这些研究来表达几个观点。至少，我们可以在政策层面上存在分歧这一点达成共识。艾萨克·埃利希在说服经济学界接受死刑对谋杀具有威慑效应的同时，他本人一直竭力主张废除死刑。

惩罚，说不定就会杀了妻子；在某个暴怒的瞬间，他完全丧失了理智，尽管得知他只有 20% 的机会能够免受死刑，或许他还会杀了她。人即使处于盛怒之中，依旧会考虑自己受到惩罚的概率究竟是 15% 还是 25%。

（我也顺便提一下上述怀疑的第三种缺陷。“8”这个数字不是埃利希凭空捏造的，而是通过对数据十分复杂的分析得出的。拥有质疑精神没错，但严肃的怀疑主义应该同时对研究抱持开放态度，再逐一指出究竟对哪一部分论证存在怀疑。）

有证据表明，即使我们认为人们的行为应该经过深思熟虑，甚至是理性的，他们依旧会受到诱因的影响。心理学家发现，如果你递给人们一杯很烫的咖啡，如果他们认为杯子不值钱，就会“失手”打碎杯子；如果他们认为杯子价值连城，就会设法坚持一阵。

因为关节炎（我的头往右转时很不舒服）和其他不负责任做法的关系，多年来我倒车时，车的右侧后方总会撞上灯柱、树或者其他静止的障碍物。由于这样的事总是发生，修车厂老板开玩笑说应该给我打折。每修一次保险杠要花 180 美元，我已经渐渐地将它视作一项必要开支。2002 年，我买了一辆新车，保险杠使用的是玻璃纤维。后来我撞到一棵树，发现维修这种保险杠竟然要花 500 美元。从此以后，我再也没撞上任何东西。如此看来，连经济学家都会对诱因做出反应。

实际上，对诱因做出反应就如其他下意识的举动。得克萨斯A&M大学进行过一系列实验，研究者让老鼠和鸽子通过推动不同杠杆来“购买”各种食物和饮品。每一件商品都明码标价。比如推3下杠杆可以得到一滴根汁汽水①，或者推10下可以得到一块奶酪。动物们每天都会得到推动杠杆的机会，类似它们的“收入”。收入用完，杠杆就不可以被推动。有些版本的实验中，动物完成不同任务可以得到额外“收入”。它们每完成一项任务，就会得到相应的“固定工资”——也就是推动杠杆的机会。

研究者发现，老鼠和鸽子对价格、收入变化和工资变化，会做出相应的行为调节。如果根汁汽水涨价，它们就少喝根汁汽水；如果加工资，它们就更卖力工作——如果它们已经有足够多的收入，那么就会选择休息。这些反应与经济学家观察到的人类行为完全一致。

诱因很重要。经济学文献中数以千万计的实证研究证实了这一点，却没能提出任何一个有力的反驳。经济学家不断对它进行验证（或许他们暗暗盼望通过找到一个反例来令自己名声大振），扩大它的适用范围。我们以前只意识到顾客会对肉类价格做出反

---

① 根汁汽水用姜和其他植物的根制成，不含酒精，在美国很流行。——译者注

应，后来意识到司机对安全带的反应，谋杀犯对死刑的反应，老鼠和鸽子对工资、收入和价格变化的反应。经济学家还研究人们如何选择婚姻伴侣和家庭规模，应该在多大程度投身宗教活动，以及是否要做出残忍不仁的举动。[这股风气实在太过盛行，以至《经济政治学期刊》(*Journal of Political Economy*)发表过一篇充满讽刺意味的文章，旨在研究刷牙产生的经济效应。基于牙齿清洁度将影响收入，它“预测”人们愿意花上一半的清醒时间来刷牙。作者吹嘘，“没有任何社会学模型能够得到如此精确的结论”。]尽管表现形式不同，但万变不离其宗：诱因很重要。

第 2 章　理性的谜题：为什么 U2 乐队演唱会门票总能售罄

经济学的出发点在于，假设所有人的行为都是理性的。当然，这种假设并非牢不可破，很多人立刻就能从自己的亲戚那儿举出反例。

但是，这种假设的正确性从来不是科学研究的前提。你不妨问一位物理学家，如果从你家的屋顶往下扔一只保龄球，它多久会着地？物理学家想必很乐意假设你的房子处于真空状态，从而通过计算得出正确答案；你也不妨问一位工程师，如果从某个角度撞击台球，它将如何运动？工程师想必不会考虑摩擦力，而且他绝不会对自己的精确预测产生任何动摇；你问一位经济学家，如果汽油税上调会出现什么结果，他想必会假设所有人都是理性的，然后给你一个漂亮又精确的答案。

对于假设，我们检验的不是它们的正确性，而是它们究竟有多可靠。基于这一标准，“理性”（rationality）拥有十分出色的过往记录。它告诉我们，人们必定会对诱因做出反应，我们可以就此给出不胜枚举的例子。理性告诉我们，人们愿意花更多钱购买净重 26 盎司而不是 11 盎司的谷物早餐；技术好的工人通常比手艺平平的同行获得更高报酬；热爱生活的人不会从金门大桥纵身一跃，结束自己的生命；婴儿饿了总会用哇哇大哭来表达自己的需求。所有这些，通常而言都没错。

然而当我们假设人是理性的，就常常刻意忽略了个人偏好。人各有其好[①]——这是经济学家的指导原则之一。一些喜欢去剧场的音乐剧迷沉醉于辉煌的乐谱、细腻的唱词、炫目的演出、难忘的角色。他们讴歌生命，以及探索发现世界的全新方式。其他人则满足于看木偶剧[②]（The Muppet），听它们口不择言地骂粗话。我们没有理由评判其中任何一方不理性。如果人们出于取悦伴侣或

---

① 原文为拉丁语：De gustibus non disputandum est。——译者注

② 是一组以木偶为主角展开的滑稽风格喜剧小品，由吉姆·汉森（Jim Henson）于 1955 年创办，2004 年被迪士尼收购，成为迪士尼旗下一个主题动漫项目。——译者注

令朋友刮目相看的需要，而观看了并非自己第一选择的演出，我们也没有理由说这不理性。我们认为人是理性的，因为大体上，喜欢音乐剧《Q 大街》[①] 的人们，如果不是为了讨好伴侣，或者迫切想向某人"证明"自己的品位，或者没有其他理由购买古典乐《小夜曲》[②] 的门票，那么他们就不会为了《小夜曲》而放弃《Q 大街》。大部分时候，这都没错。

同样，如果一个女人花 1 美元购买了一张奖池为 500 万美元的彩票，但中奖概率是一千万分之一，我们没法说她是不理性的。而且，如果她的双胞胎姐妹选择不买彩票，我们也没法说她是不理性的。每个人面对风险的态度不同，采取的行为就可能不同。如果在中奖概率相同的情况下，有人买了一张奖池为 500 万美元而不是 800 万美元的彩票，那么我们就会认为她不理性。但我们以为，类似举动十分少见。

尽管如此，许多人类行为看起来都不怎么理性。当名人为一款产品背书，即使这无法在实质上保证产品的质量，销售量还是会增长。摇滚音乐会和百老汇演出的门票总在开演前好几周就售

---

① 《Q 大街》（*Avenue Q*），2003 年首演于外百老汇的 Vineyard 戏院，于 2004 年的"东尼奖"（Tony Awards，百老汇舞台剧界最高荣誉奖）中斩获"最佳音乐剧"、"最佳音乐剧编剧"和"最佳音乐剧词曲"三项大奖。——译者注

② 《小夜曲》（*A Little Night Music*）为奥地利作曲家莫扎特的作品。——译者注

罄，而且如果票务商提高票价，门票依旧会售罄，但他们并没有这么做。地震保险往往在发生地震后卖得比较好，即使未来发生地震的可能性并没发生改变。人们花时间为总统大选投票，即使没有任何证据表明单个选民手中的那一票会左右最终结局。

我们该如何解释这些现象呢？其中一种不乏明智的回答是，好吧，人们大部分时候是理性的，但并非总是如此；经济学能够解释一些行为，但并非适用于所有行为。总有一些例外存在。

而另一种回答是，死板地相信所有人在任何时候都是理性的，并且坚持为那些看起来不理性的行为找出理性的解释——不管它们有多么诡异。

经济学家选择了后者。

为什么？

设想一位精通万有引力定律的物理学家，坚信这几乎是终极真理。一天，他第一次见到氦气球，这赫然挑衅了他熟稔已久的定律。他面临两种选择：他可以说，“好吧，万有引力定律通常是正确的，但并非总是如此，现在我们找到了一个例外”；或者，他也可以说，“我在不抛弃原有科学基本原理的前提下，可以用什么方法解释这种奇怪的现象呢”。如果他选择第二种方法，而且足够聪明，最终会发现有些物质的属性比空气轻，继而认识到这种现象与万有引力定律并不冲突。这个过程中，他不仅能够更了解氦气球，还能得以更深刻地理解万有引力如何运作。

或许，万有引力定律真的存在例外。有一天，我们的物理学家会碰到这种现象。如果他还是死死抱住那套理论，坚持寻找合理的解释，他就会失败。如果失败得以积累，就会产生新的理论对现有理论做出补充。但至少在开始的时候，比较明智的做法是考察令人惊讶的现象是否能够与现有理论共存。这种尝试本身，对科学家而言是十分有益的脑力训练，有时还会得到额外的收获。不仅如此，如果我们过于草率地抛弃现有运转良好的理论，很快我们就将变得一无所有。

因此，经济学家花费大量时间相互挑战，为那些看起来不理性的行为寻找理性的解释。当两三位经济学家聚在一起吃午餐，正是讨论这些谜题的最佳时机。我拥有无数类似的午餐体验，十分想与大家分享一些案例。

摇滚巨星演唱会的门票总能飞快地售罄。刚一开票，抢票的窗口期转瞬即逝。为了买到门票，你必须在恰到好处的时刻连上网络，不断刷新浏览器，直到运气降临。如果提高门票的定价，窗口期可能长一些，但无论如何门票总会售罄。那么，票务商为什么不干脆大幅提价呢？

在经济学家中，这是个老生常谈的问题。最常见的答案是，把票弄到手的难易程度是一种免费营销手段，目的是让乐队多接近公众，延长流行时间。票务商不愿牺牲宣传的长期利益交换一时的门票收入。

我个人认为，这种说法不怎么令人满意。如果演唱会门票卖到 300 美元，你也可以找到有价值的宣传方式。为什么出票速度快就是好的，而不是提高票价但同样售罄呢？

我听过的最好的解释来自我的朋友肯·麦克劳林（Ken McLaughlin）。他是这么说的：票务商不喜欢有钱的听众，他们喜欢狂热的听众。那些人一定会在演出时购买 CD、T 恤和其他衍生商品。他们总是紧跟乐队动态，知道什么时候开票，并据此调整自己的安排，恰好能在那个时刻守候在网上。换句话说，他们愿意一路过关斩将，只是为了买一张 U2 乐队演唱会的门票。票价低，意味门票很快就会售罄；而迅速售罄能够保证买到票的听众都经历了过关斩将。

我认为这种说法很有说服力，它为票务商的做法提供了理性的解释。不幸的是，它没能解释其他类似现象：热门的百老汇演出门票在不提价的情况下总能很快售罄，卖座的电影大片在刚上映头两周也是如此。[①] 这套解释还能继续发挥作用吗？我不知道。

---

① 以百老汇演出为例，门票的定价方式令高价票总是卖得比低价票快。一开始，我怀疑这是为了防止人们购买低价票。

我们常玩这个游戏的目的之一，就是找到类似麦克劳林提出的理论。另外，还有一层用意。我们从经验中得知，一套理论必定能够适用于非常规的预测，而原则上，预测能够帮助我们检验这套理论。就这个案例而言，我们预测到了门票定价低以及短暂的销售窗口期（同时卖出了大量 CD 和 T 恤）；预测到门票定价高以及延长的销售窗口期（但未必能卖出如此多 CD 和 T 恤）。我不知道上述预测是否准确，但很期待它得到现实的检验。

我要谈的下一个谜题是产品代言。不难理解，人们为什么总相信罗杰·埃伯特[①]（Roger Ebert）推荐的好电影，因为他的事业依靠的就是他公允的声誉。电影广告喜欢打出他的评语，正是这个原因。

但很多时候名人代言产品，他们并不具备检验产品质量的专业技能，不过是因为收了钱。知名演员为互联网服务供应商代言，前政客为处方药代言，教皇利奥十三世[②]（Pope Leo XIII）曾为含可卡因的专利药代言，甚至诺贝尔经济学奖得主也不例外。人们

---

① 罗杰·埃伯特，美国影评人，普利策奖获得者。他撰写的电影评论在美国和全球超过 200 家报纸发表。——译者注

② 利奥十三世，出生于 1810 年，有“第一位资产阶级教皇”之称。——译者注

相信这些广告，销售额因而节节攀升。

如果你得知，行李箱制造商支付了6位数的广告费请名人拍摄影片，在网络疯狂传播，其中有价值的信息是什么呢？你怎么能保证购买行李箱时所做的选择足够理性呢？

我可以提供一种解释。许多制造商都在生产行李箱，但追求成功的方式各有不同。有些人想赶紧捞一票，因此产品定价低，当大家知道它们的行李箱质量堪忧时，就迅速撤出市场。另外一些人采取长期策略：它们打造优质的产品，逐步打开市场，从而获得最终回报。作为后者，它们一定想确保顾客知道他们的与众不同之处。

于是，这些公司可以采取的方式之一就是公开设立保证金，以确保它的长期存在：它们往银行账户存了50万美元，预期在未来5年内每年收回10万美元。如果公司在此期间停止生产，老板就会损失这笔保证金。只有重视品质的公司才会甘愿缴纳保证金。因此，理性的消费者会购买它们的产品。

请名人为产品代言的行为类似缴纳保证金。公司在前期就做了一大笔投资，期待在更长的时间里慢慢收回成本。如果一家公司只打算干一年，绝不会浪费这笔钱。我每次看到名人为产品代言，就知道那家公司对自己的产品质量很有信心，而且相信它能卖得好。

这套理论还提供了另一种尚待检验的预测：如果产品质量无法立竿见影地显现，名人代言会更普遍。

同样的论证方式也适用于解释为什么银行大楼总是采用大理石地面和希腊式石柱装修，尤其是美国联邦存款保险公司[①]（federal deposit insurance）成立之前建造的银行大楼。试想有一个骗子，在好几个小镇开设银行，没过几个月就卷款潜逃。不同于想将生意世世代代经营下去的富国银行（Wells Fargo Company），骗子不可能在每个踏足的地方都盖上一栋华丽的大厦。于是，理性的小镇居民选择拥有华丽大楼的银行——于是富国银行出于理性花了大价钱装饰自己的门面。

这还解释了为什么银行总设在高档建筑里，而杂货店都是"路边摊"。对你而言，知道银行下周还会开门营业比杂货店的生死存亡来得重要多了。

这里有个老生常谈但十分经典的案例：为什么大部分商品标价为 2.99 美元，只有很少标价为 3.00 美元？针对这种现象的许多解释是从消费者的非理性出发的——他们常常只看到小数点前的

① 美国联邦存款保险公司成立于 1933 年，通过为存款提供保险、检查和监督金融机构，以及接管倒闭机构，来维持美国金融体系的稳定性和公众信心。——译者注

数字，因此认为2.99美元是“差不多2美元”，而不是“差不多3美元”。实际上，由于上述解释看起来自圆其说，甚至令许多经济学家都信以为真。就我所知，他们或许没错。也许某一天，针对上述行为的详细分析会成为“修正经济学”（modified economics）的根基，认为在有些情况下人们会系统性地采取非理性行为。[①]然而，在我们摒弃现有知识前，也许应该先考虑另外几种具有启发性的解释。

我至少可以提供一种有意思的解释。“99美分价签”的现象最早流行于19世纪。那时，收银机刚发明不久。这是一项相当杰出的发明，它不仅会做简单计算，还可以提供交易记录。

这很重要，因为你的员工可能会偷拿你的钱。每天收工，你可以检查交易记录，从而得知收银柜里应该有多少钱。

但收银机有个小毛病：它并非真正记录了每一笔交易，而是打开收银柜的每一次交易。如果客人购买1美元商品，交给收银员1美元纸币，收银员完全可以不使用收银机，直接将钱装进自己的口袋，把其他人耍得晕头转向。

但如果顾客购买的是99美分的商品，他交给收银员1美元纸

① 目前处于萌芽阶段的“行为经济学”（behavioral economics）正逐渐扮演起这样的角色。

币，收银员就必须找零。这个行为要求他必须打开收银机，从而不可避免地留下了交易记录。99 美分价签不仅迫使收银员打开收银机，还监督了他们的诚实品质。

尽管如此，还是存在一些漏洞。收银员可以从自己的口袋找零，或者用错误的商品总价打开收银机。不过这么一来，等着找零的顾客很可能会发现这些奇怪举动，然后报告他们的老板。

这种解释的真正破绽在于，它没有考虑到消费税。在消费税为7%的联邦州，标价99美分和1美元在结账时是1.06美元和1.07美元的差别。因此无论如何，收银员都要找零。也许由于各个联邦州的消费税不同，价格上总是存在 1 美分或者 2 美分的差异，因此在不同的州打开收银机的频率不同吗？这还有待检验。不仅如此，如果老板亲自收钱，那么在他的店里的 99 美分价签会少一些吗？

许多原始农业在发展中都具有一种十分奇怪的共性。农夫很少拥有大片土地。相反，每位农夫在村子的不同地方拥有几片分散的土地。（这种模式在中世纪的英格兰十分普遍，如今在第三世界国家依旧能够找到。）长久以来，历史学家一直热衷讨论个中原因，将其视为农业效率低下的根本因素。也许是继承与婚姻造成了这种现象：每经历一代人，家族土地就被细分到不同的继承者手中，因此土地面积越分越小；而婚姻却使散落各处的土地渐渐归拢到同一个家庭的名下。这种解释不怎么站得住脚，因为它假设的是非理性模式：为什么村民之间不定期交换土地，从而将自己拥有的土地归拢到一处呢？

最后，这个问题引起了经济学家和历史学家黛尔德拉·迈克洛斯基（Deirdre McCloskey）的注意，她提出的经济学解释独具创见，十分令人钦佩。迈克洛斯基抛出的问题，不是“什么样的社会机制导致了这种非理性行为”，而是“为什么这种做法是理性的”。经过仔细的研究，她得出结论，这种行为之所以理性，是因为它为农夫提供了一种可能的保障。农夫的土地分散在各处虽然令他蒙受了一些损失，却可以保证遇见灾难时他不至于沦落到穷途末路。这种做法甚至不是舶来的。每一位具有保险意识的现代人都这么做。

检验迈克洛斯基理论的一种方式是提出疑问，以传统保险市场的做法作为衡量标准，农夫支付的“保费”（将土地分散在各地牺牲的产量）是否匹配“购买”到的保障。以这种标准衡量，这套理论的运作畅通无误。

然而，这套解释依旧遭到了一些十分严厉的质疑：如果中世纪的农夫想买保险，为什么他们不像我们现在一样直接买保单呢？我的看法是，这就像质问他们为什么不将交易记录保存在个人电脑上。答案显而易见，那时还没有人想到可以这么做。设计一张保单所要具备的天赋无异于设计一台电脑。但是标准比我苛刻的，还是大有人在。他们坚称除非迈克洛斯基的理论对此做出解答，否则它就不够圆满。毫无疑问，他们的诉求没有错，我们的确应该尽力解答。所有理论都理应接受最大程度的检验。

类似的谜题不胜枚举。公司为什么如此看重员工着装，以至出现了如何“穿出成功”的畅销书？我怀疑，时尚与充满魅力的着装是一种技巧，而我们这些穿惯了牛仔裤和 T 恤的人是不会轻易明白的。懂穿衣服的人一定具有创造力，而且将时尚拿捏得十分有分寸。拥有这种分寸感需要一种敏锐且擅长探查未来趋势的眼光。许多情况下，这些特质都十分宝贵。因此，对公司而言，他们愿意雇用这样的员工是十分理性的举动。

为什么男性在医疗保险上的支出比女性少得多？答案可能是男性死于暴力的机会更高。如果你被卡车撞死的风险很高，再花钱为罹患癌症买保险就没有太大意义。因此，对男性而言，少花点钱在预防性保健上是理性的。

为什么人们总在自己喜欢的球队上下注？如果对其他球队下注，不管比赛结局如何，你都可以确保有一部分结果是好的。生活中，我们在多数时候都知道该怎么做才能保值，为什么一碰到体育比赛，我们总将所有鸡蛋装在同一个篮子里呢？是因为我们只有“犯下”昂贵的冲动，才能确保在家乡球队获胜时大举庆祝吗？

在英国，如果两个人选择住旅店的标准间，通常支付的是两个单人间的价格；在美国，这么做的花销要小得多。为什么？如果你不是经济学家，也许很容易满足于这跟传统有关的解释。但经济学家想知道，为什么这种收费方式足够理性而且能够从中获得最大利润。作为读者的您如果有什么好想法，我很愿意洗耳恭听。

在许多其他人看来极为平常的做法，却对经济学家造成了各式困惑。我不明白人们为什么会投票。2008 年，1.3 亿美国人参与了总统大选投票。我敢打赌，这 1.3 亿人中没有任何一个人会天真地以为自己那一票在胶着的选情中能起到决定性作用。

人们总在引用 2000 年的总统大选，乔治·布什在关键的佛罗里达州以 537 张选票的微弱优势胜过阿尔·戈尔。[①] 但即使以传统经济学的精度衡量，537 张选票和 1 张选票的差距依旧不可同日

---

① 2000 年美国总统大选中，两位总统候选人在佛罗里达州的选票十分接近，并且左右大选结果。其间，佛罗里达州进行人工重新计票，小布什暂时赢得 2 912 790 票，戈尔暂时赢得 2 912 253 票，小布什以 537 票领先。但后来，联邦最高法院做出终止人工计票的裁决，改由机器重新计票。结果显示小布什赢得选举。——译者注

而语。同等状况下，所谓 1 票之差均是以 0 作为参照标准的。除非你是最高法院大法官，否则你那一票绝对不可能在总统大选中起到决定性作用。

人们总认为，“如果每个人都这么想，然后都待在家里，那么我手中的一票就相当重要了”。这种说法本身没错，但就像把投票站想象成宇宙飞船，选民投票就如登月似的。实际上，其他人没有待在家中，成百上千万的选民都去了票站。对个体选民而言，他面临的唯一选择只是去不去投票。冒着吓到你九年级公民课老师的风险，我准备向你打包票，下次大选如果你待在家中，你的懒惰绝对不会改变最后的结果。①

有些人说，人们投票是出于“公民义务”。但这种说法忽略了一个事实，投票浪费了做其他事的时间——那些跟“公民义务”比起来更有效的事。你可以花 15 分钟参与一次毫无意义的投票，或者你可以花同样的 15 分钟将购物车从停车场推回超市门口。就后者而言，你身体力行地令世界更加美好了几分。

那么，人们究竟为什么要投票呢？我真的不知道。

---

① 20 世纪最杰出的数学家之一安德烈·韦伊（André Weil）曾写道：“我已经听过不计其数的反对声（比如，我告诉人们我从不投票）：‘但如果每个人都像你一样……’——我经常回敬他们的说法是，我认为这种可能性微乎其微，以至认为完全没有必要将它纳入考虑。”

我不明白人们为什么总相互赠送在商场购买的礼物，而不是直接给对方现金。后一种做法既不会选错尺码，也不会弄错颜色。有些人说，人们送礼物表示花了时间去购物。但送钱也可以达到一样的效果——我们的确花了时间才挣到钱，不是吗？

我的朋友大卫·弗里德曼（David Friedman）认为，人们交换礼物恰恰出于完全相反的理由：因为想告诉对方我们根本没时间购物。如果我真的把你放在心上，就应该很清楚你的品味，为你挑选一件合适的礼物根本不是什么难事。但如果我不在意你，还要找到一件合适你的礼物就成了讨厌的负担。因为你知道我花在购物上的时间有限，但还是挑到了一些合适的礼物，这表示我真的在意你。我喜欢这种说法。

我不明白人们为什么在餐厅留下“不记名小费”。尽管我自己也这么做，但这丝毫无法减少我心中的谜团。

每当对投票、赠送礼物或者不记名小费这些做法提出疑问，我们的初衷决不是质疑它们。恰恰相反：出于职业本能，我认为人们无论怎么做，都具有这么做的充分理由。如果作为经济学家的我们无法了解其中的原因，它就成了新的亟待我们解开的谜题。

第 3 章　真相还是推论：如何分开付账或挑选电影

如果你考虑买人寿险，而且是非吸烟人士，应该对香烟心存感激才是。因为它，你才得以少付些保费。

大体而言，世界上有两种人——实际上，世界上的人们千差万别，正如人口数量，但让我们先看得简单些，因为这样比较容易表达我想说的——一种人总是小心谨慎，另一种人总是有恃无恐。那些小心谨慎的人加入健身俱乐部，适量饮酒，留心开车，从不抽烟；而有恃无恐的人不停往嘴里塞棉花糖，熬夜，开摩托车不戴头盔，一根接一根地抽烟。

如果保险公司无法区分两者，生性谨慎的人们就会被那些毫不知节制的粗心邻居埋没。有时，我们面临的正是这样的现实。

但是，如果保险公司可以为他们分别设计保费，不顾后果的那些人就要承担自身所选择生活方式造成的所有后果。保险公司的窍门是，判断谁是谁。

通过抽烟，能够迅速又简便地判断一个人大体上的健康状况。你是哪类人，因此一览无余。保险公司利用这个信息为非吸烟人士提供更低的保险费。如果你尝到了其中的好处，你享受的折扣不仅反映出不抽烟的健康优势，还反映出你可能比普通人更关心自己的胆固醇水平。

保险公司知道人们会作假，所以在为非吸烟人士设计保费时，就已经考虑到这一点。如果你真的不吸烟，可能因此多付了一点儿钱，因为有些"不抽烟的人"偷偷在保险公司面前藏起了香烟。然而，千万不要就此得出如果禁烟你的保费一定会降低的仓促结论。你真的不抽烟这件事，其实在暗中告诉保险公司，在许多他们无法观察到的方面，你都是个小心谨慎的人。如果世界上全面禁烟，不抽烟的你根本不可能与其他人区别开来。到时，所有人都要付一样的保费。

提倡为骑摩托车戴头盔立法的人辩称，不戴头盔的驾驶员提高了所有人的保费。实际上，应该完全反过来说才对。那些选择戴头盔的人释放出他们在意安全的信息，从而降低了他们的保费。强制戴头盔的做法剥夺了安全骑车的人们显露他们特质的机会。

如果保险公司愿意为戴头盔的驾驶员提供保费上的折扣，那些优惠不仅因为头盔本身体现的安全特质，更是因为驾驶员所流露的重视安全的特质：他们不会在车流中任意穿梭，也不会酒后驾驶。如果法律规定所有驾驶员都必须戴头盔，设计保费时还是会考虑到这么做的好处，但驾驶员的谨慎性格就不会再起什么作用了。如果戴头盔成为一种强制措施，驾驶员的保费很可能会整体上涨。

保险市场存在信息不对称的状况，投保人总是比保险销售员知道得更多。如果你在自己的房间铺满电路，再盖上地板，只有你对自己的所作所为心知肚明，保险经纪人却完全被蒙在鼓里。他可能只会好奇，为什么你突然提出要买 3 份火灾险。信息不对称常常引发出人意料的后果，其中一方总在费尽心思猜测另一方究竟隐瞒了什么。

有些情况下，信息不对称甚至可能威胁到整个保险行业的存亡。我们将投保人的风险等级分为 1 到 10 级，5 级为平均水平。如果保险公司设计的保费反应的是平均风险水平，那么风险等级为 1 级、2 级、3 级的投保人会感觉自己被多收了钱，或者干脆弃保。那么好吧，现在的平均风险不是 5 级而是 7 级了。保险公司提高保费试图做出补偿，就会导致风险等级为 4 级、5 级的投保人弃保。保险公司再将平均风险水平提高到8级，于是引发另一轮保费上涨，这么恶性循环下去，总有一天根本没人会来投保。

如果保险公司可以正确判断每个人所处的风险等级，就可以分别向他们收取相应的合理保费。这么一来，问题就解决了；如果投保人无法判断自身所处的风险等级，那么风险等级为1级、2级、3级的投保人就不会弃保。同样，问题也能够得到解决。正是由于信息不对称——投保人总比保险经纪人掌握更多情报——整个行业才存在崩盘的风险。

还有令事情更加糟糕的情况。人们可能在投保后甘愿冒额外风险，比如，房屋主人投保后不再使用警报系统，买了保险的司机反而开快车。如果了解所有信息，保险公司可以阻止类似行为，甚至中止继续为他们提供服务，但保险公司并非无所不知。它们只能寻找其他方式。

其中一种解决方法是保险公司协助客户规避风险。汽车保险公司可能很愿意补贴你的防盗装置，医疗保险公司毫无疑问将乐意为你提供健康饮食和身体锻炼的资讯，火灾保险公司会免费赠送你灭火器。然而，能做的事其实很有限。如果你一开始就不想买灭火器，保险公司送给你一台，你可能也会将它拿去旧货市场出售。

雇主往往不太清楚员工在忙什么。如果你没有观察的方法，就无法对业绩做出正确的奖励。

劳动力市场充斥解决激励问题的各种机制。我任教的大学“提供”给我一间办公室，但不允许我将办公室卖给出价最高的人。很多情况下，这种规定是没有“效率”（efficient）的。我有些同事完全在家里或者图书馆工作，他们一定很乐意收取一些报酬，将自己的办公室改造成汉堡王（Burger King）餐厅（如果汉堡王的客人太吵而令提案无法获得批准，改造成电脑专卖店也可以）。这么一来，学校可以省钱，教授的工作效率也不会受到影响。这样的结果可以说皆大欢喜，但除了一点小瑕疵：即使身为教授，有些人的品行也并非无可挑剔。比如他们本来的确使用办公室，但出于金钱利益，牺牲了自己的一部分工作效率。如果大学可以分辨他们，以及对工作效率降低做出惩罚，就不会有问题。但实际上，信息是不对称的——我们很清楚自己什么时候埋头干活，但决不会告诉院长——因此，我们就只能接受不完美的办公室规定。

许多公司都为员工购买超出法律规定额度的医疗保险。公司常常愿意支付 500 美元购买医疗保险，却不会直接给你涨 500 美元工资。一开始，这种做法有些令人摸不着头脑：为什么不给员工现金呢？他们爱怎么花就怎么花呗。部分原因可能是员工比较喜欢获得不用纳税的好处，而工资需要纳税。另一个可能的原因是医疗保险能够提高生产力。如果雇主很容易观察到员工的生产力并且对此做出奖励，员工就可以用奖金购买足够的医疗保险。然而，在信息不对称的情况下，员工的福利待遇可能是奖励优异表现的最好方式。

比如你是 GE（美国通用电气公司）的员工，你总会发现一些能够令公司省下 100 美元的地方。如果你需要为这件事付出小小的努力，而上司根本不可能留意到，你也许会想那就算了吧。

公司希望对员工的激励措施能够“对症下药”，因此不断寻找合适的机制，其中之一就是利润共享。但是，在一家拥有 50 万名员工的公司，利润共享并不是一种好方法。如果公司将利润 100% 平均分配给员工，你只能得到五十万分之一。除非 GE 对自己的员工了如指掌，否则只有一种机制可以确保激励方式绝对正确：每位员工从公司利润中获得自己年薪 100% 的奖励。如果 GE 今年的利润是 10 亿美元，那么每个人——从董事会主席到值夜班的员工——恰好为公司赚到 10 亿美元。这么一来，你为公司节省的每一美元都进了自己兜里，于是就会采取每项成本合理的措施来改善企业的生产力。

这个方案有个小问题，只要公司的员工多于 1 人，就无法达到收支平衡。但是，问题很容易解决。新年伊始，每位员工为自己的工作投资一笔大额预留款项[①]（earmarked）来弥补公司利润与工资间的差异。每个岗位都有固定价值，因此每年都能实现收支平衡。长此以往，每个岗位获得的收益正好是利润与工资间的差额。

这种方法绝对是解决实质问题的理想做法，但每个人都认为它匪夷所思。为什么呢？实际上，没有任何一家大型公司如此操作，这就是它不具备可行性的最好证明。然而，这不足以令我们停止思考其中的缘由。如果我们在将来要设计一套更完善的机制，不是应该停下想一想现在的问题出在哪里吗？

有一种解释显而易见——但它远远不够。通常而言，人们的第一个反对来自："流水线上的工人怎么可能付得出 10 亿美元购买他的工作岗位？"我的回答是，他可以借钱。于是人们接着追问，他怎么可能拥有如此高的信贷额度？

乍一看，这个反问几乎无懈可击，但只要仔细思考一番，就会发现它完全站不住脚。如果工人没能借到 10 亿美元，他至少可以借到一部分钱。如果 GE 不愿意将你的工作岗位标价为 10 亿美元，并在年底分给你公司的全部利润，至少能够以某个（远低于

① 预留款项指指定用途的款项。——译者注

10 亿美元）的价格出售你的岗位，并在年底按照相应的比例分给你公司的利润。这种方法谈不上完美，但聊胜于无。

如果你的理论是借贷能力在阻碍计划实施，那么根据它应该能够预测员工将尽其所能地贷款，部分参与到这项计划中。实际上，员工并没有这么做。你的预测失败，因此理论也就不成立了。

还有另外一个难处，不怎么明显但同样难以忽略："岗位承包计划"（buy-your-job program）对员工的激励一针见血，对股东却不堪设想。由于拥有 50 万名员工，公司每赚到一美元就要付 50 万美元工资，但如果公司不赚钱，就不需要支付工资。

在股东影响公司决策的情况下，这种激励机制的后果简直是灾难。员工工资完全与利润挂钩，但管理层却在想尽一切办法降低利润。没有人会愿意购买这样的工作。其实，我们也可以采取新型公司结构解决这个问题——避免股东在任何层面插手管理决策。即便如此，有些寡廉鲜耻的股东还是可以收买核心员工，要求他们不必热心工作。

这其中有个教训：你因为解决一个问题而想出的办法却导致了另一个问题的产生。股东的确无法完全观察到工人的表现，但工人反过来也无法观察到股东的行为。在信息交换不对称的情况下，我们需要寻找出其不意的解决方法。

“岗位承包计划”与一种谜题存在异曲同工之处。10 个人去餐厅用餐，而且这家餐厅无法出具分开支付的账单。餐厅的甜点很贵，没人认为它值那个价钱。如果要甜点，每个人都坚称只会付十分之一价格，给出的理由却各不相同。无论如何，他们按照各自的意思要了甜点。每个人都吃了甜点，因此每个人都为 10 份甜点的价格出了自己的一份力，但他们明明原来都不愿支付如此高昂的价格。怎么才能避免这种悲剧性结果呢?

解决方式是，每个人都支付全价账单。现在，点一份价值 10 美元的甜点，你要付的不再是 1 美元而是 10 美元，除非你真的愿意出这么多钱，否则就别吃。当然，餐厅因此得到了十倍的利润。于是，经理会付钱让你来餐厅消费。这么一来，餐厅其实损失了它的超额利润[①]。(只要存在超额利润空间，其他餐厅就会向你提供更好的优惠。)

完美的解决方式是什么呢？它堪称完美，但还不算。你的一位朋友从洗手间出来，经理悄悄把他带到一边，塞给他 20 美元让他要了甜点。

为什么公司管理人员的薪水这么高？为什么股东每年都批准向

① 超额利润（excess profits）一般指经济利润。——译者注

收入最高的员工发放高达4 000万美元的补偿福利（compensation package）？更令人不解的是，为什么那么多补偿福利都包括“黄金降落伞”条款[①]？这看起来就像在对失败者做出奖励。

早在1990年，哈佛大学的经济学家迈克尔·詹森（Michael Jenson）和凯文·墨菲（Kevin Murphy）在着手研究此问题时改变了提问方式。他们问：“为什么公司管理人员的薪水这么低？”

当时，詹森和墨菲发现，管理人员的薪水其实与公司的表现没什么关系。他们令公司赚到1 000美元，预期的回报可能只有3.25美元。研究者认为，股东的回报虽然远高于平均水平，但他们的回报与公司表现更加休戚相关。

从某种程度而言，詹森和墨菲算是“得偿所愿”。过去30年来，CEO的薪水水平增长了6倍。增加的部分大多采用的是股票期权或者限制性股票[②]的形式（要求管理人员长期持有股票）。至少在这些方面，做出的补偿更多与他们的表现挂钩了，但其中依旧存在鸿沟。为公司赚到1 000美元（或者作为惩罚，令公司多支出1 000美元）的回报大致翻倍了，从3.25美元上涨到了约

---

① “黄金降落伞”条款指公司需要给被解职的高层管理人员提供大笔补偿金。——译者注

② 限制性股票（restricted stock）指上市公司按照预先确定的条件给予激励对象的一定数量的本公司股票。激励对象只有在工作年限或业绩目标符合股权激励计划规定条件的情况下，才可以出售限制性股票并从中获益。——译者注

6.50 美元。

这引发了两个问题：为什么工资上涨这么多，得到的回报依旧与他们的工作表现不成正比？

首先谈工资：有些人发现，补偿福利大幅提高是因为企业任人唯亲。他们指出，管理人员的薪水结构一般由他们在福利委员会的朋友制定。后者可能更看重朋友间的情谊，而非他们对股东的责任。这种解释存在一个问题，它无法解释为什么与 20 世纪 90 年代相比，任人唯亲的问题直到现在才演化得变本加厉？

另外一些人指出，CEO 薪水水平增长 6 倍与公司规模扩大 6 倍相匹配。这听起来不错。杰出的管理者现在打理的公司规模是以往的 6 倍，因此他的价值增长了 6 倍，于是就应该获得 6 倍的薪水。

还有一些说法认为，全球化进程激化了公司间的竞争，从而提升了管理技术的价值。好吧，的确有证据显示面临激烈竞争的公司，员工薪水增长最快。

但是，该怎么解释管理者的表现与他的回报之间的关系呢？有一种可能的解释，这是股东的失误。如果接受这种解释，就必须牺牲以经济学眼光看待世界的方式。即使在一个人们不停犯错的世界，经济学家也绝不可能满足于“因为有人犯错，所以才会如此”的解释。我们应该尝试假设人类的行为都在为自身的目的服务，并且指出究竟是怎样的目的。

以下是我听过最好的答案：对股东而言，管理人员不过是他们想设法激励的另一位员工。但是在他们身上，还需要额外鼓励一种特质——冒险精神。股东一般都看好高风险、高收益的项目。那是因为他们的投资十分多样化，如果这个项目失败，股票会变得一文不值，但对他们的整体投资组合而言，失败完全在他们可承受的范围之内。

相反，管理人员则不同。他们常常将自己的全部事业投入一家公司。风险出现时，他们会小心评估，谨慎度日。在股东眼中，这不是好的做法，更不会加以鼓励。于是，最直接的方法就是观察管理人员的表现，对他们的过分谨慎做出惩罚，但如果股东需要监视管理人员的一举一动，为什么还要雇这些人呢？实际上，股东并没有掌握足够的信息以执行他们喜欢的决策。

这种解释可能要花一些时间才能绕回解释表现与回报间的关联。耐克公司董事会主席批准开发一款由火箭推进的跑步鞋，但项目失败了，损失了好几百万美元。股东很难分辨：是这个想法自一开始就蠢透了，还是它值得冒险但只是失败了。如果是第一个原因，他会想解雇这位董事会主席；但如果是第二个原因，他又不想使惩罚太过严厉——这会对下一任董事会主席释放出负面信号。因此，弄砸了的公司员工们领了一大笔补偿金，退休了。

这种做法常引来媒体的嘲弄，但这完全出于缺乏常识。经济学家总是坚持从当下的疯狂举动中寻找启发，而不像记者总是对自己不能立刻理解的事物抱着嗤之以鼻的态度。

因此，项目承担的风险终于兜了个大圈子解释了“黄金降落伞”条款。同样，还要兜另外一个大圈子才能回答我最初的问题：为什么公司管理人员的薪水这么高？记住，股东希望管理人员承担更多风险。鼓励人们冒险的一种方式就是让他先富裕起来。同样是失业，与操心将孩子送进大学的人们相比，千万富翁们要顺其自然得多。如果你希望公司董事会主席批准研发一款由火箭助推的跑鞋，就先要让他放松下来。在这件事上，支付高薪相当有效。

公司管理人员的高薪是个老生常谈的话题，媒体要么冷嘲热讽，要么诟病对他们决策失败的惩罚根本就是“杯水车薪”。这种轻蔑的反智主义言论总令我惊骇不已。人类与动物的不同就在于我们拥有质疑能力。在经济学研究领域，答案往往从信息不对称的观察出发，公司管理者很清楚他们做出决定的基础，但股东只能靠猜。于是，后者只能通过不那么完美的激励方式引导管理者的行为。我们有理由相信，高薪是鼓励冒险的最佳激励方案。以上不是对此问题的完整分析，但至少说明对它进行分析并非不可能，而且十分值得我们在其中花费一番精力。

有一系列相似的逻辑谜题。有人来到一座岛屿，岛上只有骗子和诚实的人两种人。骗子只说谎话，诚实的人只说真话，但很难区分他们。解决方法往往是根据岛上人们的说话方式进行判断，或者设计一个问题帮助你了解一些隐藏信息。你碰到岛上的人，分辨他是不是骗子的最简单问题是什么？“你是个骗子吗？”——完全不奏效，因为不管诚实的人还是骗子，他们的答案都是“不是”。最常见的提问方法应该是：“2 加 2 等于几？”

我问过自己 4 岁的女儿同一个问题。她的回答是：“如果你不告诉我真话，就不和你做朋友。”我意识到，就解决逻辑谜题而言，她的年龄实在太小了。

如果与你打交道的人掌握了更多信息，有两种方法可以消除你的劣势。首先，设计鼓励正确行为的机制：卖保险时给非吸烟人士折扣、赠送灭火器，或者设计能够发挥有效激励作用的薪酬体系；其次，设计能够让信息自动浮现的机制。近些年来，经济学家发现了大量诱导人们自己释放信息的机制。

约瑟夫·康德拉（Joseph Conrad）的小说《台风》（*Typhoon*）中，船员都将金币储藏在船上保险箱的私人盒子里。暴风天气时，金币从盒子里掉落出来，混到了一起。每位船员只知道自己有多少金币，但不知道其他人有多少，船长的任务是将金币正确地归还到每个人手中。

看似很棘手的问题吧？其实解决方式十分简单：让每位船员写下自己拥有的金币数，收集纸条，按报数分发金币，但得提前告知，如果纸条上的金币数相加与船长手中的金币总数不符，他就干脆将所有金币抛下船。

这种解决方式是一套复杂理论的精简体现——“真相并非难以企及”。故事中，船长掌握一则关键信息：他知道金币总数。它告诉我们，即使决策者一无所知，他依旧有很大机会设计出一套机制，帮助他了解真相的全貌。

昨天夜晚，我的太太和我无法决定看哪部电影。我们中的一人（我不记得是谁）想看《英国病人》（*The English Patient*），另一人想看《女生联谊会的美女粘球》（*Sorority Babes in the Slimeball Bowlorama*）。我们一致同意观看由意愿较强的那个人选择的影片——使用金钱来衡量。于是，问题从选择哪部影片变成了决定谁的意愿较强。这可不是一件容易的事，我们都很乐意为了达成自己的目的撒个无伤大雅的小谎。

我们是这么做的：各自在纸上写下自己的报价，出价高的那个人可以选择自己想看的影片，但必须向输掉的一方做出全价补偿。

我的心理价位是 8 美元。由于获胜意味着我必须全额支付太太的报价，因此如果她的数字低于 8 美元，我很乐意获胜；但如果高于 8 美元，我也很乐意认输。这么一来，就可以保证我的出价正好是 8 美元。换句话说，我那纯粹的自私反而令我做出了绝对诚实的选择。我的太太也是这么做的。意愿较强的那个人最终获得了影片的选择权。

由于这个方法太好用，我们决定更加频繁地使用它。我们没有将钱捐给慈善机构，而是将它们交给一对相熟的经济学家夫妇。反过来，他们也这么做，将他们的钱交给我们。通常而言，只要假以时日，各自手中持有的金钱就会慢慢趋于一致。使用这个方法，没有人会沦为输家。

经济学家就是这么一群人，他们总是很困惑，为什么其他人不采用这种方法来决定观看哪部影片呢？

第 4 章　无差别原则：谁在意清洁的空气？

你愿意住在旧金山还是内布拉斯加州的林肯郡[①]？旧金山是魅力四射的购物天堂，拥有世界一流的博物馆，气候宜人，还有金门大桥公园。林肯郡的特色是壮观的老建筑，而且价格仅相当于旧金山的一居室公寓。你可以选择品尝世界上最美味的海鲜，或者选择拥有自己的一方空间。

每过几年，《居住评级年鉴》（*Places Rated Almanac*）就会发布美国最宜居城市的报告。旧金山的得分主要来自它的大都市魅力，而林肯郡则依靠低廉的住宅价格吸引眼球。研究者主要按照

① 内布拉斯加州首府，位于美国中部大平原。——译者注

大家普遍看重的条件进行排名，比如教育、气候、高速公路、公共交通网络、安全和娱乐设施。但其实，他们将所有人的关注点都同质化了。作为读者，我们也十分认同这些因素的相对重要性。

如果假设正确，你的品位又不算独树一帜，大可以省下一笔买年鉴的钱。实际上，如果将所有因素纳入考量，各个城市都应该具有相似的吸引力。如果不是，大家就都搬去最宜居城市了。

如果旧金山比林肯郡好，林肯郡的人们都搬去旧金山。他们的大规模迁徙会抬高旧金山的房价，但压低林肯郡的因素，反而扩大了林肯郡的相对优势。不久后，两座城市要么变得同样魅力四射，要么林肯郡彻底变得无人问津。

实际上，许多人情愿住在旧金山，也有相当数量的人愿意留在林肯郡。与《居住评级年鉴》的预期相悖，那是因为不同的人在意的是不同的事情。如果你的品位别具一格，特别喜欢爬陡坡，那么住在旧金山可能会生活得更开心；不过如果你与大部分人对爬坡的观感一致，就没有必要以此作为选择城市的理由。因为其他与你品味相似的人会蜂拥至旧金山，推高那里的房价，直到抵消它的地形优势。

这就是无差别原则（Indifference Principle）：除非你在某个方面十分特别，否则替代方案也不会太糟糕。可能你对切达干酪的喜爱多过菠萝伏洛干酪，但如果所有邻居都与你一样，切达干酪的价格就会不停上涨，以至你情愿买菠萝伏洛干酪。好在我们大部分人都在形形色色的地方与他人有着这样或那样的差别，使得我们总能在某些方面有所收获。无差别原则告诉我们，生活中最大的斩获来自我们最独树一帜的地方。

在明朗的夏日，你情愿逛商场，还是参加户外复古周末聚会[①]？如果你和多数邻居的选择类似，那么大家的选择都具有同样的吸引力。如果聚会比商场更有意思，人们就会去聚会，直到人群摩肩接踵，令去商场反而变得有意思起来。

在落雨的夏日，你情愿逛商场，还是参加户外复古周末聚会？答案是一样的。如果你的选择与多数邻居一致，大家的选择就都很有吸引力。由此得出了一个有些令人惊讶的结论：如果商场在下雨天和晴天一样好，那么户外复古聚会在下雨天和晴天也一样好！淋得浑身湿透的劣势，一定可以与不用人挤人的优势相抵消。

再强调一次，这不适用于有特别偏好的人。如果你是所有邻居里唯一一个想淋雨的，下雨天你还是会去户外复古聚会。另外

① 复古周末聚会是美国人的“文艺复兴节”，许多地方都会定期或不定期举办。人们可以穿着从文艺复兴时期到伊丽莎白一世时期的服饰一起狂欢。——译者注

一方面，如果每个人都喜欢淋雨，下雨这件事并不会让复古聚会变得更有意思——相反，这会把聚会搞得拥挤不堪，最终抵消掉它本身带来的乐趣。为了让一种活动比另一种活动对你产生更大吸引力，你必须在某个地方有些与众不同。

独具一格的品位是一种优点，别具一格的天赋亦是如此。蒂姆·林瑟肯[①]能够大把赚钱不是因为他本身是一名优秀的投手，而是因为他比其他任何投手都更优秀。相对而言，大家都具备的能力无法换来丰厚的回报。伍迪·艾伦（Woody Allen）导演的电影《无线电时代》（*Radio Days*）中，有一个角色没什么特别手艺，但他想成为一名黄金雕刻师，因为那样他就可以偷偷收集起雕刻产生的黄金屑，发一笔横财。但他忽视了收集黄金屑的机会成本。如果这么简单，一定会吸引其他没有手艺的人也投身黄金雕刻行业，继而降低回报或者令工作条件变得苛刻，直到黄金雕刻生意与其他选择相比再找不出什么优势。

哪种生意可以赚到更多钱：开汽车旅馆还是加油站？大部分情况下，它们的生意应该差不多。否则，汽车旅馆就会被改

① 蒂姆·林瑟肯（Tim Lincecum），效力于美国职业棒球大联盟旧金山巨人队（San Francisco Giants），被视为当今大联盟最优秀的年轻投手之一。——译者注

装成加油站（或者相反），直到两门生意的利润相当。[①]实际上，这种说法假设了（很可能是正确的）大部分人既能够经营加油站又能够经营汽车旅馆。但这不适用于创立了连锁汽车旅馆"莫泰 6"的企业家保罗·格林（Paul Greene）与威廉·贝克（William Becker）。同样，它也不适用于可以逗乐旅客或者压低洗衣价格的汽车旅店老板。这些技能都不能使用在经营加油站上。如果某个城市审批汽车旅馆执照格外严格，也不适用以上说法。但在以上所有案例中，经营利润都会涌向那位拥有独特技能或者独特资源的经营者：与众不同的视野，别具一格的才能，或者稀缺的汽车旅馆执照。

哪种选择更好：参加总统竞选还是不参加？总有候选人在一开始时持观望态度。如果每位候选人都抱持势在必得的信心，其他人也会考虑"入闸"，从而拉低获胜概率，直到最后加入的那位候选人其实资质平平。（许多大腕政客在宣布参选前总会花大把时间试水，部分原因就在于此。）

现代政治竞选中，性丑闻已经成了一张常规牌。即使从未当

---

① 如果加油站比汽车旅馆更赚钱，汽车旅馆就会开始改建成加油站。随着加油站的增加，汽车旅店数量的萎缩，汽油价格随之下跌，旅店房价随之上升，继而减少开加油站的利益驱动，增加开汽车旅馆的利益驱动。这个过程会不断持续，直到两种生意的利润趋于一致。

众出丑的候选人也会惴惴不安地度过数个不眠之夜，总担心会被揭发出私生活的细枝末节。评论人士认为，这种趋势必定对候选人不利——听起来有理，却未必正确。如果没有性丑闻，会有更多候选人跃跃欲试，这一定会损害已经宣布参选的每一位候选人的利益。①

警察会对毒贩和妓女进行周期性打击，谁受到的伤害最大？既不是毒贩，也不是妓女。大多数毒贩没什么特殊技能，不管是贩毒还是扫大街，彼此大同小异。打击贩毒不会冲击到对清洁工的需求，因此也不会改变对毒品交易的需求。相反，这会导致有些人“金盆洗手”，从而推高毒品价格。而获得的额外利润，正好可以对入狱的风险做出恰到好处的补偿。因此，在一定程度上来说，打击贩毒最大的输家不是毒贩，而是花了更多钱购买毒品的人。②

如果获得理发师执照需要支付数千美元参加强制培训，谁会为这些钱买单？绝不是理发师，而是在理发师和其他优先选项间无所谓的那个人。将有些想成为理发师的人挡在门外的同时，培训费得以维持在某个水平，而负担最终都会落到顾客头上。

---

① 这种说法不适用于那些与众不同的候选人，他们要么藏了太多事，要么实在没什么好藏的。

② 如果你足够聪明，可能会联想到毒贩去扫大街，清洁工的薪水就会降低，但这简直错得离谱。毒贩“转行”后会选择各式各样的营生，他们对那些行业的薪水造成的冲击几乎可以忽略不计。

“尊重、提拔与进步洗碗工兄弟会”（BREAD, Brotherhood for the Respect, Elevation, and Advancement of Dishwashers）鼓励在餐厅就餐的人们摒弃传统做法，将小费付给后厨的勤杂工。如果这个组织成功扭转公众态度，受益者会是谁？肯定不是勤杂工。勤杂工的日子与守门人的差不多，但守门人的收入并没有增加。如果勤杂工可以收小费，那么守门人就会转行做勤杂工。很快，他们的工资就会出现相应调整，肯定都会缩水。守门人前赴后继转行做勤杂工，直到勤杂工从餐桌上得到的额外好处彻底消失。

那么谁是受益者呢？如果勤杂工的工资减少，你可以猜到，最大的赢家其实是餐厅老板。但这也不对。因为餐厅老板的日子与鞋店老板的差不多，而鞋店老板的收入并没有增加。付给勤杂工的工资减少了，餐厅利润就会增加，于是卖鞋的就会开始经营餐厅。接着，菜单定价下调，利润开始萎缩。鞋店老板前赴后继转行经营餐厅，直到每位老板从勤杂工的工资里省下的钱完全被收银机吐了出去。

如果每顿饭付给勤杂工 5 美元小费，他们的工资就会以每顿饭 5 美元的比例下调。接着，客人每次点餐都会减少 5 美元预算。如果他们的预算只减少 4 美元或者 3 美元呢？餐厅就能在这场博弈中获利。然而，只要有鞋店老板排队想经营餐厅，餐厅老板就不可能成为赢家。谁受益了呢？谁也没有。由于菜单定价下调，客人付的小费最终又回到了他们手里。没有任何人的财富发生了改变。客人或许想对勤杂工表现得慷慨些，但无差别原则破坏了他们的美意。

只有领固定薪水且具备特殊才能的人可以避开无差别原则。增加对演员的需求不会使演员受益，因为会有更多新人加入这行。但对本·斯蒂勒[①]的需求增加，本·斯蒂勒可以从中获益，因为他是一种固定资源：只有一个本·斯蒂勒。本每拍摄一部影片的收入可以达到数百万美元后，其他如饥似渴的演员就会开始模仿他的特质，但他们就算使出浑身解数也无济于事。如果科学家拥有将一个人复制成另一个人的能力，只会出现更多本·斯蒂勒的复制品，这反而令本·斯蒂勒本人成为独树一帜的资源。

无差别原则告诉我们，所有经济收益都会流向固定资源（fixed resource）持有者。一位个性讨喜的勤杂工能够挣到高出平均水平的小费，从而使他免于受到小费文化改变的影响，他的个性就是一种固定资源。如果许多勤杂工都具有这种个性，就不会再产生任何经济上的回报。

美国制定了《清洁空气法》（*Clean Air Act*）来调控烟囱和机

① 本·斯蒂勒（Ben Stiller），美国演员、导演，成名作有《王牌特派员》、《拜见岳父大人》系列、《博物馆奇妙夜》系列等。——译者注

动车尾气排放问题。2011 年 3 月，负责执行上述规定的 EPA（美国国家环保局）发布了对未来几年成本与收益的预估报告。根据 EPA 的说法，到 2020 年，《清洁空气法》每年将对美国人（老板、供应商、员工和顾客）造成约 650 亿美元成本——平摊到每个家庭约为 450 美元。换句话说，每个家庭在利润下滑、工资下调和价格上涨中蒙受的损失刚好是 450 美元。但同时，EPA 估计，到 2020 年，《清洁空气法》每年带来的收益将飙升至 2 万亿美元（主要是对健康状况的改善）。于是，上述成本就被抵消了。观察人士如果缺乏质疑精神，就会误以为呼吸新鲜空气的人都可以分享到《清洁空气法》的好处。换句话说——人人都可以。然而，呼吸能力不是一种固定资源，还是那句话，众人皆有的能力通常无法获得巨大回报。

如果每个呼吸着清洁空气的人不是受益者，那么受益者究竟是谁呢？理论告诉我们，去找固定资源拥有者。最显而易见的候选人是房东。雾霾消失，是时候涨房租了。

《清洁空气法》是在一个纷繁复杂的经济体内一项盘根错结的立法，如果要追溯它波及影响的每一个人，简直是不可能的任务。但伊索[①]早在两千多年前就发现，现实中的细枝末节可以转化为

① 伊索（Aesop），古希腊著名哲学家、寓言家。——译者注

基本事实，再通过最简单的故事表达出来。伊索将它们称为寓言，经济学家将它们称为模型。现在就让我来试举一例。

寓言 1：双城传说

位于锈带[①]中心地带的某处有两座小城市：清洁市（Cleanstown）与格兰维尔市（Grimyville）。两座城市居民的所有日常活动——购物、工作、逛公园——同样快活。只有一个例外：呼吸。格兰维尔钢铁公司需要为此负责。在格兰维尔市，人们从不可能像清洁市的人们一样，每天一醒来就有清洁的空气可以吸入肺中。格兰维尔市的居民不仅知道他们的呼吸出了问题，他们甚至无法多吸几口气——格兰维尔市居民的平均寿命比清洁市的居民少 10 岁。

为什么还会有人住在格兰维尔市呢？理由之一：房租更便宜。一套同样的房子，在清洁市每年的房租为 1 万美元，在格兰维尔市只要 5 000 美元。那 5 000 美元差价足以让一部分人决定留在格兰维尔。如果实在不行，人们就会离开格兰维尔市，这样租金就会继续下跌。年轻人决定在哪儿落脚时，需要在两座城市间做

① “锈带”指美国东北部各州，东起俄亥俄州，西至艾奥瓦州，北至密歇根州。这些地区曾经是美国传统制造业中心。——译者注

出权衡。他们既喜欢清洁市的空气，但又喜欢格兰维尔市的房屋租金。

后来，格兰维尔市议会通过了《清洁空气法》，要求格兰维尔钢铁公司采取大范围反污染措施。很快，格兰维尔市的空气就会变得和清洁市一样清新。可接下来会发生什么呢？格兰维尔市的房租会上涨到与清洁市一样的水平。

最终，格兰维尔市的人会搬去清洁市。这对他们来说算是一种改善吗？当然不是，因为如果他们喜欢清洁市，打从一开始就会选择住在那儿。

而那些盘算该在哪儿落脚的年轻人完全没有从《清洁空气法》中获得任何好处。早些时候，他们还可以在清洁市和格兰维尔市之间做选择。现在，他们只能在两座清洁的城市中选择了。他们既没有比之前活得更差，但也没能活得更好。

整件事中，唯一获益的是在格兰维尔市拥有房产的人，现在他们可以收比从前更高的租金。《清洁空气法》向格兰维尔钢铁公司征的税，最后都平摊到了全体格兰维尔市的房东头上。

结论显而易见，但老实说，这样的讨论有些过于简单化。当我们说清洁市的人和格兰维尔市的人一样，其实暗示了每个人面对的都是同样的状况。而现实世界复杂得多。可能有些人出于特别的理由，只想住在格兰维尔市。他们中的一些人还可能会将

《清洁空气法》作为筹码，兑换更高的房租。于是《清洁空气法》通过时，他们就成了赢家。而另外一些人认为还是老格兰维尔市好，因为他们的空气明明比邻近其他城市好一些。当格兰维尔市成了清洁城市，他们就是彻底的输家。提出与众不同的诉求也可以是一种固定资源，这关系到它的提出者究竟分享到了经济收益还是蒙受了经济损失。

如果在没有房产的格兰维尔市居民之间存在巨大差异，《清洁空气法》的效果将很难评判，它将以正面方式影响一些人，以负面方式影响另一些人，说不好哪种影响会占优势。但是，如果如格兰维尔市的媒体所言："所有人在呼吸清洁空气时都是平等的。"那么最后受益的只有房东。如果每人每年消费清洁空气的价值为5 000美元，那么为清洁空气立法就会导致房租每年上涨5 000美元，其中的好处都会去了房东口袋。

格兰维尔市的《清洁空气法》预计每年将耗资1 000万美元。这是一种隐形税收。乍一看，格兰维尔市的房东将斩获所有好处，但这是一种奇怪的税，因为整个分摊过程不需要与回报发生任何直接关系，房租的涨幅可以高于1 000万美元，也可以低于1 000万美元。

这项公共政策的目标似乎变成了令在污染地区拥有房产的人更加富裕，但考虑到所有人都热衷于为清洁的空气立法，我就不在这一点上斤斤计较了。如果格兰维尔市提高的房租收益超过 1 000 万美元，市议会的做法就堪称明智；但如果提高的房租收益只有 800 万美元，市议会的做法就可能成了一种错失良机。它们不一定非要通过《清洁空气法》，它可以每年向格兰维尔钢铁公司收 900 万美元，再把这些钱分给房东。

如果这样，不仅钢铁公司交的钱少了，对房东也有好处。对其他人而言，它没有造成任何影响，反正他们既没有从《清洁空气法》中得到什么，也没有失去什么。它还具有直截了当和坦荡的优势：没有人能再假装为特殊利益立法是出于服务公众或者其他更崇高的目的。这倒真正成了一股清新的风气。

格兰维尔市的房东能够攫取《清洁空气法》带来的所有好处，是因为他们的房子是唯一的固定资源。持有固定资产令他们不易受到经济环境变化的波及，还给房东在游说政府时增加了额外优势，以争取有利于他们的改变。

纵观世界各地，农民总能从政府得到慷慨的补助。美国政府定期向农民拨款，让他们空出土地休养生息，却从没有人提出要给旅馆老板拨款，让他们保留一些空房间。为什么做法不同呢？有些人认为，农民已经成功将家庭农场的浪漫主义资本化。可家庭农场真的比街角的小杂货店更浪漫吗？为什么我们要补贴小农场，维系正在消逝的生活方式，却让小杂货店在一片怀乡之情中悉数倒闭呢？

无差别原则提供了一种可能的答案：汽车旅馆老板和杂货店老板才不顾农场主的游说功夫，他们十分清楚能从政府得到补贴的机会相当有限。如果汽车旅馆让房间空着，刚开始房价可能会上升，但很快会出现新的汽车旅馆。不久后，汽车旅馆这行就不再像从前那么能赚钱了。汽车旅馆不是固定资源，因此没有理由比加油站更赚钱。但是，如果农场面积固定，农场主至少可以部分豁免于无差别原则的影响。即使他们得到补助，也不可能用来开辟新农场。因此，如果经济状况发生改变，农场主就存在受益的可能，这就值得他们为争取有利于自身的改变而做出努力。

我的目标是通过三步阐释来完成论证，现在已经完成了两步。第一步是提出无差别原则：当一项活动比另一项活动更具有吸引力时，人们会做出改变，直到两者的魅力趋于一致（或者直到每个人都做出改变）；第二步是上一步的必然推论：只有固定资源才能产生经济收益。在缺乏固定资源的情况下，无差别原则不会使任何一方受益。

这又推出了最后一步，也是我的第二个寓言：如果固定资源不属于任何人，它所产生的经济收益就会打水漂；如果唯一的固定资源产生的利益不属于任何人，就不存在实际的利益。

寓言 2：斯普林菲尔德水族馆

斯普林菲尔德（Springfield）坐拥一座美丽的城市公园。一到周末，人们都喜欢去那儿野餐、徒步旅行和玩垒球。尽管公园很受欢迎——气候宜人的周六下午，几乎所有人都去那儿——但它足够大，从不会人挤人。

斯普林菲尔德的人们没有其他娱乐方式，人们很喜欢公园，但总有人说我们该尝试些新玩意儿。几年前，市议会响应公众需求，批准修建一座市立水族馆，财政主要从税收中拨款，建成后供人们免费参观。

后来斯普林菲尔德水族馆已经投入运营，它确实是首屈一指的好地方，展览办得寓教于乐，唯一的缺点就是太挤了。

斯普林菲尔德是个同质性比较强的地方。每个人的爱好都差不多，生活际遇也差不多。如果我们想搞清楚水族馆怎么影响斯普林菲尔德，只要关注它怎么影响斯普林菲尔德的一个典型家庭就可以了。

辛普森一家就是斯普林菲尔德的典型家庭。上个周六，父亲霍默·辛普森（Homer Simpson）提议大家一起去水族馆，而不是与往常一样去公园野餐。但他的儿子巴特（Bart）很快就提醒父亲，去水族馆要排很久的队，实在不是令人愉快的体验。几番争论后，一家人同意先开车去水族馆看看，究竟要等多久才能买到票。如果排队时间少于 45 分钟，他们就留下参观水族馆；如果超过 45 分钟，他们就去公园。

辛普森一家没有学习过任何经济学理论，对无差别原则完全摸不着头脑。整个斯普林菲尔德的家庭，都与辛普森一家一样，可以接受在水族馆排队 45 分钟。买票的队伍一缩短，就有新的家庭加入进来；如果售票处有任何意外受阻，排在队末的人们就干脆放弃等待。水族馆的排队时间总维持在 45 分钟。这一点，倒出乎了辛普森一家的预料。他们不知道该不该留下，于是干脆抛了个硬币决定去留。

有些时候，水族馆的排队时间并非恰好 45 分钟。比如有一个周六，下雨了。下雨天的公园没平时那么有趣，因此辛普森一家情愿等 90 分钟去参观水族馆。他们到了那儿，队伍刚好要排 90 分钟。他们只得又抛了一次硬币。

说白了，斯普林菲尔德水族馆在改善人们生活质量上毫无建树。辛普森一家排了 45 分钟队参观水族馆，从中得到的乐趣并不比去公园多一点，但也不少一点——水族馆建成前，他们早就习惯了去公园度周末。在已有选择和无关痛痒的新选择中，你的乐趣并不会比先前增加一些。

辛普森一家没法从水族馆获益是因为他们没有固定资源。唯一的固定资源是水族馆本身，而水族馆“属于”每一个人——也就是说，不属于任何人。因此，没有人可以分享它的收益。

斯普林菲尔德的人们花了 100 万美元修建水族馆。100 万美元中的每一分钱都是完完全全的浪费。如果市议会决定花 100 万美元买金条，再将它们全部倒进大海，人们既不会比现在开心一点，也不会比现在懊悔一点。

斯普林菲尔德的市长或许对隔壁格兰维尔市的人们心生同情，但他们的做法在本质上没有任何不同。格兰维尔市的《清洁空气法》将成本转嫁到本地生意人身上，而斯普林菲尔德水族馆的成本则出自本地纳税人。这两宗案例中，收益都不符合预期。格兰维尔市立法是为了惠及每一个人，但真正的获利者是房东；斯普林菲尔德水族馆是为了惠及每一位参观者，但谁都没从中捞到好处。

这么说来，斯普林菲尔德犯的错误比格兰维尔糟糕多了。至少，格兰维尔的房东很开心。

斯普林菲尔德有一种解决问题的方式：正如格兰维尔市的房东有权对他们的房产收租，斯普林菲尔德可以指定一个人征收水族馆的门票钱。

打个比方，出于不可告人的理由，市长的兄弟被选为好市民代表，接手水族馆。时不我待，他立刻推出了10美元家庭套票。

门票将如何影响辛普森一家呢？自然，水族馆不如以前那么有吸引力了。辛普森一家愿意排队的时间从45分钟下降到10分钟。他们的邻居也是如此。最后，排队时间真的只需要10分钟。现在，去水族馆虽然要花一点钱，但节省了时间。这么一来，水族馆与公园比起来又成了相同的选择——既没有好一些，但也不差一点。辛普森一家现在对水族馆的态度与原来如出一辙。

缩短排队时间，但多花点门票钱，对辛普森一家来说实在不算什么。对他们的邻居也是如此。门票如果会影响到某些人的幸福，那这个人就是市长的兄弟。如果要在以下两者中做出选择，水族馆依旧免费开放但对市政运作毫无益处，或者允许市长的兄弟出于个人利益运作水族馆，否认后者只是种小家子气。

必须承认，市长的兄弟没有过人之处；任何人都可以收门票。或许市议会应该考虑为自己收门票，再将门票收入用于改善城市服务以及降低税收。这么一来，在不出现成本补偿[①]的情况下，就能惠及斯普林菲尔德的每一位市民。这里出现了一种人们梦寐以

① 成本补偿（offsetting cost）指交易发生一段时间后，才产生的相应收入或利益。——译者注

求的罕见情况，而且它几乎无法通过经济政策实现：一顿真正的免费午餐。

市议会的另一种选择是对水族馆进行拍卖，将它卖给出价最高的人。这么做，依旧是一顿免费午餐。拍卖获得的钱可以投入有益的事业，而新买家收益最大化的做法除了令自己更富有，完全不会影响到其他任何人。

固定资源——特定地域的土地、一座与众不同的水族馆、别出一格的技艺，或者独特的品位——会对它的持有者产生经济效益。如果不存在持有者，就不存在实际收益。无差别原则告诉我们，所有收益都会转化到固定资源拥有者的手中，要么就白白浪费。经济学家倾向有人获益总好过白白浪费，因此认为产权制度是件好事。

经济学家喜欢寓言。寓言不需要真实性，甚至不需要现实到具备重要寓意，就像乌龟与兔子从未进行过赛跑。尽管如此，“从容不迫，胜券在握”依旧是意义深远的一课。格兰维尔市和斯普林菲尔德市的故事是虚构的，但它们都脱胎于复杂的现实。现实中的分析更为纷繁复杂，如果将复杂性暂时抛开，就可以令简单但重要的事实浮现出来。无差别原则在具体应用中需要大量成立条件——正如在特定状况下，心神不定的敏捷可能会败给坚持的日积月累。尽管如此，它提供了一种入手方式，我们假设人们总是大同小异的。如果我们正确，就能够获得令人眼前一亮的结论，如果我们错了，它将会引导我们继续发问："这种状况在本质上与格兰维尔市和斯普林菲尔德市存在什么差异？"对答案的寻找是一种启蒙的体验。一则好的寓言总是包含有益的寓意，而有益的寓意往往具备建设性，无论它在每个细节上是否都能保持真实。

第 5 章　模拟人生的电脑游戏：学习生活的真谛

当今有个十分普遍的趋势，如果你想让学生学习什么，最好将它设计成某种电子游戏。他们可以在虚拟市场中扮演 CEO、铁路大亨，或者好莱坞大佬，使用股票或者债券维持公司运营、追加投资、创造价值，以及服务客户。

这些游戏并不符合现实情况，一般来说，也不是我们想教的。游戏往往排除了现实中的庞杂细节，但这不是问题，有时甚至还是个优点。我们剔除现实中不那么重要的方面，才得以将注意力放在更重要的事情上。我想让学生了解汽车售价如何影响钢铁价格时，并不在乎位于印第安纳州盖瑞市的钢铁厂是否距离底特律的汽车工厂 252 英里。

游戏存在的根本问题是它的计分方式，它只考虑利润，将其余一切弃之不顾。提取概念没错，但它与我们所知的人们为之努力的一切完全不在一个方向上。

如果由我来设计一款“经济学游戏人生”的游戏，我要让游戏使用现实中经济学家衡量成功的方式：是否成功并非单单取决于你所持有的资产或者生产力的多少，还有你一路走来感受到的乐趣。

游戏会使用打印优惠券的方式作为奖励回报，玩家可以在现实中用它们换取真实物品：电影票、比萨，一位你心仪已久的高年级学长或学姐的吻。你可以在得到优惠券时就使用它，也可以将它们存起来，或者从其他学生那儿借优惠券。直到某一天，短信通知你，你的角色已经死亡，你的所有积累都将被转移给设定的继承人，你至此将被剥夺所有消费机会。

就是这么简单。你不会因为玩游戏而得到一个分数。没有人盯着你的一举一动。没有人告诉你，你做得好极了还是糟透了。你活过，现在你死了。如果你玩得不错，就能得到相应的回报。如果你觉得没必要费劲儿钻研玩法，那也无所谓。①

① 拥有超过 2 000 万玩家的“第二人生”就是一款没有预设目标的在线游戏。玩家在里面做生意，雇用劳动力，在市场贩卖和销售商品，从没有人告诉他们究竟是赢是输。

学生可以从这个游戏中得到许多收获。他们将学习到，你的成就高低不是靠与他人比较得来的，而在于你对自己的满意度；他们将学习到，在游戏中可以有许多赢家，一位玩家的胜利不需要建立在任何人的失败上；他们将学习到，努力工作就会有回报，但你也需要花时间投入其他事务，以及不同的人将各自决定要为了什么而付出；最关键的是，他们将学习到，消费与享乐才是生活中最重要的——而不是累积与拼命工作。

我念大学时有位朋友，他的父母总担心他的生活缺乏目标。一次，他的父亲来看他。一番推心置腹的谈话后，他的父亲问道："米奇，对未来 10 年，你有什么打算吗？"米奇缓缓地，有些故意地回答："我想成为——一位消费者。只要我有能力，我想尽可能体验所有消费，越丰富越好。"我想，米奇一定会是我设计的这款游戏的热心玩家。

我还想设计另一种版本的游戏，学生可以生产供他人消费的产品。一个班级的学生制作布朗尼蛋糕，另一个班级的学生洗衣服，学期过半，我会降低交易难度，让一个班的学生和另一个班的学生交换为对方服务。

这个游戏的"国际版"可以传达两则十分有益的教训：其一，交易开拓机遇；其二，交易能够产生收益不是因为你将商品卖出去，而是因为你买到了商品——这一点更重要。出口是国际交易中相对不利的一面。你享受的不是为另一个班级的学生洗衣服，而是品尝他们的布朗尼蛋糕。

无论哪个党派的政客似乎都忽略了这一点。小布什政府放宽对日本小货车的进口限制时，前总统比尔·克林顿（Bill Clinton）抱怨，美国不会从中获得任何好处。布什回应，他的举措将帮助美国产品在日本打开市场。显然，两个人都没有意识到美国人购买日本小货车得到的是什么：是日本小货车！销售是一种必要的痛苦，购买才令一切变得值得。

不要以为我是个表面固执但内心变通的经济学家，私底下认同生活比经济学模型更能说明问题。相反，我设计的“经济学游戏人生”是对经济学家所拥护价值的认同。所有主流经济学模型都假设人们努力是为了更多消费，更少工作；所有主流经济学模型都坚信经济政策至少协助人们达成以上两者之一的目标才算成功。在经济学标准中，一项只鼓励人们辛勤工作，但到死都将财富揣在口袋里的政策无疑是失败的。

我们生活的时代充斥“政策专家”。他们评判问题的标准常常只有生产力、产出和工作投入。这些所谓专家的分析虽然使用了经济学术语，却忽视了它们应用时的语境。经济学家认为，那些人对生产力的痴迷既怪诞又病态。“政策专家”希望美国人去世时家私万贯，经济学家希望美国人去世时心怀安乐。

实业家出身的政客罗斯·佩罗（Ross Perot）受到十分极端的“专家主义”影响，号召美国人只生产电脑芯片，而不是薯片。即使我们认为美国人从电脑芯片中获得的利润比薯片更为丰厚（这当然不是实情，问问菲多利公司[①]就知道了），这种观点还是忽略了生产薯片需要的劳动力更少但需求更大的事实。如果我们的目标是在不考虑其他因素的前提下实现利润最大化，[②]那么绝大部分美国人都应该被送去集中营强制劳动。如果集中营的大部分劳工会罢工，就该停下来好好思考那些草率做出的决定，以及将生产力作为唯一衡量标准的做法究竟出了什么问题。

2011 年，在持续争辩 5 年后，美国国会通过了与哥伦比亚、巴拿马和韩国的自由贸易协定。5 年中，反对者警告该协定会导致美国工资和就业双降。而多数支持者则不断提出反驳，从而守住了自己的一席之地。但更好的回应应该指出，该协定可能令商品价格降低以及令美国人消费到更多种类的商品。如果自由贸易协定可以使美国人少一些工作，多一些消费，那么美国就是赢家。

① 菲多利公司（Frito-Lay），母公司为百事公司，旗下品牌包括奇多、乐事、多力多滋等。——译者注

② 制造电脑芯片所需的技术也应被纳入考量之中。

作为一种教学工具，我设计的游戏还有另一大美妙特色：它没有开发成本。我们所要做的一切就是让学生明白，他们——正如你一样，已经是玩家的一员。

那么，祝大家好运。

THE ARMCHAIR ECONOMIST

第二部分

正义与邪恶

第 6 章　明鉴是非：民主的雷区

与我一起吃午餐的一位朋友言之凿凿地认为，相对富人的收入，他们只缴这么点税实在太不公平。我不太明白她说的“公平”是什么意思，于是问了十分具体的问题：假如杰克和吉尔从公共水井里取了相同体量的水。杰克的收入是 1 万美元，缴百分之十的税，也就是说，为水井出资 1 000 美元；而吉尔的收入是 10 万美元，缴百分之五的税，也就是说，为水井出资 5 000 美元。不公平在哪里？

我的同伴下意识地说，她从没有在这种条件下思考过她的答案，因此突然有些茫然。对此，我毫不介意，因为我花了相当长时间，在这种条件下就问题进行过许多思考，依旧不太清楚自己的答案。我不太愿意对税收政策的公平性轻易下判断，就是这个原因。如果我无法在只有两个人和一口水井的世界里说清楚公平是什么，怎么可能在一个拥有3亿人口和提供成千上万种政府服务的国家里断言公平是什么？

虽然从没有在抽象层面上思考过“公平”，我的同伴打算直接对具体案例做出评判。即使她无法给出确切定义，至少在问题出现时，她应该很有信心将它们分辨出来。可如果她真的能够甄别其中的公平性，她就应该能在杰克和吉尔的世界中分辨出来。

她所缺乏的，其实是一套道德哲学[①]。有许多道德哲学思想可供我们选择，而我认为经济学的论证方法是甄别它们优劣的最好工具。对任何道德哲学的检验，最初都是在虚拟世界的经济学模型中进行的——这个世界中，所有细枝末节都能够以一览无余的形式呈现，但这在现实世界中根本不可能。

基于此，如果给我一个向总统候选人提问的机会，我的问题很可能是这样的：

> **你认为哪一种世界更美好：每人每年赚4万美元的世界；还是四分之三的人每年赚10万美元，其他人赚2.5万美元的世界？**

---

① 道德哲学（moral philosophy）亦称作伦理学。——译者注

我也不知该如何回答这个问题。因此无论候选人倾向哪个答案，我都不会判他一票出局，但我倒很想知道，这个问题是否提起了他的兴趣。

那些真正有机会接近总统候选人的记者似乎对医疗资源分配或者工业政策很有研究，但他们总是追求掌握大量细节，而不是更普遍意义上的哲学见解。他们对知识的探究方式令人们对赫伯特·胡佛（Herbert Hoover）的做法信心倍增，却对托马斯·杰斐逊（Thomas Jefferson）的成就置若罔闻。总统候选人知道记者会抛出怎样的问题，并早就为此做好了准备。他们阐释自己的医保计划，兜售其中的好处，但如果我有机会继续提问，它会是这样的：

为什么你认为医保法案是件好事？

他可能会再一次滔滔不绝地复述起医保法案的优点，听得我快打起瞌睡。他耐心地回顾方案中最显著的优势，换句话说，完全忽略了问题本身。

政策分析的首要原则是，你不能只靠罗列优点来证明政策的可取性。（同样，你也不能只靠罗列成本来否决一项政策。）毫无疑问，每个人都可以就任何政策讲出几个优点。如果你要为一项政策辩护，任务不是阐明它的好处，而是它的好处多过坏处。

如果你认为某项目将带来更好的效果，至少在暗中，你已经对基本的道德哲学问题做出了站队。说得更直接点，问题其实就是：什么是“更好”？

打个比方，候选人的医保方案可以将额外增加的10亿美元医保费使用在全国最贫困的家庭上；但与此同时，中产阶级和富裕的纳税人将为此多缴15亿美元税款。这个方案将带来更好的结果吗？它完全取决于你所谓的“更好”是什么，以及增加的成本要为收益买单的标准是什么？

现实世界中，有价值的政策提案必须包括多方位的权衡（trade-offs），需要考虑不计其数的人口将蒙受的巨大损失或者得到的显著收益。任何信誓旦旦说着我们权衡过得失的人，都应该弄清楚对方案中令穷人增加10亿美元财富，而令富人损失15亿美元财富将做出什么回应。任何经过深思熟虑，明白其中潜在意义的人，一定知道仅需要关注利益分配的世界只存在于幻想中。

政策制定者需要使用抽象的方法，令自己的脑袋暂时摆脱纷繁复杂的现实。在纸上写下过多“利”与“弊”很容易让人走神，也早晚会让我们忘记，究竟需要多少“弊”才能在价值上超过一种特定的“利”。我们可以委任专家来估计成本和收益，但如果成本用苹果表示，收益用橘子表示，单凭计算并不能引导我们做出正确的决定。在掌握所有事实后，还是需要一套道德哲学思想来协助我们做出选择。如果我们无法将虚构的收入分配问题转化为一个简洁、抽象的问题，怎么可能找到有效的原则，引导我们对医疗资源分配做出正确的选择呢？

医保方案绝不是自命不凡的政客缺乏道德哲学依据的孤案。乔治·布什执政时期，他不时声称要通过降低利率来减轻年轻购房者的负担。看在上帝的分上，人人都知道下调利率会减轻购房者的负担，但同时心知肚明，这种做法会对储蓄养老金的人造成致命损害。只让人们将眼光放在单一收益上，却忽略其他方面，这跟撒谎没什么区别。如果有政客试图就下调利率给出合理理由，他不仅需要解释为什么这对贷款者有好处，还需要解释为什么它在帮助贷款者但同时损害借款者的情况下依旧有好处。换句话说，他需要捍卫的是一种收入分配方法优于另一种的理由。如果他对“更好”的收入分配方法缺乏大致构想，就没有权利宣称该如何调节利率。

与我的午餐同伴以及诸位前总统不同，我仍旧不太明白什么是公平。然而我坚信，经济学能够阐释这个问题。

极端民主是确保公平的一种方式，因为掌权的永远是多数。但是我相当怀疑，在人类发展历史中，是否完全服从过多数原则（majoritarian principle）。我从未听说有人，或者我期待认识的任何人，或者试图认识的任何人认为，如果 51% 的人决定挖出剩下 49% 的人的眼球取乐，我们应该服从多数。多数主义者往往被以下概念吸引：个人权力不可剥夺，或者仅可在特定条件下做出妥协。基本上，美国宪法就是按照这种机制运作的。它是多数原则的一种制度化体现，同时又列明了特定以及不可剥夺的权利。

多数原则存在一个问题，它无法处理多项选择的情况——谁也不可能成为真正的多数派。可能不会有人愿意采纳这样的国家经济政策：得到 4% 选票的政策胜出，从而淘汰掉剩下 32 种各收到 3% 选票的政策。

任何投票方式都必须考虑到如果出现多个选项该如何处理。如果有数项政策，或者数位候选人可以考虑，我们应该先举行一场预选，让得票最多的两方或者三方继续对决？还是举行一场循环赛，两两对决后，胜出的一方与第三方对决，直到场上剩下最后一人？还是人们不仅可以做出第一选择，而且可以做出最优的两个或者三个或者十个选择，再评估是否会出现绝对胜出的情况？

如果在上述选项中随意挑选一个，结果通常不会令人满意；用说不太清楚的标准挑选一个，结果也不会好到哪去。更系统性的做法是列出投票过程中不可取的情况，继而缩小这份名单，避免出现缺陷。

第一，在全体一致喜欢廷克（Tinker）多过钱斯（Chance）的情况下，大家一致同意：如果廷克参选，钱斯就不该获胜。如果规则可能导致钱斯意外战胜廷克的情况出现，就该被事先排除。因此，我们就排除了类似“选票垫底者获胜”的愚蠢规则。

第二，投票结果不应该取决于出场顺序。这条规则排除了循环竞争。运气差的候选人可能在最初几轮登场，与后上场的候选人相比，他们存在更高的出局机会。

第三，没有获胜机会的第三方候选人不应该影响两两对决的结果。这条规则排除的是“简单多数原则”（plurality rule）。在此原则下，一位候选人的获胜机会可能会因为第三方候选人吸纳其对手的选票而大大提升。

20 世纪 50 年代初，经济学家肯尼斯·阿罗（Kenneth Arrow）（后来的诺贝尔奖获得者）就写下民主投票中的一系列合理要求。它们包括我在以上提到的三点。接着，阿罗发现，能够满足所有条件的选举方式其实极为有限。因此他得出结论——基于纯粹数学计算——唯一能够满足所有要求的方法是只选择一位投票人，然后将所有选票交给他处置。唯一“民主”的投票方式竟然背弃了民主的初衷——沦为选出了一位独裁者！

阿罗的发现，一定会令深信存在完美民主投票程序的人们停下脚步，思考片刻。但对我而言，这远远不足以使我对民主产生怀疑，更不用说它提倡的个人权利不可剥夺。原因在于，我们根本无法保证民主必将带来好处，那么又怎么能继续回避什么是所谓“好处”的讨论呢?

多数人较为温和的选择，是否应该压倒少数人带有强烈意愿的选择?很多人不同意，希望有一种方法可以避免此类结果。经常有人说，我们的共和制政府很好地解决了这个问题，因为激烈的少数派可以组织起来，对他们的代表施加压力，而多数派由于漫不经心，所以不会为此浪费精力。这种说法看起来有其合理性，但它的合理性光环并非一把保护伞。怎么才能证明共和制政府一定会产生好的结果呢?首先，你需要一套关于政治、政客和压力集团[①]的实证理论（positive theory)。(所谓实证理论，我指的是在不评判可取性的前提下，能对结果做出预测的理论。）你的这套理论可以十分准确地预测政客的行为：比如，“政客最大化连任前景的行为”“政客最大化在任期间权力的行为”“政客提携朋友的行为”，或者以上行为的总和。经济学理论将协助你从一系列假设中推导出合理的后果，从而令你得以在各种状况下对立法结果做出预测。通常，在将它运用到现实世界前，你会希望先对它做一番检验，以免自己的信心过度膨胀。

① 压力集团指致力于对政府施加压力、影响政策方向的社会组织或非组织的利益群体。——译者注

其次，你需要明确陈述什么样的结果可取。比如，少数派究竟需要多大规模或者多激进，才值得推翻多数派的选择？类似“非常大和非常激进”的回答都是不合格的。这种明确性必须能够转化为数字，才能形成一套对照于实证理论的规范理论（normative theory）。规范理论描述什么可取，而非必然会发生什么。

最后，你可以将实证理论预测的结果，与规范理论得出的达到理想结果所必须具备的条件做比较，尝试发现其中的一些重合之处。你将再次运用到大量理论，而且很可能需要运用恰当的数学计算方式。

压力集团的实证理论研究尚处于萌芽期。过去 30 多年来，不少论文尝试过讨论这个主题，许多都十分有意思，但没有一篇具有盖棺定论的效果。即使实证理论足够强势和成熟（现在完全不可能），我们依旧需要另外一套规范理论告诉我们，正在运行的系统是否可取。我们总是不断回到相同的原点：需要一套道德哲学协助我们明辨是非。

现在，对民主，对有限民主，或者对民主的变形该如何选择，已经成了一个道德哲学问题，至少我们需要一套十分基本的道德哲学。实际上，有不少道德哲学思想可供我们挑选。不过，这并非结果主义哲学（consequentialist philosophy）。它在评估政治运作时，仅采取任意标准（arbitrary standard）来评判其内在价值（比如“民主是好的”），而非它的结果是否令人类幸福。以上我列出的研究可以如此概括：首先决定民主的结果，其次决定上述结果（与民主自身的概念相反）是否可取。

许多常见政治叙述使用的哲学思想是非结果导向的（non-consequentialist）。我们以具体规则作为标准，选择应该争取何种“权利”，而非它们所导向的结果。堕胎辩论本身——不论游说“生命权利”，还是“选择权利”——引起的公共兴趣远超过它的结果。

经济学家不反对任何一种主张权利的哲学，但结果也很重要。如果可以采用系统性的方式看待它，我们将获益良多。我们在意的结果关系到人类的幸福，至少在原理上，幸福不难被量化。比如，我们很清楚杰克比吉尔更幸福意味着什么。许多经济学家对这种比较嗤之以鼻，声称杰克的幸福与吉尔的幸福就如完全不同的商品，不可以拿来比较，但为了能使我们的讨论推进下去，请暂时放下这些疑虑。

如果幸福能够量化，就很容易列出一张以道德哲学为基础的结论清单（使用经济学术语表达，就是规范性标准）。比如，结论之一：为最不幸的人类谋求最大的幸福。如果幸福等同于收入，这意味着一个由中产阶级组成的世界，比一个由部分富人和部分穷人组成的世界更幸福；但这同时意味着，如果底层人群可以受益，人类就可以容忍存在不平等，一个收入不同但最穷的人也有饭吃的世界，比人人都挨饿的世界好。

另一种规范性标准是，将人类幸福总量最大化。这么一来，我们的道德哲学包袱就重了一点，因为我们不仅要比较杰克与吉尔的幸福，还要分别给他们打分。比如，给杰克 4 个单位幸福与给吉尔 10 个单位幸福（总共 14 个单位）的世界，比给杰克 6 个单位幸福与给吉尔 7 个单位幸福（总共 13 个单位）的世界美好。如果你可以理解数值量化的方法，就不难理解总量最大化。

第三种规范性标准是将人类幸福的乘积最大化。这会使一些先前的判断发生调转。现在，给杰克 4 个单位幸福与给吉尔 10 个单位幸福（乘积为 40）的世界，不如给杰克 6 个单位幸福与给吉尔 7 个单位幸福（乘积为 42）的世界美好。

不论上述方法各自的优点是什么，它们都需要一套清楚的道德底线作为支撑，而不是我们经常听到但其实毫无意义的“追求最高效益”。（你会将 4 万美元分给以下哪种人：四分之三的拥有 10 万美元的人，还是其他拥有 2.5 万美元的人？哪一种是“追求最高效益”呢？想必你的答案与我一样）这种方法依旧高度抽象，在相当严格的条件下才能应用到高度模式化的虚拟案例中。但正如我先前所说，如果我们无法理解高度模式化的虚拟案例，就不可能理解整个世界。

这些标准存在的问题在于，对它们做出选择似乎是十分武断的决定。谁可以决定幸福总量最大化好，还是幸福乘积最大化好呢？我可以提供两种方法。

第一种方法，列出规范性标准所需满足的一些合理要求。比如，如果存在令人们幸福的可能，必须在规范性标准中得到论证。这就排除了“总是试图让最不幸的人保持最不幸的状态”或者“将人类幸福总量最小化”的情况；我们也可以要求，规范性标准必须平等对待每一个人，不该考虑白人的利益多过黑人，或者考虑女性的利益多过男性。

如果我们能就几条合理要求达成共识，只需要纯粹的算术就能为我们列出将使用到的所有规范性标准。然而不幸的是，即使在合理要求上取得一致，最常见的状况仍然是没有任何规范性标准可以同时满足他们。这就将讨论引向了“在所有合理要求中，你可以放弃什么？”的讨论。我们比较在意人人平等，还是比较在意论证每个人获得幸福的可能？算术将协助我们理解其中的权衡取舍。它会告诉我们，如果我们需要满足特定标准，就必须舍弃。

但是，这种方法还不足以解决问题，它只是将讨论带向了更高层次。根本不存在判断幸福总量的方法好，还是幸福乘积的方法好的基础。然而出于本能，我们认为还是人人平等比较好。这种明确的倾向，再加上一些纯粹的理论，将最终决定我们选择哪种规范性标准。

问题还有另外一种解决方法，最早由经济学家约翰·海萨尼（John Harsanyi）提出。他受到了哲学家约翰·罗尔斯（John Rawls）的公平理论的启发。在罗尔斯或者海萨尼看来，我们应该想象自己身处一块面纱之后，对一切一无所知，甚至不清楚自己的身份。在面纱后，我们知道自己将决定某人的命运，他可能成为地球上任何一种生命。罗尔斯认为，如果我们只能在面纱后做出选择，而且对方仍愿意降生到这个世界，才是真正的公平。

罗尔斯主义者认为，如果我们对个人情况完全不知情，才可以对世界该有的样子形成共识。对实际行为的观察，将协助我们预测人们的共识。我们知道，如果人们得知购买保险可以应对毁灭性灾难，他们通常会这么做。据此可以推出，如果我们知道有方法可以应对生来愚蠢、残疾，或其他不幸遭遇，我们也会这么做。躲在面纱后，就是这种保险：我们一致认同，生来富有、智慧、健康的人，必定会将他们的所得分享给其他人。由于在面纱后，所有人都愿意签下这种契约，因此罗尔斯主义者认为，在现实生活中也应该实践这样的做法。我认为，这种观点具备许多优点。

然而，罗尔斯本人走得更远。他相信，对基本自由达成共识后，我们会集中精力让最不幸的人快乐起来。说得极端点，我们会选择生活在一个人人都供养亿万富翁的世界，直到不幸的灵魂挨饿致死。

罗尔斯和罗尔斯主义者发表了大量说辞，表明我们在面纱后形成共识的假设是合理的。

相反，经济学家采取了定量研究方法。回到这一章开始时提出的问题，你愿意生活在每人每年赚 4 万美元的世界，还是四分之三的人赚 10 万美元，其余四分之一的人赚 2.5 万美元的世界？它等同于：你愿意每年赚 4 万美元，还是愿意用抓阄的办法决定你的薪水——缸里有三只球写着 10 万美元，另外一只球写着 2.5 万美元？为了避免给出投机的答案，我们可以参考现实生活中面临相似选择的人们的做法。这样，我们就可以观察他们的选择，而非仅靠猜测。

现实世界中，存在不少类似的情况：人们选择工作时会考虑薪水，也会考虑其他条件；人们决定该购买多少保险；人们决定该将退休金拿来购买收益相对稳定的债券还是投入股市。观察人们在不同情况下做出的决定，可以预测他们愿意承担的风险——继而可以预测他们在面纱后做出的选择。

然而在实际操作中，实验比我上述所说要复杂得多——尤其你面对的是政策研究，而不是纯粹的哲学分析。比较两种税收方案的好处时，首先你要预计每种税收方案的最优、次优及次次优诱因将如何影响收入分配；接下来才能进一步问该选择哪一种。这个方向上的研究很有诺贝尔奖获奖潜质。

尽管“面纱标准”有许多优点，它在面对一些关键道德问题时依旧显得捉襟见肘，因为我们不知道面纱后的人究竟是谁。最常见的答案告诉我们：是“每一个人”。但有时候，“每一个人”比它听起来更为令人不解。人们应该在屠杀海豹后将它们的皮制成衣服吗？我得知我将以人类的生命诞生在地球上时，会给出一种答案；得知我将以海豹的生命诞生在地球上时，会给出另一种答案。堕胎行为合法吗？我在面纱后做出选择时，依据的标准很可能是我会不会以“流产婴儿”的身份降生在世界。但面纱后面究竟是否可以出现“流产婴儿”这个身份，其实是在讨论我们是否视它们为人类。而这又似乎将我们带回了尝试解决的问题的起点。

我相信，对符合某些特性的标准与面纱的讨论，将在极大程度上协助我们厘清一些思路，揭示出隐藏的矛盾。但我十分怀疑，对规范性标准的选择最终是个品味问题。而这个事实又会引发另一个有趣的悖论。

请允许我使用一个非常极端以致有些轻佻的案例来阐释其中的悖论。假如我们一致同意使用规范性标准制定政策，目标是让世界上最不幸的那个人尽量幸福起来。经过大量调研，我们终于找到了那个不幸的人，于是问他，我们究竟能做些什么让他开心起来呢。他的回答是，他情愿生活在一个规范性标准不适用于为最不幸的人找到快乐的世界里。

如果他这么认为，就不可能继续使用规范性标准。后者唯一可以发挥作用的地方就是，放弃它。

再举一个例子，假如我们一致同意将人类幸福总量最大化，结果却发现令我们幸福的方式是一致同意不要将人类幸福总量最大化。再一次，我们的结论与目标产生了矛盾。

许多情况下，我们可以用算术证明几乎所有规范性标准必定会陷入某种悖论[①]。但如果我们可以舍弃悖论，规范性标准就会立刻将选择缩小到可控的范围，比问题刚被哲学化时简化得多。

这种悖论十分令人玩味。它揭露出，个人品味竟然在道德行为中扮演着极为重要的角色，而纯粹的理论却在讨论面前显得束手无策。实际上，这是因为道德行为本来就是一种个人品味，而

① 在我的论文《规范性标准方法论》（*On the Methodology of Normative Economics*）[《公共经济学杂志》（*Journal of Public Economics*，2007）] 中，可以找到相关论述。

纯粹的理论只能帮助我们揭开悖论，排除一系列无法在实际中运用的规范性标准。

如果你在经济学家中进行一项调查，或许会发现还有一种我没有提及的规范性标准。这种标准常以经济效率或者收益成本分析的面目示人。我认为值得用下一章来好好讨论。

第 7 章　税收为什么存在弊端：效率的逻辑

税收存在什么问题？显而易见的答案是，缴税实在令人提不起劲；但另一种不言而喻的答案是，征税很有意思。由于付出的每一美元等于收到的每一美元钱，你肯定会赞同：利与弊相互抵消了。

收税者从你这里获得一美元钱，将它作为社会保险开支给了我母亲，你如果会为此抱怨几句，我完全可以理解，但我（作为本人，当然更在意自己的母亲而不是你）会用更积极的眼光看待这件事。经济学研究无法评判究竟是你，还是我的母亲更应该得到这一块钱，对没有利害关系的旁观者亦如此。金钱转移的过程本身没有好坏。

税收的真正问题不在于我们必须付钱，而是我们总想方设法避开它。避税要付出代价，而且不会产生抵销收益。

用购买凉鞋打个比方。比如，它在网络上卖 40 美元。尽管如果它卖 50 美元，我也很乐意付钱。我花 40 美元买到这双凉鞋，就像凭空赚到了 10 美元。更妙的是，没有人因为我的收获蒙受任何损失。因此对整个世界而言，它的价值增加了 10 美元。这增加的 10 美元——我愿意支付的价格与我实际支付的价值之间的差价——就是经济学家所说的消费者剩余（consumer surplus）。

现在，如果对那些凉鞋征收 6 美元消费税，我还是会买它。我的财富会比现在减少 6 美元，但有人会因此得到 6 美元。可是，如果对凉鞋征收 12 美元消费税，我就会因为不想付消费税而干脆不买这双凉鞋。这样，我就失去了 10 美元消费者剩余，而且没有人能从中获得好处。毫无疑问，这是个坏结果。

即使征收非常小额的消费税，都可能影响一部分人购买凉鞋的意愿。他们损失的消费者剩余，就是经济学家所说的无谓损失（deadweight loss，也被称为净损失），因为它不会产生抵销收益。

征税的弊总是大过利。为了得到一美元，就必须从某人那里拿走一美元。这个过程中，势必会影响某人不再多买一双凉鞋、修建一座房屋，或者加班工作。当政策的弊大于利——即产生无谓损失——我们就认为它没有效率，会反对它继续执行。

唯一可以完全避免无谓损失的税种是人头税（head tax）。它是每个人都必须支付的定额税种，与收入、资产、购买力或者任何纳税人可控的能力均没有关系。理论上，经济学家十分推崇人头税；但在实践中，我们意识到它在解决效率低下的问题时总是显得十分极端。

因此，不管我们需要怎样的政府，如果我们不想因为人头税而面对十分极端的财务状况，就要承担一些无谓损失。但是，一种税收制度导致的无谓损失可能比另一种要严重得多。当某种政策导致了格外庞大的无谓损失，经济学家就会开始寻找替代方法。

分析的关键在于衡量个人收益与损失。比如，什么是关税对进口汽车的影响？没有接受过经济学训练的政策分析者也许会评估它对汽车行业就业的影响、通用汽车公司的资产负债表，甚至政府的贸易与财政预算赤字。那不过是个开始，而且这种分析方法完全偏离了重点。它没能提供权衡得失的标准。（汽车工人就业率下跌 3% 与汽车价格下调 3% 之间如何比较？贸易逆差减少 10 亿美元意味什么？）它甚至没能提供确定何为利弊的标准。（国内汽车制造的增长如果需要伴随巨大的能源消耗，究竟是好事还是坏事？）

经济学家通过观察政策如何影响个体来处理这些问题。（当然，个体会受到汽车行业利润与政府财政赤字的影响，因此我们还是要将它们纳入考量——但只是作为中间步骤。）作为处于经济活动中的个体，我们要问：关税令他获得了收益，还是蒙受了损失？获得多少益处，蒙受多少损失？这些收益与损失包含在消费者剩余的变化、生产者利润的变化、关税收入产生的支付成本，以及其他一切对个人存在价值的因素中。我们将赢家获得的收益相加，输家蒙受的损失相加。如果赢家的收益超过输家的损失，我们就倾向认为政策可取。如果输家的损失超过赢家的收益，我们就宣布存在无谓损失，政策没有效率，再视无谓损失的规模来判断政策存在问题的严重程度。

必须指出一点，不要犯非经济学家常犯的错误，总是过分强调纯粹物质化的因素。当我说将一切对个人存在价值的因素纳入考量时，我一定说到做到。

假设埃克森美孚公司（ExxonMobli Corporation）在偏远地区获得一项石油开采许可，而且人们普遍认为开采对环境的影响微不足道。但一群主张矿权的激进分子却声称，得知油矿将被从它们自然存储的地方挪走，对他们的个人平静造成了巨大威胁。因此，他们提起一项诉讼，试图阻止埃克森美孚的进一步行动。以经济学效率的冷血逻辑分析，哪一方应该获胜呢？

在冷血的经济学效率逻辑中，我们并不具备回答问题的足够信息。如果埃克森美孚继续行动，赢家将是埃克森美孚的股东、员工、供应商和客户。输家将是主张矿权的激进分子。效率标准告诉我们，衡量收益与损失的依据是支付意愿，随后将两者的总量进行比较。[①]

一位能够从项目获益 50 美元的股东可能愿意支付 50 美元支持埃克森美孚获胜。这等同于为开采石油投下 50 票。一位坚定的反对者也许愿意支付 3 000 美元令己方获胜。这等同于为禁止开采石油投下 3 000 票。

一位当地失业者可能会支持开采石油。如果胜诉，他也许能在艾克森美孚找到一份年薪 3 万美元的工作，但他不会投下 3 万票。他乐意付出一些代价获得那份工作，但一定不愿为了一份工作倾其所有。假设他愿意支付 1 万美元获得工作（这等同于他对年薪的最低预期是两万美元，不能再少了）。因此，同意开采石油的一方可以再加上 1 万张选票。

原则上，关心结果的每个人都可以按其支付意愿贡献一定数量选票。按照定义，最有效率的决定来自得票最多的一方。

埃克森美孚公司与它的反对者之间的抗争，涉及的正是经济学家反对没有效率的核心。一个没有效率的决定常常无法令每个

① 你也许会反对，认为支付意愿并非用来衡量某人对结果关心程度的唯一标准。这种质疑十分合理，我保证将在之后几个段落中讨论它。

人都开心。假如人们愿意为了支持石油开采支付 1 000 万美元，为了反对石油开采支付 500 万美元，但法官最后决定反对开采，就是没有效率的做法。其实，有一种方法能够令双方都收益：批准开采，但支持开采的人们需要向反对开采的人们支付 750 万美元补偿他们的失望情绪。

这项裁决中，支持开采的人们获得了价值 1 000 万美元的收益，但只支付了 750 万美元；反对开采的人们得到了 750 万美元来补偿 500 万美元损失。实际上，通过精心安排征收和分配补偿，（至少在理论上）可以确保每个支持开采的人恰好支出所获收益的 75%；每个反对开采的人恰好获得对损失 150% 的补偿。如果举行一场公投，需要在上述方式与法官的实际裁决间做出选择，投票者肯定会一致同意推翻法官的裁决。

在双向选举中，如果有提案连一票都无法获得，它一定存在严重缺陷。在经济学上认为没有效率的提案往往会在双向选举中输给设计合理的提案。

没有效率就是不好这种观点，并非等同于有效率就是好。但由于有效率是没有效率的唯一替代，经济学家还是倾向有效率的方案。

如果在投票中，我们并非将支付意愿作为依据，上述说法就无法成立。我们不妨一试：假设石油开采获得批准，支持开采的人们得到 1 000 万个“幸福单位”（不用在意它的含义），反对开采的人们失去 500 万个“幸福单位”，但法官的决定是反对开采。我认为裁决十分糟糕，因为我可以想到令两者都更开心的裁决。然而，我的论证根本行不通。说来说去，我的论证究竟是什么呢？批准开采，但将 750 个“幸福单位”从同意开采石油的人们那儿转移到反对开采的人们那儿？这项提议完全没有意义，因为我根本不知道如何转移“幸福单位”。论据之所以无法成立，就是这个原因。

然而，我很清楚如何转移金钱。有效率就是好的论证只适用于该效率能够用金钱衡量的情况[①]。

这种论证方式（至少）存在两种显而易见的缺陷。其中一种完全偏离了讨论，但另一种值得拿出来讨论一番。它的第一种缺陷是，有人认为法官并不拥有神通广大的能力，无法猜测工人的支付意愿，更别提让他评估主张矿权的激进分子为保留油田的支付意愿。这种说法并非全无道理，但与我们的讨论毫不相关[②]。法官的确有力所不及的时候，但他至少应该具备甄别能力。问题不是“政策是否应该总是有效”，而是“我们是否应该尽我所能地设

① 这并非否认“幸福单位”的标准没有应用性，但它的确证明了这种特定论证无法用来捍卫上述标准。

② 说它并非全无道理，是因为经济学家已经设计出一些十分天才的机制来揭露人们被问及支付意愿时他们的真实答案。比如，第 3 章结尾，我和我的太太发现，为了获得挑选电影的权利我们可以为它定价。

计有效率的政策以及利用已知的信息”。

第二种缺陷更值得讨论。一位候选人可能在选举中败给另一位甚至不存在的候选人，但他犯的不一定是致命性错误。在我所举的例子中，法官必须在支持或者反对开采中做出裁决。他不太可能既赞成开采，又制订一套复杂的补偿方案。反对开采的立场因为不及另一种立场，就该遭到一票否决吗？如果遭到一票否决是因为没有效率，又如何论证胜出一方的效率呢？

许多经济学家认为这些问题很棘手。因此，我们中的大部分人不太情愿将效率视为通向终极之善的唯一途径。但我认为，大部分经济学家大致同意在制定社会政策时，效率应该扮演十分重要的角色。

效率的逻辑告诉我们，经济学家看待普通问题时往往采用非同寻常的视角。比如，我们一向热衷于辩论军事人力成本问题。美国上一次执行义务兵役制是在40年前，[①]但总有人认为应该尽早恢复。最近一次出现在2010年。美国国会讨论了一项法案，每个美国成年人都要以某种军事或非军事形式为国家服务。

① 到2017年是第44年。1973年，时任美国国防部长梅尔文·莱尔德（Melvin Laird）表示，募集的志愿兵已经满足军队需求，因此没有必要再征兵，从此开启了募兵制时代，并实行至今。——译者注

评论人士总是认为，义务兵役制尽管有弊端，但至少比募兵制省钱。这种说法完全没有根据。士兵的薪水来自纳税人和公司的裤袋，现在到了募兵制士兵的口袋里。那笔钱并没有消失，只是从社会的一部分人手里转移到了另一部分人手里。正如经济学家指出的，转移过程本身并不是净支出。

维持一支军队的支出与年轻人逃避兵役付出的机会成本相当。这种机会成本[①]可以用年轻人加入军队的支付意愿来衡量。技工、学生，或者冲浪运动员加入军队，他们就失去了修理汽车、继续学业，或者追逐更富激情事业的机会。这些机会成本当真消失了：世界上，良好运行的汽车数量减少了、成熟学者的数量减少了，生活的乐趣也减少了。[②]无论从哪个角度而言，失去的机会成本就是代价。经济学家认为，它们也是唯一的成本。

假设一位年轻女性愿意为 3 万美元报酬成为士兵，如果她被征召入伍，没有任何回报，她就失去了价值 3 万美元的自由；如果她被征召入伍，获得 1.8 万美元回报，她就失去了 1.2 万美元，而支付她报酬的纳税人失去了 1.8 万美元。社会的总支出成本依旧是 3 万美元。如果我们将同一位女性征召入伍，支付给她 3 万

① 为了获得某种东西所放弃另一些东西的最大价值。——译者注

② 新的技工或许可以填补空缺，但世界就失去了他生产其他产品的另外一种可能。

美元报酬，正好满足了她的期待，但纳税人就要为此支付 3 万美元。社会的总支出成本还是 3 万美元。提高或者降低报酬可以转移负担，但负担的总量并不会发生改变。

驳斥义务兵役制成本低这种荒谬观点的最好方式，是假设从这位女性身上征收 3 万美元税金，再将它作为服役的报酬。这种做法，与将她征召入伍但不付给她报酬没有任何区别。如果你使用的计算方式告诉你，向士兵支付报酬比通过募兵制将他们征召入伍的成本更高，这个例子应该足够说服你是时候换一种新的计算方式了。

同样的原理也适用于其他反复出现的争论：比如，增加国会支出。支出增加将出现两种后果。首先，它通过重新分配收入，将纳税人的钱转移到了国会议员那里；其次，它将在未来吸引到更优秀的人才参选议员。① 非经济学家的观点通常认为前者不利、后者有利。但如果我们认真用效率的方法评估，必须承认第一种结果可能是中立的，第二种结果可能是不利的。

就第一种结果而言，效率的逻辑告诉我们，应该对纯粹的金

---

① 实际上，第二种后果存在极大的不确定性。提高薪水能够确保对职位的竞争更加激烈，而投身激烈选战的成本可能会完全抵消高薪带来的好处。总体而言，它既可能吸引，也可能无法吸引高素质的候选人。但如果只是纯粹讨论，我会认为高薪的确可以吸引到高素质的候选人。

钱转移保持中立，即使得到好处的是国会议员；就第二种结果而言，要记住，我们的下一位新议员可能更优秀，但同时失去了他为其他行业服务的机会。因此，如果我们的官员素质精干，法官、律师、医生或者经济学家就可能是资质平平之辈。一位优秀议员的真正成本不是他的薪水，而是他在其他行业施展卓越技能的机会。值得吗？我不太清楚。

效率的逻辑令经济学家十分厌恶通货膨胀。通货膨胀对支取名义收入（nominal income）[①] 的人是一种损失，但它的确有不少好处——而且恰恰等同于——前者的损失。意料之外的通货膨胀对贷款人有利，他们还款时支付的是价值膨胀的美元。但同时，它也是一种诅咒——而且恰恰等同于——债主的损失。两种后果相互抵消，在效率上恰好形成零和效应（zero effect）[②]。

通货膨胀产生的真正经济成本，正如税收产生的经济成本，是人们付出了巨大代价去避免的。因为通货膨胀对任何人都没有好处。通货膨胀时期，人们减少携带的现金，因为就算把钱放在口袋它也会不停贬值。出于同样的原因，人们也减少使用支票账

① 货币量衡量的收入。——译者注

② 一方的收益恰好是另一方的损失。——译者注

户[①]。这为你一时兴起想吃热狗、倾盆大雨时想叫出租车，或者一整天都不想去 ATM 制造了麻烦；零售商店的收银机减少了现金储备，常常找不出零钱；大公司不再在手头存放大笔现金应付各种意外。如果出现意外，他们必须支付昂贵的金融交易手续费。这些都是无谓损失——它们没有产生任何收益。也许听起来微不足道，但美国一年 3% 的通胀水平所造成的无谓损失可高达 180 亿美元，或者说人均 60 美元——虽然称不上灾难，但也绝不算微不足道。

高通胀时期，无谓损失的体量可以十分庞大。第二次世界大战后，匈牙利出现恶性通货膨胀，每个月的商品价格都几乎呈指数级增长。这意味在 1 月 1 日时一杯 10 美分的咖啡，在 2 月 1 日时要 10 美元，在 3 月 1 日时要 1 000 美元，在 4 月 1 日时要 10 万美元，在 5 月 1 日时要 1 000 万美元，在 6 月 1 日时要 10 亿美元，在 7 月 1 日时要 1 000 亿美元，在 8 月 1 日时要 10 万亿美元……工人每天领三次薪水，他们的妻子每天都在工厂与银行之间奔走，想尽一切办法在钱变得更加一文不值前将它们存进银行。这些都需要付出时间和精力，是无谓损失的经典案例——而且没有任何人从中获益。

第一次世界大战后，德国出现恶性通货膨胀。经济学家约翰·梅纳德·凯恩斯（John Maynard Kcyncs）留意到，经常光顾酒

① 支票账户（checking account），可以免费多次存取现金，但没有利息的账户。——译者注

吧的人们常在刚入夜时就叫上好几杯啤酒——为了赶在价格上涨前。喝变热的啤酒也成了通胀的隐形成本。

好莱坞编剧与大学讲坛上的常客不时就会重新发现烧钱引发的戏剧化效果。通常，引燃火苗时，伴随的是一场激情昂扬的讲话——1 美元简直连张废纸都不如。如果在电影屏幕上，它必然出自悲情角色之口；如果在大学的体育馆，它必然出自上了年纪的文化偶像之口。1 美元，你不能吃它，不能喝它，也不能跟它做爱。它的消失不会对世界造成任何影响。

有些涵养的听众也许会对上述言论感到不适，认为一定有什么地方搞错了，却无法指出其中的致命缺陷。实际上，出错的恰恰是被他们夸大了的自我感受。讲台和银幕上的人们没有说错。你花了一晚上烧钱，整个世界还与原先一样富有。

我猜，观众的错觉可能来自好像少了些什么。他们意识到，夜晚结束，烧钱的人一定比夜幕降临时穷了几分——事实正是如此。如果他穷了几分，但他又是世界的一部分，那么世界作为一个整体难道不应该也穷了几分吗？

答案毫无疑问，不是。世界没有变穷，因为没有任何价值就此消失。如果烧钱的人少了 1 美元，肯定有人多出了 1 美元。我们要做的，就是找出那个人。

解开谜题的核心，在于认识到金钱供应大致决定了价格水平。金钱的供应量增加，价格就上涨；供应量减少，价格就下跌。1美元烧成灰，金钱的供应量减少了微不足道的一点，因此价格也下跌一点。如果只烧掉1美元，价格的下跌虽然十分微小，但依旧是下跌。那场仪式的受益者是现场持有现金的人们。当价格下跌了一点，他们口袋里的钱就增加了一点价值。

价格出现不易察觉的微量下跌，数以百万计口袋里揣着现金的人，财富都增加了微不足道的一点。如果将数以百万计的微量财富聚拢到一起，就会变得相当可观。以上案例中，它们的价值加起来刚好是1美元。总而言之，我们知道现实生活中真实物品的总价值没有发生改变，也知道讲台上的人失去了1美元，因此得出结论，这1美元转移到了其他地方。

古往今来，总有些古怪的慷慨人士决定将自己的资产捐给美国财政部。作为结果，我们现在或未来一定可以少缴一些税。[①]数百万美国人都是受益者，每个人的税务负担都会减少一点点。但我们并不是平等享受到其中好处的，税级[②]（tax bracket）较高的

---

① 最容易混淆视听的说法是，财政部因此减少贷款，于是它将来的债务（obligation）和赋税都得到了减轻。无论基于哪种假设，除非捐款令政府对开支预算做出修订，否则一定会以某种方式减少税收。

② 税级也称为“个税级次”，是将收入划分为几个层级，每一层级适用统一税率。——译者注

人——大体上，就是最富裕的美国人——获得的收益最高。

慷慨人士其实可以这么做，将他们的资产全部兑换成现金。这一次，不是将它们捐赠给财政部，而是举办一场篝火晚会，达到的效果是同样的。千百万美国人都能够得到一丁点儿好处（这一次是通过降低物价而不是少缴税）。人们获得的好处总和刚好等同于慷慨人士的乐善好施。获得最大好处的还是有钱人，方式却更隐蔽了。因此，如果你在遗嘱里惦记着财政部，但又算是个平等主义者的话，不妨考虑一下篝火晚会。[①]

新奥尔良的一个刮风天，我手里捏着的 1 美元被风吹走了。当它快掉进下水道时，我试图将它紧紧抓牢。大卫·费德曼（David Friedman）——我的同伴、经济学家，那一刻，我灵魂的守卫者——挡在了我的面前。我刚与他讨论过，经济效率不仅对制定政策有益，还能够提升个人操守。以此作为标准，大卫的插手将我从不道德的做法中解救了出来。

如果我挥挥手，与这张 1 美元纸币吻别，其中的成本收益[②]计算如下：我失去了 1 美元，全世界因为价格下跌，获得了 1 美元。

---

① 值得一提的是，尽管你对所有拥有金钱的人都施舍了好处，最大赢家可能来自提着装满几百万美元现金行李箱到处旅行的人。

② 指以货币单位为基础，对投入与产出进行估算和衡量的方法。——译者注

与先前的世界相比，既没有富裕一点，也没有贫穷一点。因此，经济效率得出的结论是——徒劳一场。

但如果我抓住这张 1 美元，大约会使出价值 3 美分的力气。（3 美分的意思如下：如果大卫出手帮我追回这 1 美元，而我不必亲自动手，我愿意支付给他 3 美分）这么一来，成本收益计算就成了：我支付了 3 美分，但世界既没有获益，也没有损失。而世界（包括我）作为一个整体，财富减少了 3 美分。因此，经济效率得出的结论是——价值 3 美分的无谓损失。① 经济效率的逻辑告诉我：就让它随风而逝吧。

真的如此吗？让我来甄别两种截然不同的观点：其一，解决公共政策问题时，经济效率应该作为一种重要的考量；其二，修炼个人操守时，经济效率也应该作为一种重要的考量。但是，经济学家只会捍卫第一种观点。与大部分人一样，经济学家在批评政府时总喊得很大声，但在批评同僚时总显得忸怩作态。

效率标准对每个人而言都是平等的。成本就是成本，不论承担它的对象是谁。制定政策时，这一点十分具有吸引力。但在处

---

① 值得注意的是，如果快掉进下水道的是我的 iPod，效率逻辑会告诉我，快点接住它。如果我挽回价值 200 美元 iPod 的努力只值 3 美分，对所有人都是好事。因为 iPod 不仅对我而言价值 200 美元，对整个世界（包括我）而言，具有同样价值。反而言之，200 美元现金将在全世界产生零和效应。如果它丢了，我的财富将减少 200 美元，其他人的财富将增加 200 美元。

理个人事务时，考虑与自己毫不相干的陌生人就十分奇怪。

有过数次——正如新奥尔良的那个刮风天——我认为效率在引导我该怎么做时成了彻底的败笔。但也有一些时候，它的确非常有用。比如，我家花园的野草长势过于“喜人”，以致引来邻居的不满。于是我问自己，是不是该做些什么。在这个过程中，我会考虑除草的费用以及邻居不耐烦的程度。如果要花 30 美元消除邻居只值 20 美元的烦心，我大可以为自己倒一杯柠檬水，将烦恼抛诸脑后；如果我认为花 30 美元能消除邻居价值 50 美元的烦心，除非我将草坪修剪整齐，不然就会视自己为浑蛋。

不可否认，这是一种效率计算，而且它得出了令我感觉正确的结论。但我的行动并非总能保持一致。我在购买汽车时会考虑它靠内燃机还是喷雾罐发动，的确会在意空气质量对他人造成的影响。但我必须强调，我并不在意会对他人（那些采用道德批判方式看待我以上选择的人）造成心灵伤害。我很难为自己的选择找到合理的道德评判基础。我开心会令你不开心，其实与我开心地开车令你不开心是两回事。但严谨的效率逻辑告诉我，如果我选择待在家，而不是对你的肺造成 10 美元伤害，那么我就该选择待在家，而不是对你的道德情感造成 10 美元伤害。

我猜，自己大概并非伦理道德上的完人，而是效率扮演了极为重要的角色。但最近前往波士顿的一趟旅行动摇了我的信念。

我的太太和我从丹佛启程，两人的往返机票总价不到 2 500 美元。我向报销费用的出版商提供了另一种方案，但他还是坚持要我们搭飞机去。尽管如此，如果要自己付钱，我一定会取消这趟行程。

这令我陷入了道德上进退两难的境地：假如往返波士顿要付 300 美元，航空公司的成本是 200 美元，但出于某种极端垄断势力，航空公司要价 1 000 美元。这张机票，你还应该买吗？

如果你只考虑效率，当然应该买。你买下这张机票，你的财富减少了 700 美元（你支付的价格与旅行的价值之间的差价），航空公司获得了 800 美元（机票的价格与飞行成本之间的差价），净收益为 100 美元。效率标准就此宣布，这趟旅行是件好事。

但我很确信不会买那张机票（因此飞行不会搅乱我的睡眠）。无论航空公司将获得多少收益，无论我的损失多么微不足道，我都不想买。因此，尽管我坚信效率总能在政策制定上发挥有益作用，也常常能正确引导个人行为，但在认识什么是真正的“有益”时，我们还需要更加精细的标准。我相信，有时我们应该以高效为行事准则，有时则不必，我们只是还没弄清楚什么时候该采用什么标准。

我还是设法追回了那张 1 美元，完全没有顾及它将对总体价格造成的影响。我有些内疚，尽管说不清楚究竟是因为什么。

第 8 章　为什么价格是好东西：斯密 vs 达尔文

我参加过一位相当杰出的物理学家举办的派对，那是他第四次举办相同主题的派对。聚会上，他将达尔文进化论与市场中那只“看不见的手”做比较。前者认为，物种进化在生物学上遵循适者生存法则；后者认为，人类进步应该遵循经济学上使用最有效方式配置资源的法则。

我怀疑他不太懂生物学，但十分确信他不懂经济学。他提出的类比虽然听起来不陌生，却错得离谱。

生物学中根本不存在类似“看不见的手”的类比。适者生存完全是另一回事，进化论既无法保证也无法产生竞争市场中的惊人效率。

雄性极乐鸟拥有极长的尾羽。在进化观点而言，它们实在长得没有实际用处，甚至妨碍了行动。极乐鸟的身体消耗珍贵的资源来维持尾羽生长，这既提高了它们对食物的摄取要求，也增加了它们暴露在敌人面前的风险。

为什么这种特质能够在自然选择中得以保留呢？实际上，达尔文主义要求我们提出一个更为复杂的问题：这种特质为什么能够成为自然选择的结果？

生物学家给出了他们的答案，实在令人叹服：雄鸟是为了吸引雌鸟。雌鸟总倾向选择有能力诞下健康雏鸟的伴侣，通过出众的尾羽，雄鸟展示了它们强健的身躯——它吃得很好，甚至在拖着那条荒唐的累赘尾巴时仍过得有声有色。而雌鸟正希望在传宗接代时保留这些特质，于是在挑选伴侣时会格外留意外貌。出众的尾羽具有生殖优势，因此在自然选择中保留了下来。

现在，让我们稍微发挥一下想象力：由于担心竞争升级，雄性极乐鸟召开了一场和平会议。一些身形较为孱弱的雄性极乐鸟提出了一套激进方案：开展一场“全球除毛运动”，所有雄鸟都必须同意立即并且永久剔除一切不必要的羽毛。这项提议的卖点在于可以摆脱狐狸的伏击，却忽略了雌鸟的感受。

现在登上讲台的是一只拥有华丽尾羽的雄雌极乐鸟（它甚至需要三位助手的帮忙才能跨上舞台）。他立刻驳回了激进方案，转而提出一套折中方案："每个人都剪去自己一半长度的尾羽。这么一来，大家应该不会反对吧？尾羽最长的雄鸟依旧拥有最长的尾羽，现在最有魅力的雄鸟将来依旧能够得到最多雌鸟的青睐。同时，大家也减轻了负担，不再需要摄入更多食物，身体变得更加轻盈，还能降低暴露在我们'朋友'面前的机会——比如狐狸。"

以上方案的高明之处在于它不仅有利于极乐鸟这个物种，还惠及了每一只极乐鸟。与体形单薄的极乐鸟提出的方案相比，这套方案虽然不完美，但存在讨论的余地。所谓折中方案，就是让各方都获得一些好处——除了狐狸，它们可能无法同意。

很可惜，对极乐鸟而言，这种方案永远无法实施。接下来的日子里，方案得到了进一步推动，经过修订，最终被采纳，但总有些"耍流氓"的雄性极乐鸟（毕竟事关重大，哪只雄鸟不想"耍流氓"）想方设法地逃避大剪子。只要有雄鸟怀疑大家存在作假的可能，它就会逃避，以免输给对手。即使不怀疑同类的动机，它也可能作假，以期在其他诚实的同类中"脱颖而出"。

经济学认为，这样的结果缺乏效率。因为改变并不能满足大家的需求。生物学进化常常如此，原因很简单，因为它们没有这种需求。经济活动的结果也可能缺乏效率，但不难找到效率卓著的案例，从而得以延续我们的神话。

观察竞争市场能够带来显著效率的最佳方法，是先让我们考察几宗缺乏效率的案例。比如，我们悲观地认为学生根本无法从大学学到任何东西。然而，公司还是倾向于雇用大学毕业生，因为平均而言，他们比没有念过大学的人聪明一些。念大学并不能让他们变得更聪明，但因为他们足够聪明才能顺利完成学业。如果公司没有其他方法辨别哪些人更聪明，他们就愿意为接受过良好教育的人支付更高薪水。

上述案例中，学生就像雄性极乐鸟，公司就像雌性极乐鸟，接受大学教育就像华丽的尾羽：你为看似无用的东西付出了极大代价，因为它们能够彰显你的内在价值。假如所有学生都同意只完成目前学业的一半：那些念4年大学的人现在念两年；那些花8年获得博士学位的人现在花4年拿个学士学位。如果方法奏效，公司评估学生的方式并不会发生改变，但每个学生都能省下一半学费（还可以提早进入就业市场）。每个学生都能从中受益，没有人会蒙受损失。

但是，大学生就像雄性极乐鸟，经常“耍流氓”。共识破裂，每个人都想方设法违约，从而获得额外优势。这样的结果缺乏效率，我们又回到了原来的问题。

动物世界和人类活动中，类似的例子不胜枚举。比如一群在保护区吃草的牛，如果它们都同意今年少吃一点，草皮就能得到更好的休养，将来就有更多草吃。也许每头奶牛和公牛都赞同这种策略，但每头牲口都偷偷作弊，吃的草比配给的多那么一点，而且自以为多吃的部分对第二年的影响微乎其微。唉，牛群数量庞大。将微不足道的后果相加，到第二年每头牛都会挨饿。

理性行为并不能对缺乏效率产生免疫。我给出的每个例子，其中每一方的行为都是理性的——拥有华丽尾羽的雄鸟、延长学业时间的学生、多吃那么一点草的牛群。如果理性都无法拯救我们，我们还能依靠什么呢？

实在令人叹服——实在令人惊讶——实在令人叫好——人们竟然可以为这个问题找到答案：一般情况下，在自由竞争市场中，人们按照市场价生产与交易商品就能产生最有效的经济后果。经济学家提及“看不见的手”时，脑袋里惦记的就是这一点。

18 世纪，亚当·斯密（Adam Smith）形容经济活动中的角色在“只顾自身利益”时，“在一只看不见的手的作用下”，往往能够“实现他预料的结局”。这样的“结局”能够惠及社会，也就是经济学家所称的效率。比喻就这么流传下来，其间遭到过的误解不计其数。有一种说法认为，斯密表达的是一种宗教情操，坚信上帝正在监督我们的一举一动。还有一种更流行的说法，与我的物理学家朋友的观点类似：斯密表达的是个人理性。将理性作为前提，再加上无情的自然选择压力（市场竞争如是，生物学界亦如是），一定能够造福社会，并最终达到物种进化的目的。

然而，如果斯密真的如此认为，他就错了。任何一只极乐鸟都可以告诉你这个问题的答案。他真正想表达的更为微妙、卓越：个人理性加上竞争与价格的元素，才可以实现最有效率的后果。也就是说，在没有浪费机会成本的情况下，就可以造福每一个人。这是个平衡公式，如果只有个人理性和竞争，但没有价格，就无法达到期待的效果。

“看不见的手”并非是让人一目了然的原理，但它的正确性毋庸置疑。20 世纪 50 年代，经济学家吉拉德·德布鲁（Gerard Debreu）与莱昂内尔·麦肯齐（Lionel McKenzie）分头工作，均成功地将它转化为纯粹的数学公式，并使用十分严谨的方式予以证明。他们取得的成就共同开启了现代经济学的序幕。

通过现代的公式，“看不见的手”有了新的名字。如今，它被称为“福利经济学第一原理”——竞争市场能够有效分配资源；以及“福利经济学第二原理”——存在许多不同有效分配资源的方式。福利经济学第二原理认为：无论你想实现多少次有效分配，都可以从第一次合理的重新分配入手，接着让竞争市场自由调节。

公式中的关键元素以及对原理的证明都提到了市场价格。如果没有价格，就不可能期待产生有效的后果。物种进化中，不存在价格因素，因此认为生物学与经济学市场存在相似之处只是浮于表面的观察。

我也许很难完全解释清楚为什么“看不见的手”原理一定正确，但可以举出许多例子说明价格的重要作用。接下来的几段可能比这章剩下的内容难懂一些，但如果能多花些心思，我想你不难理解它们。你的回报，将是对人类最伟大智慧成就的惊鸿一瞥。

现在让我们假设，美国农业都由你说了算。今年美国决定生产 1 000 蒲式耳[①] 小麦，你的工作就是尽量压低小麦的生产价格。你会怎么做呢?

你应该避免：一位农夫花 10 美元生产 1 蒲式耳小麦，但另一位农夫可以花——比如 4 美元，就生产 1 蒲式耳小麦。这会导致国家的小麦供应比合理价格高出 6 美元。

首先，你需要展开调查，确认每位农夫生产小麦的成本。这比听起来要复杂得多，因为即使在同一片农地，每蒲式耳的成本也可能不同。我的朋友米兰达拥有一片农地。她发现生产两蒲式耳小麦的价格是生产 1 蒲式耳小麦价格的两倍。因此，你需要收集的信息不仅是全部蒲式耳小麦的生产成本——比如米兰达地里 100 蒲式耳小麦的成本价，而是生产 1 蒲式耳小麦的成本，再生产 1 蒲式耳小麦的成本，又生产 1 蒲式耳小麦的成本，并以此类推。你还需要了解生产第 101 蒲式耳、第 102 蒲式耳、第 103 蒲

① 蒲式耳，容量单位。蒲式耳与公斤的转换在不同国家以及不同农产品之间均有区别。在美国，1 蒲式耳小麦约为 27.216 公斤。——译者注

式耳小麦的成本约为多少，即使它们还没有被生产出来。[①]

好吧，假设你已经收集到了所有信息。该如何运用它们呢？

这么说吧，假设米兰达可以生产100蒲式耳小麦，你决定她的第100蒲式耳小麦的成本是10美元。同时，她的邻居南森也生产了100蒲式耳小麦，但你发现他生产第101蒲式耳小麦的成本竟然只有——比方说4美元。现在，你就知道该怎么做了：命令米兰达少生产1蒲式耳小麦，南森多生产1蒲式耳小麦，从而使全国小麦的生产成本降低到6美元。

事情看起来进展不错，也许你还将继续使用这种方法。但问题是，如果数字发生了改变呢？米兰达生产99蒲式耳小麦，而不是100蒲式耳，那么你就需要知道第99蒲式耳小麦的成本——比如为9美元。如果这时南森生产1蒲式耳小麦的成本——比如为5美元，那么你的方法能够继续奏效，可以省下4美元。

最终，你会来到一个临界点，每多生产1蒲式耳小麦的成本在两人的农地上趋于一致。那时候，你的方法就不管用了。但是，你不能撒手不管。恰恰相反，你需要重新开始，找出另一对农夫。除非每多生产1蒲式耳小麦的成本在所有农田都一样，否则你的

① 一般说来，数字在到达某个点前会不断上升。因此可以推测，第103蒲式耳小麦的成本高于第102蒲式耳小麦的成本，而后者又比第101蒲式耳小麦的成本高。

工作就永远不会结束。

你的工作就是不停重复：为了尽可能压低成本，你必须确保每多生产 1 蒲式耳小麦的成本在各块农田上是一致的。[①]

原理能告诉我们的，只有这些，但在实际操作时，难度堪比登天。你不仅需要知道每块农田里生产每蒲式耳小麦的成本，还要留意每次天气变化或者原料价格波动、拖拉机是否发生故障或者是否有农夫生病、卡车每次运货是否存在闲置空间（因为小麦的运输成本也是生产成本）。

那么，这里有一种更好的方案：为小麦确定一个固定价格。（不管怎样，现在是由你说了算。）如果你宣布成本价为 6 美元，那么每位农夫都会将他的生产成本控制在 6 美元之内——一旦成本超出 6 美元，他们肯定不干。如果米兰达的第 100 蒲式耳小麦的成本为 10 美元，南森的为 4 美元，你根本不需要告诉米兰达少生产 1 蒲式耳，南森多生产 1 蒲式耳。出于价格驱动，他们都会采取最有利于自身的方式。他们和其他农夫不断调整，直到大家每增产 1 蒲式耳小麦的价格都维持在 6 美元。每增产 1 蒲式耳小麦的价格竟然达成了一致！这正好尽可能压低了小麦的全国供应成本。

① 如果你有兴趣了解术语，经济学家将在一块小麦地里每增产 1 蒲式耳小麦的成本称为“边际成本”（marginal cost）。

需要注意的是，没有农夫在意控制小麦的全国供应成本——这“并非出于个人意愿，却具有殊途同归的效果”。正如有一只看不见的手，将他和她都带到了这一步。

在其中发挥关键作用的正是市场价格。如果不同农夫面对不同价格，整套体系就不复存在了。如果米兰达的1蒲式耳小麦可以卖12美元，而南森的只能卖2美元，那么米兰达就会生产10美元1蒲式耳的小麦，但南森根本没办法生产4美元1蒲式耳的小麦。我们的社会作为一个整体，就会蒙受节约6美元成本的损失。

在完全发挥效用的价格体系中，每个人面对的都是相同的价格。价格体系运作良好，就能够将小麦的生产成本降到最低。而且，它的作用远不止于此。出于前述你已经了解的理由，它还能确保我们获得的小麦总量：既不会过多（我们本可以将资源用于其他生产活动），也不会太少（我们本可以收获更多小麦而不是其他农作物。）

让我们再进一步。一个经济体中不仅只存在单一的小麦市场，经济活动也远比生产行为复杂得多。这就是两条福利经济学原理的主旨：即使我们面对的是一个完整的经济体，包含各种商品、各式活动，而且它们以错综复杂的方式相互作用，但是竞争市场和市场价格能够保证产生最有效的后果。[①]

世界上充满缺乏效率的浪费，人们如果没有相关经济学背景，就会将它们视作“恶性竞争”或者“市场胡作非为”。但是，“看不见的手”原理告诉我们，如果我们要追溯缺乏效率的源头，就应该寻找没有被发现的市场，而不是已经存在的市场；我们应该寻找没有被标价的商品——通常而言，就是还没有主人的商品。

以污染为例。一家工厂排放出有毒气体，引起邻里间的不适。这可能是有效率的体现，也可能是没有效率的体现。工厂对一些人有好处（它的老板、客户，或许还有一些没有与它发生直接关系的人），但也伤害了一些人（它的邻居）。原则上，我们可以使用金钱来转化所有利和弊（比如询问邻居，你愿意为工厂搬离此地付多少钱？或者工厂不搬走，它应该付给你多少钱？）。总体而言，工厂的利可能大于弊。在这种情况下，它的存在就是有效的，即使它会造成污染和其他问题。但也可能它的弊大于利。这么一来，它的存在就是无效的。

无效性的最终源头是什么？有些人可能认为是市场过度资本

① 也需要一些其他情况的配合。比如，当不同人获取的信息不同，“看不见的手”就无法发挥作用。前述大学生的例子就是很好的证明，他们比雇主更了解自己的能力。

化以及盲目追求利润造成的后果。实际上，它恰恰是市场资本化不足导致的后果：因为根本不存在空气市场。

假如有人拥有工厂附近空气的使用权并且可以对它收费：工厂需要为污染付费，居民需要为自由呼吸的权力付费，就为工厂的污染提供了一种强大的抑制因素。即使周围的空气属于工厂老板，它同样是抑制因素。因为如果空气被污染，老板就会失去将干净空气卖给邻居的机会！不管谁拥有空气——工厂的老板、邻居中的某些人，或者看不见的“空气地主”——工厂都可能停止污染行为。实际上，除非存在这种有效后果，否则工厂一定会继续污染空气。

这并非说管理空气或者维系空气市场是一件容易的事，或者它是处理污染问题的可行方式。我想表达的是：缺乏效率是由市场缺失导致的。如果存在缺乏效率的现象，很可能在某处潜伏着一个缺失的市场。

人们极度觊觎非洲象的象牙，几乎将这些美丽的动物推向了灭亡的绝境。我尽管无法为此找到简单的解决方式，却很容易指出其中的原因：因为这些非洲象没有主人。只要它们有主人——无论是谁——都会确保大象尽可能存活下来，这样他才能继续做生意。人们对牛的需求远超过对象牙的需求，但牛群从未面临灭绝的威胁。关键的不同之处，就在于牛有主人。

同样，造纸公司完全有理由保护他们拥有的森林，因此这些森林不会消失。忧心忡忡的环保主义者总在提倡回收纸张，这样我们就不会砍伐更多森林。但讽刺的是，造纸公司减少对树木消耗的方式就是保护规模较小的森林。还在指望靠回收纸张保护森林的世界，树木的数量一定会减少。①

科罗拉多州前州长罗伊·罗默（Roy Romer）（也是一位杰出经济学家的父亲）曾讲过一个故事。一个秋日，他外出散步时发觉丹佛的每个家庭都将自己门前的落叶吹到邻居的院子里。他认为，这里一定存在许多市场，如果没人买吹叶机，每个人都能从中获益。或许他的儿子应该告诉他，问题恰恰在于缺乏市场：如果可以对邻居将你的院子当作垃圾场收费，问题很快就会消失。

但这位州长的确指出了某些关键：缺乏两种市场好过缺乏单一市场。亚当·斯密告诉我们，最好每种商品都可以找到属于它的市场。不过，鉴于根本不存在“将后院当作垃圾场”的市场，最好也人为消除扫落叶的市场。

---

①　北卡罗来纳林业协会（North Carolina Forestry Association）的问答页面上，提出了以下问题：“砍掉树木造纸会导致森林过度砍伐吗？”答案是：“不……提供森林制品的公司不仅会让树木重新长出来，甚至还会在非林地种植树木、照料植被，直到它们慢慢长成新的林地。”

然而，州长的说法并不能说服我。在我生活的街区，人们不会将自家的落叶吹到邻居的草地上。这么做，并不是为对方做好事，就像你不在家时有人为你代收邮件。实际上，这与市场的运作十分相似，如果你违反了大家心照不宣的规矩，就必须为此付出代价。即使没有正式组织，市场还是会协调运作，因为它是改善每个人福利的最有效工具。

当今，我们总被提醒必须呵护脆弱的自然生态平衡，每样物种都恰到好处地存在于它的生态位上，而每个生态位又构成了错综复杂的整体。但我们不妨省点心，根本不用太过担心市场的脆弱程度，因为它总在不停地自我修复，这是自然界永远无法比拟的。

第 9 章　药品与糖果，火车与火花：法庭上的经济学

弗雷德里克·霍雷肖·布里奇曼（Frederick Horatio Bridgman）是维多利亚时期杰出的伦敦公民——他获得王室授权，专为女王生产糖果。他享受的其他特权还包括可以在家中工作。他拥有两台巨型粉碎机和碾磨机，生产出的精致糖果提供给王室，略为次等的卖给普通市民。他与邻居相处得不错，其中包括皇家内科医师学会会员、伦敦名医屋大维·斯特奇斯（Octavius Sturges）。

1879 年，斯特奇斯在他家花园的尽头盖了一间新诊室，正好对着布里奇曼家的厨房。诊室刚建好，他就发现布里奇曼家的机器令环境变得十分嘈杂。有多嘈杂？按照斯特奇斯医生的说法，简直糟透了。每当他用听诊器为病人检查心脏时，根本无法听到

对方的心跳声。

只要斯特奇斯开动那两台粉碎机和碾磨机，布里奇曼就没法在诊室工作。最后，布里奇曼提起诉讼，试图令斯特奇斯安静下来。

审理案子的法官在了解情况后认为，他的裁决不仅将影响布里奇曼和斯特奇斯，还将影响整个社区。如果他裁决斯特奇斯胜出，居民将多一间诊所，少一位糖果制造商；但如果他裁决布里奇曼胜出，结果恰恰相反。

然而，法官弄错了。实际上，他根本没有能力影响糖果厂和诊所谁能留下。不管他怎么裁决，留下的都是对全体市民更有价值的经营场所。

举个例子：假设布里奇曼认为糖果公司值200美元，斯特奇斯认为诊所值100美元。如果法官做出有利于布里奇曼的裁决，准许他随心所欲开动机器，他一定会十分愉快地继续制造糖果。但如果法官做出有利斯特奇斯的裁决，要求布里奇曼的工厂关门，那么——好吧，或许你认为斯特奇斯真的会让布里奇曼“消音”。然而，事情并非如此。布里奇曼会忧心忡忡地奔向街角，敲响斯特奇斯家的门，提出——比如，付给他150美元，让法官的裁决见鬼去吧，这样他就能继续生产糖果了。不管采取哪种方式，布里奇曼都会继续经营自己的生意。[①]

再举个例子：假设布里奇曼认为糖果公司值 100 美元，斯特奇斯认为诊所值 200 美元。如果法官做出有利斯特奇斯的裁决，让布里奇曼的工厂关门，他一定会迫使布里奇曼这么做，自己继续高高兴兴地看病。但如果法官做出有利布里奇曼的裁决，允许他随心所欲制造噪音，斯特奇斯就会提出——比如 150 美元，让他关掉见鬼的机器——同样，他也可以继续给人看病。

上述两个例子的共同之处在于：无论哪一种方式，法官的裁决都无法影响斯特奇斯行医，或者布里奇曼制造糖果。经济学家很乐意就此做出总结，认为法庭的裁决“无关紧要”。

或许布里奇曼和斯特奇斯不赞成这种措辞。他们认为，裁决十分重要。让法庭站在自己一边，比偷偷塞给别人 150 美元交换好处有趣多了。因此，更准确的表达应该是，尽管斯特奇斯和布里奇曼认为法官的裁决很重要，却无法对两人起到约束作用。裁决无法改变资源分配，也无法影响该生产什么、停产什么。通常，经济学家更关心资源分配，而不是个体间收入的转移。当我们认为法庭意见“无关紧要”时，其实想表达的是考虑问题的先后顺序。

---

① 取决于他们讨价还价的能力，布里奇曼可能在离开时只需支付 101 美元，或者斯特奇斯将 199 美元收进自己的口袋。

斯特奇斯与布里奇曼之间的分歧，归根结底是在资源控制上的分歧——也就是斯特奇斯办公室上方萦绕的气氛。斯特奇斯希望营造有利于思考的氛围，但布里奇曼则想将它当作噪音倾销地。法律可以将资源控制权判决给任何一方，而且可以使用各种方式确保判决执行。它可以将权力赋予斯特奇斯，命令布里奇曼的工厂关门。经济学家认为，在这种情况下，斯特奇斯受到了空气产权的保护。或者，法官也可以要求布里奇曼对斯特奇斯做出赔偿，弥补他的行医损失。经济学家认为，在这种情况下，斯特奇斯受到了责任规则[①]（liability rule）的保护。如果法庭的裁决有利于布里奇曼，也可以使用相同的推导方式。

然而，不管谁控制资源，不管他受到怎样的保护，他一定会采取对自己最有利的做法，将资源效益发挥到最大，不管使用资源的是他自己还是他的邻居。法庭无法控制企业的获利方式，因此就无法控制资源的使用方式。[②]

经过这样的分析，裁决的重要性一目了然。然而曾经，世界上最卓越的经济学家都对此一筹莫展。第一位深入考察它，但也

① 虽然法庭判断一方拥有权利，但并未给予它全面保护。其他主体可以做出侵害该权利的行为，但必须向权利所有者做出相应赔偿。——译者注

② 考察问题的最佳方式或许是认识到，可以同时令糖果厂和诊室的共同利益最大化。毫无疑问，双方可以达成一致安排，再分享收益。不管我们为了利益分配怎么吵到天翻地覆，我们都同意大饼摊得越大越好。

是第一位将它弄错的经济学家是亚瑟·庇古（Arthur C. Pigou）。近一个世纪前，他在研究经济外部性①（economics of externalitie）时思考了这个问题。（所谓外部性，是指强加在他人身上的成本，比如布里奇曼制造的噪音。）庇古认为，造成污染的人（包括噪音污染者布里奇曼）受到法律制裁后，一定会改变自己的做法。不知怎么回事，几十年后，所有的经济学家都对此信以为真。直到一位名叫罗纳德·科斯（Ronald Coase）的法律教授出现，才为此正名。

50 多年前的一天，当时在弗吉尼亚州教书的科斯要求拜访芝加哥大学。那里是研究法律与经济学关系的世界中心。他试图解释的正是为什么庇古（包括每一位当时健在的经济学家）弄错了。这远比听上去需要胆识。芝加哥经济论坛一向有争吵成风的名声，我就亲身经历过数次。一次，常春藤大学一位知名教授的研究在芝加哥论坛上饱受抨击，以致他最终含泪（真的眼泛泪光）退场。

科斯论坛已经成了经济学家中的传奇。当时，它吸引了绝顶聪明以及你所能想象到的绝不手下留情的观众。乔治·斯蒂格勒（George Stigler）——在场的四位日后获得诺贝尔奖的得主之一形

① 社会经济活动中，一个经济主体（国家、企业或个人）的行为直接影响到另一个相应经济主体，却没有给予相应支付或者得到相应补偿，就出现了外部性。——译者注

容，与会的理论家是“毫无疑问的超豪华”阵容，那场辩论是他平生经历过的智力大爆炸。对话开始前，首先进行了一轮投票。亚瑟·庇古获得了20票，罗纳德·科斯只有1票。斯蒂格勒在日后评论道：“如果罗纳德没有投票权，局势将完全一边倒。”

斯蒂格勒继续记录道：“与往常一样，大部分时候都是米尔顿·弗里德曼[①]（Milton Friedman）在发言……我记得，罗纳德并没能说服我们，但面对我们的错误驳斥他又毫不让步。”

“米尔顿先从一个角度攻击他的观点，接着又变换角度攻击。接着，令我们感到万分惊恐的是，米尔顿没能驳倒他，却使他将枪口对准了我们。那天晚间，投票结果发生了改变。罗纳德获得了21票，庇古1票不剩。”很快，整个经济学界都改变了态度。最终，科斯获得了诺贝尔奖，将法律经济学引入了一个全新的时代。

为了向科斯致敬，他对裁决重要性的观察后来被称作科斯定理（Coase Theorem）。它应用在存在分歧的谈判中，各方讨价还价，并且知道存在交易的空间。

但是，显然有许多情况不适用于科斯定理。因为要么无法谈

① 米尔顿·弗里德曼，美国当代经济学家、芝加哥大学教授、芝加哥经济学派代表人物之一。——译者注

判，要么代价太高，比如，如果存在分歧的各方太过庞杂，就可能发生这种情况。

举个例子，有时铺设铁路时会经过农田，火车经过时擦出的火花不时会点燃周围的农作物。农民蒙受了损失，于是向铁路公司提出索赔。做出有利于或者不利于农民的裁决将分别导致怎样的后果呢？不同的裁决将在多大程度上影响火车的运行车次、销往市场的农作物质量，或者该有多少土地用作农地呢？

如果整件事只有一位农夫牵扯其中，而且谈判没有遇到阻碍，科斯定理的答案是“没有”以及“不会”。如果法庭裁决禁止火车经过农田，铁路公司总能找到办法买通农夫；如果法庭裁决火车可以继续运行，但要对农夫做出补偿，铁路公司的做法可以是停开列车、减少车次、安装控制火花的设备、直接赔偿损失，或者付给农夫一笔钱，干脆让他去别的地方种地，永绝后患。如果法庭不承认农夫拥有唯一的资源支配权，农夫可以付钱让火车停开、减少车次、安装控制火花的设备，或者干脆认栽，换个地方种地。正如斯特奇斯与布里奇曼的例子，科斯定理告诉我们，任何有利于铁路公司的裁决，背后的机制都与有利于农夫的裁决一样，反之亦然。[①] 法庭唯一可以决定的是，谁给谁付钱。

---

① 再强调一次，问题的关键是意识到存在共识，农民和铁路公司的共同利益可以最大化，这样他们就可以达成共识。

但是，如果受到影响的是许多农夫，而非一人，情况就会变得十分复杂。在100个个体间进行协商显然十分困难，还会出现后勤问题。即使合约将惠及每一位农夫，也可能出现有人拒绝签字的情况，直到他从每个人那儿都分到一点好处。如果几位农夫均采取此策略，问题就会陷入无法解决的僵局。

如果出现这样的情况，法庭裁决就是有效的。不管法庭裁决了什么，一定会被纳入之后的谈判。如果铁路公司必须对破坏农作物负责，它可能会决定减少车次或者安装控制火花的设备，但如果所有农夫都决定去别处种地，以上方法就多此一举了；而如果铁路公司不需负责，农夫可能会去别处种地，也可能不会集资购买控制火花的装备。

哪种责任规则将导致最有效率的后果？那场传奇的芝加哥论坛召开前，经济学家会齐声回答，“让铁路公司负责”。他们的理由如下：铁路制造了火花，火花导致了损失，因此铁路公司必须在每一次安排火车通过时为造成的损失负责。如果一趟车次可以为铁路公司带来100美元利润，对农作物造成200美元损失，安排这趟车次就是没有效率的。我们怎么才能说服铁路公司取消这趟车次呢？让它赔偿200美元。

科斯分析了以上论证过程，认为存在漏洞。它错就错在想当然地认为“火花导致了损失”。实际上，什么导致了损失呢？因为火花与农作物恰好出现在同一个地方才导致了损失。这么一来，强调“火花导致了损失”比“农作物导致了损失”更严重，就失去了意义。如果火花与农作物之间能移走其一，问题就不会存在。

没错，每开一趟列车就会烧焦更多农作物。但是，每在铁路附近多种一株农作物同样会导致更多农作物被烧焦。庇古的观点没错，如果铁路公司无须负责，它们就不会少开几趟列车或者安装控制火花的装备——那很糟糕。但是，如果铁路公司负责，农夫的所有损失都会得到赔偿，于是他们就不会去别的地方种地或者开辟防火带。这也不是好事——如果移走农作物或者开辟防火带的成本比较低，而且还可能是解决问题的最简便方案。它真的既便宜又简便吗？经济学理论是无法告诉你答案的。

于是，我们来到科斯定理的另一面，科斯向那群芝加哥经济学家扔下的第二颗重磅智力炸弹：如果现实情况不允许协商，权利很重要——包括责任规则、产权，等等。此外，经济学家以往看待效率的方式也从此失去了意义——之前他们认为，每个人必须为自己对他人造成的损失负责。它失去意义的原因在于，任何两种行为产生的冲突都是两者间产生的冲突。因此，没有意义将伤害全部归咎给其中一方或者另一方。

庇古的伟大之处在于，他意识到，如果人们不必为自身行为负责，事情往往会变糟糕。工厂排放太多污染物，因为工厂老板自己不用呼吸毒气，受害的另有其人；铁路公司安排太多车次破坏农作物，因为农作物不归它们所有；农夫会饲养许多到处乱窜的兔子，如果他不在意隔壁住的是菜农。庇古认为，解决问题的方式应该是让人们意识到，他们必须为自身行为付出代价——形式可以是征税、罚款，或者对责任规则做出裁决。如果你造成价值 1 美元的损失，就要支付 1 美元。

科斯的伟大之处在于，他意识到，庇古的分析在双方都说得通。如果我的工厂污染了你的空气，我可以将损失强加在你头上，但如果你设法限制我的行为，你就可以对我施加成本。毕竟，如果你住在其他地方，根本不会抱怨我排放废气，我也不用缴这么多税和罚款。如果我的铁路让你的农作物着火，我可以将损失强加在你头上，但如果你坚持要在铁轨附近种农作物（然后起诉我赔偿损失），那么你就对我施加了成本。

对养兔子的农夫而言——明知隔壁住了菜农还让兔子到处乱跑——庇古可能会坚持要他承担全部损失。但是，科斯的做法更公平。养兔子的农夫有许多解决问题的方法：将兔子关进笼子、锉平兔子的牙齿、养其他品种的兔子，或者干脆改养壁虎；菜农也有许多解决问题的方法：用篱笆将菜围起来、喷洒驱赶兔子的喷雾、搬家，或者干脆改种大麦。如果养兔子的农夫不用负法律责任，他就没有动力实践他的解决方法。但如果菜农总能得到赔偿，他也不会有动力实践自己的解决方法。哪种后果更糟糕？那取决于谁的解决方法更好。纯粹的理论无法告诉你答案。

2010 年年中，整整三个月，海底的原油汩汩涌进墨西哥湾，最终几乎涌出 500 万桶原油，海湾的捕鱼业和旅游业遭到了毁灭性打击。显然，由于受到了来自白宫的压力，BP（英国石油公司）设立了 200 亿美元规模的基金对受害者进行补偿。

记者与博客作者争先恐后解释，赔偿背后有经济学原理的支撑，因为 BP 与其他肇事方将在今后更加谨慎行事。如果过去 50 年间经济学理论没有得到任何发展，这种说法可能是正确的。它得出的结论——BP 应该为造成的损失负责——可能也是正确的。但我们现在已经了解到事实未必如此，解决方法并非取决于理论怎么说，而在于事实是什么。

记者从亚瑟·庇古那儿学习到：决策者为他们的行为负责，往往能获得较好的结果。但他们忽略了罗纳德·科斯的教训：庇古的论证从两边都说得通。数以千计的捕虾船处于闲置状态，一方面由于 BP 在墨西哥湾钻油，但另一方面由于捕虾船选择在石油钻塔附近作业。赔偿使 BP 尝到了自身行为的苦果而捕虾船却可以肆意妄为。

经济学理论无法评估 BP 的动机正确，还是捕虾船的动机正确。那取决于石油价值、虾子的价值、BP 改进钻油方式的成本，以及捕虾船改变作业地点或者干脆改行的成本。

那么，法庭的作用是什么呢？这主要取决于法官的目的。如果他们的目的不是为了实现经济效率——比如他们关心公正、公平，或者其他抽象的法律标准——那么经济学分析的贡献就相当有限；但如果他们的目的是实现经济效率，他们就可以从科斯定理以及由它发展出的学问中获得许多建议。法官往往会明确表达他们在意行为造成的经济后果，而经济学家也相信，类似的考虑应该在英美普通法系发展中扮演极为重要的角色。现在，让我们设想一位对此相当热心的法官，向经济学家寻求建议。

首先，我们会提供一剂预防针：如果双方同意协商，你的裁决根本无关紧要，而且无论你怎么裁决都不会出错。后续协商将使双方达成最有效的资源重新配置，那与你的决定本身完全无关。

其次，是一个提醒：做出裁决时不要只看谁错了。即使你认为这种做法无可厚非，它并不意味这是导致最佳效率的裁决。损失的成本应该由较容易挽回损失的一方承担，而非常识中认定的“恶人”。

第三，是一声叹息：判断哪一方能够较容易挽回损失不是件容易的事。假设你在法庭宣布，铁路公司为火花造成的损害负责，除非农夫在挽回损失时支付的成本较低，否则你认为农夫真的会使用较便宜的方式来防止损害吗？当然不会，除非你既是农业专家，又是铁路专家，否则根本不知道该将担子放到谁的身上。

第四，是一则建议：尽可能让双方的协商顺利进行。如果他们可以协商，我们就能回到你怎么做都不会错的情况中。

让我用一个例子将问题拓展得更深入一些。这个例子并非包括现实世界中的一切重要因素，我只是用它来说明观点。

煤矿工人总是饱受工伤困扰，除非矿主安装安全设备，否则工伤的数量和严重程度就无法得到改善。根据科斯定理，是否安装上述设备与矿主是否该为矿工受伤负责是两回事。

如果安全设备价值 5 000 美元，它可以预防价值 8 000 美元的医疗费，将为医疗费买单的矿主就会安装设备。如果矿主不需要支付医疗费，他还是会安装设备，因为矿工会支付给他约 7 000 美元让他这么做（实际上，它的支付形式可能是员工愿意接受较低的薪水）。[①]

因此，从安装设备的角度而言，无论法官如何裁决都不会出错。

然而，还有一种方法可以防止事故：矿工在井下作业时更加谨慎。如果他们要为自己的医疗费负责，就出现了谨慎行事的诱

① 相反，如果上述设备只能预防价值 4 000 美元的医疗费，就不会有人愿意安装，不论该为此负责的是谁。

因。但如果付费的是矿主，而不是矿工呢？

一方面，你可能会认为如果矿主包办员工医疗费，矿工干活时就不会那么小心谨慎；另一方面，你可能还记得科斯定理：矿主可以提高矿工工资，让他们干活时小心点。矿工有多小心恰恰反映了他们该为自己所负的责任。

如果“安全奖励”存在可行性，问题就可以解决，但它会导致另一种矛盾：矿主每天多付给每位矿工 10 美元，要求他们在井下工作时多留意。矿工收了钱，下潜到矿主不可能身临其境的深井，照样马虎行事，就如谈判从没发生过。这么一来，吃亏的就是矿主。

在这个例子中，双方达成的共识不具备可行性，因为矿主不可能监督矿工的行为，于是科斯定理失效了。矿工的确改变了自己的行事方式——甚至更加铤而走险——因为有人会为他们的医疗费买单。

现在，让我们设身处地站到法官的位置。他不知道安全设备的支出成本是否合理，也不知道能预防多少事故，因为他没有采矿经历。出于同样的理由，他不知道安全操作所付出的成本是否合理（因为他无法估算矿工自我保护的金钱价值）。

然而，他并非一无所知：如果矿工自己支付医疗费，就可以解决所有问题。如果谨慎操作是有效率的做法，他们会自愿这么做。不仅如此，如果安全设备有效，他们还可能付钱要求矿主安装。但如果医疗费由矿主承担，只能解决一半问题。如果安全设备有效，应该安装这些设备——这没有改变，但矿工不可能谨慎操作，因为它需要具备可行性合约的约束。后者需要矿主的监督，但矿主根本办不到。

这个简单例子的寓意在于，让矿工自行承担意外的代价，从而节约了所有规避意外的成本。它更深层次的寓意在于，法官应该在裁决时尽可能考虑怎样为后续协商创造最大空间。法官并非无所不能，他们应该做出有利于被双方谈判推翻的裁决，只有涉事者最清楚自身行为的代价与好处。

经济学家的建议是，法庭根本不需要计算成本与收益，因为私下谈判总会得到利益最大化的结果。法庭真正应该思考的是：将责任判给谁才会在最大程度上促成谈判的进行？或许我们并非总能知道什么是正确答案，但找到正确的提问方式往往是好的开始。

THE ARMCHAIR ECONOMIST

第三部分

如何阅读新闻

第 10 章　对打击毒品该如何站队：为什么《大西洋月刊》弄错了

理查德·丹尼斯（Richard J. Dennis）是美国毒品政策基金会（Drug Policy Foundation）的前首席顾问，他还是位相当成功的商人，曾经有报道提及，10 年间，他从一笔 1 600 美元的投资中获得了 2 亿美元回报。此外，丹尼斯还曾是芝加哥白袜队的所有人之一、数个基金会董事局的成员，以及一篇关于成本收益分析文章的作者——但内容简直错得离谱。

我是从维基百科和《大西洋月刊》（*Atlantic Monthly*）上获得以上信息的。后者曾因判断错误，刊发了一篇由丹尼斯署名、题为《毒品合法化中的经济学》（*The Economic of Legalizing Drugs*）

的文章。杂志特别在“合作作者”信息中介绍了他的工作以及利益关联，但他对经济学的无知还是一览无余地呈现在整篇文章里。

丹尼斯先生总结，毒品合法化的好处远大于所要付出的成本。关于这个结论，我没有任何异议。然而，他将成本当作收益、收益当作成本进行的计算，忽略了双方间一系列重要的权衡因素，还多次出现了重复计算。

他的文章在分析中犯的错误实在具有警示意义，十分值得我们引以为诫。我们总能从他人的错误中有所收获，因此集中犯下如此多错误的一篇文章简直成了一笔“财富”。后来，我也读过不少在成本收益分析中出错的文章，但没有任何一篇像这篇一样犯下如此“面面俱到”的错误。在掌握成本收益分析原则时，还有什么比分析一个反面案例更好的方法呢？

原则 1：税收收入并非净收入，减少税收收入并非净成本

丹尼斯先生预计，如果毒品得以合法化并且对它征税，政府每年至少可以获利 125 亿美元。他将这笔收入视作合法化所得的收益，但税收收入仅是将一个口袋里的钱放到另一个口袋里。就整个社会而言——按照成本收益分析的观点——它既不是收益，也不是损失，因此根本没有计算的必要。不管毒品是否合法化，权衡两种方案的得失时既不该加上这笔钱，也不该减去这笔钱。

如果税收收入是净收入，政府就应该对所有经济活动按最高标准收税。重新分配这笔收入后，再收税，以创造更多财富。任何纳税人都不难发现其中的问题：收税的人获得的钱，正是纳税人支付的钱。

如果政府要求每个住址号码为偶数的居民，均向住址号码为奇数的居民支付 1 美元，没有人会反对整个社会的资源得到了净增长；如果政府对 1.5 亿家住址号码为偶数的居民各征收 1 美元，再将它们重新分配给住址号码为奇数的居民，政府收益将增加 1.5 亿美元，但对整个社会而言，净收益为零。

当然，以上假设基于政府重新分配了收益，不管通过直接（比如社会保险）还是间接（比如建造邮局或者维护国家公园）的方式。如果政府将收来的 1.5 亿美元用到一些烂尾项目上而不是重新分配它，整个社会的财富就会减少，但财富的减少应该归咎于项目的失败，而非资助它的税收。因此，税收收入本身既不是净收入，也不是净成本。

丹尼斯先生的分析中，将许多重点都放在如果毒品合法化就可以征税。但如果目的是增加税收，根本不需要通过毒品合法化，还有许多其他经济活动可以征税。如果毒品合法化能为社会带来好处，一定体现在其他方面。

原则 2：成本就是成本，不管支付它的人是谁

在这一点上，丹尼斯先生计入了这笔根本不存在的 125 亿美元。此外，他还加上了政府可以节省的其他开销，比如起诉、关押违反毒品法的囚犯的成本，总共为 280 亿美元。在粗暴夸大税收收入将带来的好处后（正确来说是 0 美元，而非 125 亿美元），现在他又突然转向，简单粗暴地低估了法律执行的成本。

丹尼斯先生口中的 280 亿美元是政府的直接支出，但他忘记了考虑关押囚犯时，有些成本是由犯人自身承担的：成百上千人被剥夺了工作的机会、照看家人的机会，以及在海滩散步的机会。毒品合法化将为他们夺回这些机会，它们产生的收益至少与丹尼斯先生认为的执法部门节省的成本相当。

好吧，上述好处或者其中一部分好处落到了一些讨厌鬼的身上，我们可能以为他们根本不配。但无论如何，好处就是好处，有多少就该计算多少。成本收益分析才不管背后的伦理道德，它只是将一种行为产生的所有好处相加，再减去它的坏处。如果一位毒贩坐牢时感到不开心，或者没有成就感，他的损失与狱警领取工资及建造监狱产生的成本没有差异。降低成本是毒品合法化产生的合理收益。

我们该如何将囚犯失去的自由货币化？原则上，这个数字应该由犯人的支付意愿决定：为了免遭牢狱之灾，他愿意付多少钱。

在实践中，我们可以计算如果罪犯不坐牢可以赚到多少钱。（或许有些不恰当，但已经是最好的方式。）那笔收入——指所有毒品犯的收入，一定高达几十亿美元。此外，我们还应该在成本中加上吸毒者为避免侦查、起诉和定罪做出的努力，而丹尼斯先生同样忽略了这一点。

原则 3：好处就是好处，不管受益者是谁

丹尼斯先生认为，吸食毒品会导致犯罪，尤其是每年损失高达 60 亿美元的盗窃案中，应该记上他们的“贡献”。于是，他将这 60 亿美元视作禁止毒品的成本。然而，这笔失窃的财富并没有凭空消失。将一台电视机从一个房间搬到另一个房间，电视机本身还与原来一样，它继续为观众提供娱乐，即使后来享受它的人是小偷或者盗窃犯。

盗窃的确有它需要承担的社会成本。其中之一，是小偷付出的时间与精力，否则这些成本可以用在其他更有价值的活动上。（如果我花一个下午谋划怎么偷你的自行车，结果是那辆车去了另一个人那里；如果我花同样一个下午造一辆自行车，结果是我们多了一辆自行车。）但这类成本可能比被偷物品本身的价值小得多。

连美国最蠢的小偷都知道，如果他每次花价值 100 美元的精力行窃，他所偷物品的价值一定要超过 100 美元。如果他付出的成本低于100美元，其他更蠢的小偷就会发觉偷窃有利可图，于是也成了小偷。假以时日，他就不是美国最蠢的小偷了。如果他付出的成本高于100美元，那他很快就会收手。

但是，这只是最蠢的小偷的故事。还有许多比较聪明的小偷，他们付出的成本肯定不足100美元，而所偷物品的价值肯定超过100美元。因此，物品本身的价值总是高过盗窃行为付出的成本。

另一方面，我们还没有计算盗窃产生的其他社会成本。它们包括受害者为保护自己购买报警器、雇用警察和保镖，以及避免前往高危社区。如果将这些全部计算进去，犯罪的社会成本可能低于也可能高于被偷物品本身。因此，丹尼斯先生估算的60亿美元可能低估也可能高估了毒品合法化在降低犯罪率上的好处。如果让我猜，实际上往往是高估。然而无论如何，60亿美元这个数字完全与它的正确计算方式无关。

现在，让我们总结一下，丹尼斯先生将以下每年的收益作为毒品合法化带来的好处：125亿美元税收收入（高估的125亿美元），节省280亿美元执法成本（数字过于笼统，而且绝对是低估，因为他没有计算犯人自己可以创造的价值），挽回60亿美元盗窃损失（完全出于随机的预计，因为只考虑了被偷物品的价值，没有计算偷窃的实际成本）。此外，他还加上了打击哥伦比亚毒贩节省的37.5亿美元开支，得出每年的总收益为502.5亿美元。

计算完收益，丹尼斯先生将他的分析能力运用到了计算成本上。刚一开始，他就违背了最重要的原则。

原则 4：自愿消费是一件好事

丹尼斯先生认为，毒品合法化后，毒品价格将下跌，用量将上升。他将这视为合法化的成本。然而由于价格下跌导致消费者增加消费是收益，不是成本。

当然，人总该知道怎么做才是对自己好。也许有人会争辩，将这种观点使用在吸毒上并不十分正确。然而，这是所有围绕成本收益分析合理化理论机制的核心观点。我们要么接受这种观点，要么采用其他方式而不是成本收益分析来评估政策。

由于丹尼斯先生采用了成本收益分析，就让我们接受这种观点，用它估算合法化的好处。

你很饿的时候愿意付 15 美元买一个比萨，但用 10 美元市场价就能买到它，经济学家认为，你赚到了价值 5 美元的消费者剩余。不管你买什么，总能赚到一些消费者剩余。你愿意支付的最高金额往往超过实际支付的价格。一直以来，在充满竞争的经济体中，市场产生的所有收益都用消费者剩余的形式体现。在所有成本收益分析中，消费者剩余都是收益的主要来源。

当比萨的价格从 10 美元降到 8 美元，你的消费者剩余增加了。

这其中存在两个原因：其一，你每买一张比萨，都额外赚到 2 美元消费者剩余，仅仅因为比萨的价格更便宜了；其二，你可能会买更多比萨，从而就有机会赚到更多剩余。（有些人可能破天荒第一次买了比萨吃，他们就创造了从无到有的消费者盈余。）

上述第一个原因——价格便宜的好处——并不是真正的社会收益。付 8 美元而不是 10 美元就能买到比萨对消费者是好事，但对卖比萨的人而言可能就不是那么回事。消费者从低价中获得的好处都会被生产者蒙受的损失抵消。降低价格本身并不会影响成本收益中的平衡，因为我们必须同时考虑消费者与生产者的利益。

然而，第二个产生消费者剩余的原因——人们比从前买了更多比萨——是一种真正的社会收益，它必须被纳入收益计算中。如果政府的政策变化导致比萨便宜了 2 美元，最关键的任务就是分析比萨消费量的增长是否会增加消费者剩余。

毒品也是同一回事。出于讨论需要，我们暂且使用丹尼斯先生文章中的数字：在他撰写文章时，有 3 000 万名可卡因使用者，每年总计消费 1 000 亿美元；毒品合法化可能增加 750 万名吸毒者，他们将使毒品价格下跌到现在的八分之一。稍作计算就能发现，新增吸毒者每年将以新价格消费 30 亿美元毒品。[①] 此

① 这些数字与本文使用的其他数字均来自丹尼斯撰写的文章。现在，它们可能已经发生了改变，但分析的正确方法不会因此改变。

外，还很容易推算出毒品的总价值——新增吸毒者愿意支付的价格——大约为 100 亿美元。[①]

因此，毒品合法化将每年从新增吸毒者那里获得 70 亿美元净收益。这个数字甚至不包括现有吸毒者可能增加的消费量。

然而，丹尼斯先生并没有用他给出的数字得出 70 亿美元，而是将新增毒品的使用量计算成 250 亿美元成本。为什么是 250 亿美元？他是从新增吸毒者付出的个人健康成本与收入损失中得出的。（就算到了最后关头，这依旧是个令人欣喜的发现，丹尼斯先生终于决定要开始关心个人收入损失了。先前他似乎对向个人收入征税毫不介意。）

无论如何，消费者盈余增加的 70 亿美元已经是健康与收入的净损失。损失已经反映在人们购买毒品愿意支付的金钱上。所以，我们之前已经计算过一次了。但丹尼斯先生想让我们将这些个人消费计算在其他门类，这又违反了另一条原则。

原则 5：不要重复计算

《毒品合法化中的经济学》是有史以来最糟糕的成本收益分

① 这个数字可以从段落里提供的其他数字计算得出，使用到了一点经济学理论以及一些技术性假设。对技术假设感兴趣的读者，不妨参考直线法（straight-line）或者弹性固定需求曲线（constant-elasticity demand curve），这两者均可以给你启发。

析，它的作者（连同《大西洋月刊》的编辑）没有能够掌握所有原则中最根本的两条：

只有个体才重要

以及

平等对待所有个体

运用成本收益分析必须遵守一些规则，也不是非遵守不可，但如果你不遵守，使用的就是其他方法了。

如果丹尼斯先生知道“只有个体才重要”，就不会犯下低级错误，将政府收入当作好处。政府并非个体，因此它不该出现在计算中。政府收入如果惠及个人的确是好事，但它被向个人征税抵消了。你可以将两者都纳入计算（但它们会相互抵消），或者更简单一些，干脆忽略不计。

也许与你所知的不同，经济学家其实对所谓“为国家好”“为经济好”“为 GE 好”无动于衷。如果 GE 的利润增加 1 亿美元，经济学家会感到开心，因为公司个人所有者的财富增加了 1 亿美元；如果 GE 关门大吉，全体个人所有者决定用心打坐追求内心平静，而它的价值如果等同于 1 亿美元，经济学家同样会感到开心。

美国人应该通过更加努力工作提高工业产量吗？经济学家认

为，如果他们将因此感到快乐的话，那就可以。新闻播报经济增长的方式，就像人们从来不用为收益付出成本。经济增长的确会为个体带来好处，因为这将在未来增加他们的消费。而增长反应在当下的个体身上，他们就必须更加努力工作并且减少消费。值得吗？我不清楚。答案完全取决于个人偏好。"为经济好"，从不会出现在经济学家的考虑范畴。

如果理查德·丹尼斯更关注个体，而非经济或政府这样的抽象整体，就不会在计算执法成本时只考虑政府开支。（政府开支的确是成本，但最终买单的是个体纳税人。）他也不会因此忽略个体被关在监狱付出的成本、个体为掩盖罪行付出的成本，以及个体吸毒者为避免被抓付出的成本。

由于所有个体都必须计算在内，但不同个体有不同利益诉求，因此我们寻求一条规则对每个人的偏好做出评判。假设我们现在需要决定是否扩大伐木业，如果杰克属意报纸而吉尔属意林地，我们就需要一种方法来比较杰克可能的收益与吉尔可能的损失。许多伦理标准都可以发挥作用，但按照成本收益分析的逻辑（本书其他地方，我也使用过"效率的逻辑"的说法），我们只能选择对两者都明确的方面。[①] 这种做法将在第二条最根本原则中得到阐

① 有些人认为，成本收益分析必须绝对客观，必须绝对摒弃一切先入为主的道德评判，但在实际操作中，这几乎不可能。

述：平等对待所有个体，将他们的支付愿意作为评判偏好的标准。如果杰克认为将树木拉到锯木厂价值100美元，吉尔认为让树木继续生长价值200美元，我们可以认为伐木的好处为100美元，成本为200美元。我们根本不需要知道杰克与吉尔做出决定背后的道德价值。

原则上，如果我们想对一项政策做出改变（比如从原来的禁止毒品改为容忍毒品），可以想象以下实验：让所有支持维持现状的人排成一列，挨个儿问他们："为了制止政策改变，你愿意付多少钱？"将他们答案中的数字相加，就是改变政策需要付出的成本；再让所有支持改变政策的人排成一列，挨个儿问他们："为了改变政策，你愿意付多少钱？"将他们答案中的数字相加，就是你将获得的好处。

我们不断强调一定要平等对待每个个体，背后自有其深意。其中之一，价格改变本身既不是好事，也不是坏事。买家得到什么，卖家就会失去什么。科技进步或者法律变化往往会导致价格变化，它们也会影响到生产成本和消费水平，但价格变化本身既不是好事，也不是坏事。

1992年，银行利率不断下调，《纽约时报》发表了一篇特稿，指出了其中的好处：贷款者发现借钱买车、买房和购买固定设备比以前更加容易了。但是，文章也提出了一个小小的警告，对债主可能就没这么乐观。然而，文章却将此视为不幸的"副作用"。

其实，银行利率与价格是一回事。有一位贷款人，就有一位债主，每借到 1 美元，就有 1 美元被借出。利率下调带来的所有利正是所有弊的总和。贷款者和债主是平等的。

当我们着手成本收益分析时，必须平等对待每一位涉事者：以相同标准对待买方和卖方，以相同标准对待贷款者和债主，以相同标准对待毒贩、小偷、吸毒者和警察，以相同标准对待商品经纪人、芝加哥白袜队等所有人。

如果丹尼斯先生知道应该平等对待每一个人，他就会将囚犯在监狱中度过的时光视为成本，将增长的毒品需求视为一种利。他就会意识到，通过税收转移收入以及通过偷窃转移物品并没有创造或者贬低价值，价值只是在不同的个体之间转移，所有人的偏好同样重要。

也许丹尼斯先生并不完全认同我们应该平等对待每一个人背后的道德或政治指向。没有经济学家会反对他的这种观点，很多（很可能是大部分）经济学家甚至会对此表示赞同——如果这真的是他所采取的立场。但这么一来，他使用的就不再是成本收益分析。如果这样，他就有理由告知他的基本立场是什么。列举一些他所认为的成本因素，再列举一些他所认为的收益因素，并不能启发读者，而读者本该有权利知道作者的道德标准是否与自己相近。任何政策分析师都应该提前告知别人他的道德标准，并在此基础上，进行一以贯之的论证。

许多经济学家都将成本收益作为制定政策的标准——相当多时候都是如此。[①] 有时，这令我们自己都感到不安。假设你面对一项政策，它会令互联网大亨增加 1 000 美元收入，令不断挣扎生存的单亲家庭损失 900 美元，成本收益标准将建议我们通过这项政策。如果将这位富翁换成组织犯罪团伙首领，答案也是一样。上述案例中，我十分确信所有经济学家都不会刻板运用成本收益标准。

然而，当经济学家需要为一项政策做出决策时，他的第一反应还是根据最根本的两条原则分析成本与收益。这种做法至少有两个理由。

首先，如果我们一以贯之地使用成本收益标准，大部分人获得的收益将会多过他们的损失。即使在某些特例中，它会以不公平的方式伤害到好人。假设我们禁止砍伐，让吉尔得到 200 美元好处，让杰克损失 100 美元。杰克会明白，将来只要他能够获得较大收益，我们就会站在他那一边。由于遵循成本效益标准，你蒙受的损失较小，我们就会反对你的立场；你获得的收益较大，

① 成本收益标准与我在其他章节中提到的“效率的标准”是同一回事。

我们就会支持你的立场。总之，我们的决定对你而言很可能利大于弊。

其次，经济学家十分钟爱成本收益标准是因为他们很擅长运用它。在不需要精确计算的情况下，经济学家就可以推断它得出的结果。比如，理论告诉我们，当财产权得到落实，以及存在充分竞争的市场，市场价格将会使你的收益最大化。这种情况下，我们会信心满满地预测，操控价格对市场运作不是好事，即使我们并没有清楚计算其中的成本与收益。

作为总结，我们推崇成本收益标准的第一个原因在于，假以时日，运用它会令所有人得到好处；第二个原因在于，它使用起来十分简单，换句话说，收益高就是高，成本低就是低。虽然成本收益标准与循环论证[①]存在细微相似之处，但它还是十分值得提倡的方法。

---

① 循环论证（circular reasoning），指证明论题论据本身的真实性要依靠论题来证明。——译者注

第 11 章　赤字方法论

如果以每一秒偿还 1 美元债务的速度，超过 40 万年才能还清美国的国债。这个事实本身或许令人为之一震，但其实人们并不太清楚债务是怎么回事。不幸的是，这些数字充斥在公共表达中，令人们偏离了理解债务与赤字的正确方法。[①] 取代它的，是一系列未经证实的自我论断——称它们为“迷思”也不为过——它们时不时堂而皇之地涌入国是议政厅、主流媒体的版面，以及在互联网发表评论的博客。迷思随处可见，其恶劣程度与它站不住脚的本性几乎旗鼓相当。

① 政府赤字指政府在指定年份借的钱，政府债务指政府欠款的总额。1 000 亿美元赤字就会使债务增加 1 000 亿美元。

关于赤字的迷思主要来自三个极为普遍的错误概念：第一，官方报道以及人们不断在分析中引用的数字能够反映真实经济状况；第二，政府出现赤字必定会伤害相应群体（个体纳税人、“未来一代”，以及泛泛而论的私人产业）；第三，政府赤字通过十分简单的机制就能影响到银行利率，并且人们以为自己理解这种机制。

种种迷思值得一一剖析。但是，先让我们用一个寓言来厘清最关键的概念。

一则寓言

假设你雇了一位职业买手——就让我们叫他山姆吧——为你买衣服。山姆来到商场，决定要花多少钱、买什么衣服，以及使用什么方式付款。

为了让我们将焦点放在最后一项决策上，我们假设——不管是否明智，山姆已经决定为你买一件价值 100 美元的西装。现在，他要决定使用什么方式付款。他有 3 个选择：计划 A，从你的银行账户中提取 100 美元，直接付款；计划 B，使用你的信用卡，在今后一年中还清欠款，这会导致你要付 10 美元利息（我们假设每年的银行利率为 10%）；计划 C，使用你的信用卡，但不还欠款。这么一来，每年你都会收到一张 10 美元利息的账单，直到永远。

为计算上述选择导致的不同后果，我们假设你的银行账户中有 1 000 美元，每年可以获得 10% 的利息[①]。如果你不买衣服，到明年，你的账户中会有 1 100 美元。不管山姆采纳哪个决定，都会产生不同的账户结余。让我们计算一下，究竟分别是多少呢？

计划 A：银行会立即从你的账户中扣除 100 美元，使结余从 1 000 美元下降到 900 美元。从现在开始往后一年，900 美元会获得 90 美元利息，你的账户结余将变为 990 美元，而不是你不买衣服时的 1 100 美元。消失的 110 美元去哪儿了呢？答案是：山姆当场支付了 100 美元，正因为是当场支付，你自动放弃了 10 美元利息。

计划 B：直到明年，你都不需要支付这笔钱，那时你的银行账户将变为 1 100 美元。到时，山姆将取出 110 美元支付信用卡欠款（100 美元的基础消费加上 10 美元利息），你的账户结余正好变为 990 美元——与计划 A 一模一样。

你会选择哪一种呢，计划 A 还是计划 B？根本不存在区别。选择计划 A，你需要为衣服支付 100 美元，加上放弃 10 美元利息；

① 或许你会反对，认为银行支付给你的利息不可能等同于信用卡向你收取的利息。请先少安勿躁，我保证这个例子十分具有启发性。

选择计划 B，你需要为衣服支付 100 美元，加上 10 美元利息。大同小异。

计划 C：买下衣服但永远不偿还欠款——采用“永久债务”的策略。一年后，你的银行账户将有 1 100 美元。从中扣除 10 美元支付第一年的利息。现在，你的账户里还有 1 090 美元。但为了保证以后每年都能支付 10 美元利息，你需要设立一个基金，为你偿还这笔款项。这个基金需要多大规模呢？答案是：100 美元。因为它每年获得的利息正好为 10 美元。

这么一来，你的账户结余将变为 1 090 美元，但其中有 100 美元不能支取。因此，你的可支配资产为 990 美元——与你选择计划 A 或者计划 B 的结果一样。

那么山姆该怎么算这笔账其实十分清楚；无论他怎么决定，结果如出一辙。如果他让你留下一笔欠款，你就需要支付利息，但你的存款将产生相同利息偿还那笔欠款。整件事情就是瞎忙一场，白费精力。

这并不表示你对山姆的服务十分不满（或者十分满意），总还存在其他原因。比如，你认为他总是挥霍无度，或者过分节制；比如，你认为他对衣服的品位从 1983 年以来从未改变，那么你还是会炒了他的鱿鱼。（又或者他有讨价还价的本事，你就会继续与他续约。）

相似地，对挥霍无度、过分节制，或者不理性消费的政府，你同样会心生不满。不过，一旦消费水平和消费方式得以确定，只存在 3 种支付方式。第一种，你的政府在今天就向你征税。第二种，你的政府先借钱，等到将来的某一天才偿还债务（包括利息）。为得到足够资金，政府将在那一天再向你征税。第三种，你的政府可以借钱不还，周期性地向你征税用于支付利息。通过比较你就知道，买手山姆和“山姆大叔”政府[①]的做法完全类似，3 种支付方式大同小异。

实际上，如果我们用“山姆大叔”政府取代买手山姆，寓言更具现实意义，而且十分重要。我们一直假设，你的银行存款利息等同于信用卡的还款利息（正如我在前文脚注中所说），但这根本是无稽之谈。如果政府扮演你的买手，它通过短期国库券[②]借款，你当然可以从中获得收益，只要你将积蓄用来买短期国库券就可以。

现在，我们来讨论上述寓言无法涵盖的部分——如果你知道自己将在 6 个月后去世，如果你不在意留下遗产，就可以从现在起大量借债。你才不管山姆付现金，还是刷信用卡，你已经豁出

① “山姆大叔”是美国的国家绰号。——译者注

② 国库券（Treasury Bill），政府为解决国库资金周转困难而发行的债务凭证，期限通常在一年以内。——译者注

去了。（但如果你视继承人的幸福为自身的延续，就会有所顾忌。）同样，现在缴税有利，还是将来缴税有利，每个人的倾向不同，这与他们所处的税级，以及所经历的不同时期有关。

这则寓言还有一处无法涵盖的地方——不同于从银行取款，税收具有抑制性影响，我们有充分理由相信，将它平均分摊到不同时期，比将它们积累起来给出一记重拳好。基于同样的理由，我们总是尝试令现有的税率与将来的税率保持一致，以及我们不希望债务过高（当然，我们也不希望它过低）。

然而，将这两者放在一起类比依旧具有重要意义，赤字往往令人感到"可怕"，但事实上，赤字本身与征税一样，没有好坏。我们应该首先考虑政府的开支水平与将钱花在哪儿，而不是它如何为欠款寻找支付方式。

现在，就让我们来直面迷思。

数字意味着什么迷思

官方统计政府开支时（从而得出政府赤字），会使用一大堆十分含糊的数字，再将它们相加，这完全缺乏理论上的合理性。这些数字包括政府对资源的实际消耗（比如教育开支或者军事开支）、资金的转移（比如社会保险），以及为过去的债务支付的利息。将这些“苹果、梨子、橘子”相加的结果（再减去税收收入，得出赤字）根本不存在经济学上的意义，尽管整个社会都将它当作图腾那样崇拜。政府机构计算赤字，媒体就原班照抄，一些评论人士则被它的规模之巨折磨得死去活来，但从来没有人试图问，这些数字表示什么？以下就有一些脱胎于上述没有意义的计算，却广为流传并获得普遍认可的迷思。

迷思 1：过往债务产生的利息是一种负担

赤字计算中，将支付过往债务的利息作为一种开支，这使人们产生一种印象，它对纳税人而言是一种纯粹的负担。然而，它不是。

假设政府今年为避免提高你的税收，向你借了 5 美元，毫无疑问——你的债务负担增加了 5 美元，但同时你的储蓄账户也增加了 5 美元。往后一年，你的债务负担增加到（比方）6 美元——那 5 美元还是在你的账户里。

换句话说，过往债务的利息是通过它自身偿还的。你从账户中获得的利息抵消了债务产生的利息。从账户结余而言，根本不存在负担一说。因此，过往债务的利息不应该被计入任何政府开支或者政府赤字，但人们总将它计算在内，这导致所有赤字报道都高估了它的规模。（很快我们将看到它被低估的种种理由。）

讽刺的是，政客常常将支付过往债务的利息视为整个赤字规模中最大的负担——这完全与事实相悖！

迷思 2：花掉 1 美元，就是花掉 1 美元

根据这个迷思，政府在建设办公楼上花费 1 美元（它消耗了实际资源，比如钢铁与劳动力，它们本可以被用在其他地方）与在社会保险上花费 1 美元（在没有消费任何商品的情况下，它使一个人的财富增加，使另一个人的财富减少）完全相同。但显然，第一种情况在某种意义上是一种负担，第二种情况完全不是。任何假装它们相同的计算都应该被高度质疑。

没有任何私人企业会犯这种错误。GE 花 1 美元翻新工厂或者买艺术品赠送给企业游说者，这是开支；但 GE 将钱汇给股东，这不是开支——这是红利。政府花 1 美元造坦克或者雇一名森林保护员，这是开支；但政府将钱汇到社会保障服务的收款账户，这也可能是红利。如果我们认为社会保障服务的收款人是“纳税人”——我们本来就是——这笔支出没有动用到纳税人的一分一毫。它只是将钱从一个纳税人手里转移到另一个纳税人手里。（这与将 1 美元花在购买导弹或者维护国家公园上不同，收钱的人需要老老实实工作一整天或者提供实际物资，而不是将精力放在其他赚钱的机会上。）

你当然可以对转移资金的项目发表自己的看法。GE 分红时对所有股东一视同仁，但政府有时在转移资金时会特别照顾某些群体。如果你不是那些群体中的一员，你的抱怨可能合情合理，但抱怨本身与赤字完全无关。

迷思 3：无须计算通货膨胀

对任何贷款人而言，通货膨胀都是好事，包括政府。如果政府的债务为 15 万亿美元，每年 5% 的通货膨胀率将消减货真价实的 7 500 亿美元债务。那 7 500 亿美元就成了政府的收入，就如政府多收了 7 500 亿美元税款，它应该被纳入赤字的计算中。然而，它却没有。

迷思 4：承诺不算数

假设一位新总统承诺增加高速公路、教育或者军事方面的开支，只要项目没有启动，承诺就是一笔债务（就如我承诺下周将借给你 100 美元是一笔债务）。它当然应该被计算在赤字中。然而，它也没有。

如果我们不清楚这位总统是否真的会践行承诺，问题就变得更加复杂了。如果我承诺下周将借给你 100 美元，但我们都不确定这句话是否能当真，它是一笔债务吗？很难说！

我在写作这章时，美国官方的国家债务上限大概介于 14 万亿美元至 15 万亿美元之间，但这之中并没有计算政府承诺将对社会保险和医疗保险的投入。

你向社会保险系统支付的行为，被称为纳税；当你从中获得好处，称为支付转移。当下的计算方法正是如此运作的。不过，另一种不同但同样合理的计算方法可能将你的支付行为视为一种政府贷款，将获得的好处视为对贷款的偿还。这种标签上的简单转换，就可能令国家的总体债务增加 8 万亿美元。如果使用同样的方法计算医疗保险，可能会额外增加 40 万亿美元债务。

为什么媒体报道政府的债务规模为 15 万亿美元而不是 60 万亿美元呢？那仅仅是因为过去某个时刻，一些会计师使用了相当于硬币另一面的计算方法。计算方式同样合理，但（媒体报道）在结果的选择上却十分草率，怎么能说它具有经济学上的意义呢？

关于债务负担的迷思

接下来，我们将讨论债务负担。既然我们不清楚债务是不是一种负担，也就不必对它进行过于细致的分析。然而，以下迷思仍十分引人注目，很有必要揭示它们背后的根本性错误。

迷思 5：我不可能摆脱债务负担

你当然可以。你可以收回借款。实际上，任何时候都可以。比方，你购买了 5 万美元国债。为此，政府每年支付给你 1 500 美元利息。这笔钱必须从其他地方收回，因此与没有负债的政府相比，每年你税单上的数字都会增加 1 500 美元。这 1 500 美元，很可能就是你所说的无法摆脱的债务负担。你的确可以让政府一次性付清债务，于是将你从每年 1 500 美元的义务中解放出来。这相当于让政府一次性向你收取 5 万美元，赎回你的国债，以后每年都少收你 1 500 美元税款。然而政府十分固执，绝不可能这么做。没关系，你可以这么做：将 5 万美元投资其他储蓄方案，从中得到的利息等同于政府的方案，① 并假装你的 5 万美元从此不见了。每年，你都会收到 1 500 美元利息，你可以让银行直接将它寄给政府缴税。如此一来，每年 4 月 15 日，你就可以从欠政府的钱中减去 1 500 美元了。

这种方法如同一次性付清债务中你的份额，从此你便可以高枕无忧。请随意取用。②

① 比如，你可以购买政府债券。

② 当然，如果你不想这么做，很可能是因为这 5 万美元还有其他更好的用途。为什么你要让政府从中征税呢？

迷思6：政府的税收收入如同家庭主妇的工资

假设年复一年，你的开支总是高于收入，于是担心在财务上是否不够安全。以下哪种方法可以令你重新回到健康的财务轨道？

A. 少花钱；

B. 挣更多钱；

C. 去自动提款机提款，于是口袋里就会有更多钱。

我希望人们一看就明白，方案C是个糟糕的选择。现在，让我们来换种说法。

假设年复一年，政府开支总是高于它的税收收入，于是你担心它在财务上是否不够安全。以下哪种方法可以令你的政府重新回到财务健康的轨道？

A. 减少开支；

B. 征更多税。

该迷思认为，政府提高税收与家庭提高收入是一回事，但更接近的类比应该是，政府提高税收类似不停去自动提款机提款。在多数情况下，这令方案B成为一个相当糟糕的选择。

政府的债务就是纳税人的债务。如果我们通过提高征税偿还债务，结果很可能是不得不动用存款。动用你的存款为欠考虑的政府项目买单，就如动用 500 美元存款理发，在财务规划上是相当不负责任的行为。

如果你花了那笔钱理发，很可能会如此“安抚”暴怒的伴侣：“别担心，亲爱的，钱是从我们的退休金账户里取的。”如果你认为政府的一些项目不明智或者过于浮夸，就不应该为它们支付更高的税，因为这与你从退休金账户取钱是同一回事。

我们也可以换种方式表达：古往今来，政府最重要的本钱——实际上，很可能是它唯一的本钱——就是征税。纳税人就是政府的自动提款机。今天取了钱，明天可以取的就少了。

当今，征税权已经成为一种巨大的资产，还好美国政府不至于滥用它。（在其他一些国家，情况则糟糕得多。）但无论你的银行账户有多少存款，一项政策如果让你不停地取钱，肯定不会让你致富。

实际上，“减少赤字”本身从来不是一项政策目标。各式开支项目有时明智，有时不明智，但很多情况下，我们应该依据它们的好处进行评估，而不仅仅是要花多少钱。这就将我们带入了下一个迷思。

迷思 7：提高税收等同于经济学上的削减开支

一个女人生了一对双胞胎，然后谋杀了她的丈夫，这个故事最好的新闻标题不是“人口总数增长了 1 人”。同样，政府开支增加 500 亿美元，税收收入增加 400 亿美元，最大的新闻点不是财政赤字增加100亿美元。相反，它有两个重要新闻点，一个关于税收，另一个关于开支。就如生育与死亡，应该分开考虑。

迷思8：我们的债务会令后代陷入穷困

让你的后代变穷的唯一方法是花光他们的遗产。你可以亲自花，也可以让政府帮你花。但由债务支撑的花钱方式与你边走边花的模式相比，并不会令你的后代蒙受更多（或者更少）伤害。今天花1美元，将它记在国家的信用卡上，明天你的后代就会欠2美元；今天从你可以产生利息的储蓄账户里支出1美元，你就会少留给他们2美元遗产，这是同一回事。

钱一旦花了，我们能留给后代的就会缩水，我们无法避免这种损失。如果今天我们向自己征税，偿还1美元债务，明天当然可以为后代减少2美元债务负担，但它同时抵消了将来留给他们的好处：我们使用的是产生利息的储蓄账户（或者我们没有储蓄账户，而是借钱缴税），它会令我们留给后代的遗产减少2美元。

迷思9：神秘的挤出效应[①]（Crowding Out）

有观点认为，政府的贷款行为占用了资源，而这些贷款本可

① 一个相对平衡的市场上，由于供应、需求有新的增加，导致部分资金从原来的预支中挤出流入新商品中。——译者注

以在私人企业中发挥更大作用。错！政府的贷款行为本身没有消耗任何资源，真正消耗资源的是政府的开支。如果政府购买 100 万吨钢材，私人企业就不能购买这 100 万吨钢材。无论支付钢材的钱来自税收收入还是贷款，都是同一回事。

利率的迷思

曾经，在记者与政客间流传着一种根深蒂固的说法：公共债务与利率的关系就如风筝与它的尾巴，一个抬高，另一个就必然跟着抬高。然而，经济学家一直对此抱有诸多怀疑。

2008 年金融危机以来，公共债务不断激增，利率却不断创下历史新低，后来记者与政客就悄悄抛弃了他们原来的理论，尽管只有少数人愿意承认或许经济学家从一开始就知道些什么。

然而，这种老生常谈的错误从来不曾真正死去，我可以很有信心地预言，每次出现利率上调的信号，它们就会死灰复燃。已经有些人在辩称，2008 年以后的状况是一种例外，不能算数。

也许他们没有错。我并不想声称自己了解政府的债务如何影响利率，或者怎样影响利率，我想表达上述随处可见的诡辩不能说明任何问题——但你不时就能在博客与社论上读到它们。它们主要基于以下两种迷思。

迷思 10：歌利亚神话[①]

据此概念，国家中，“小小人”大卫王与联邦政府“歌利亚”相互抢夺有限的金钱。这种竞争导致利率不断上涨，直到可怜的大卫王连一只弹弓都买不起。

它忽略了借来的钱其实没有消失。政府贷款 1 美元，买了一个文件夹，那 1 美元很快就可以被大卫王或者其他人借走。

迷思 11：竞争的迷思

错误表述如下：“政府如果想借更多钱，就必须说服更多人，所以它会提高利率，其他人也会跟着提高利率来保持市场竞争性。”

这种谬误认为从人们那里借到更多钱的唯一方法是支付更多利息。实际上，另一种让人们借出更多钱的方法是往他们的口袋里塞更多钱，比如削减税收——我们正是用这种方法处理财政赤字的。

换种方法思考这个问题：今年，政府代替你消费了 1 美元。它今天并没有向你征收那 1 美元，而是增加它的赤字，承诺会在将

① 歌利亚（Goliath），传说中的巨人。《圣经》记载，歌利亚是腓力士将军，带兵进攻以色列军队，他拥有无穷的力量，所有人看到他都要退避三舍。——译者注

来的某一天再征收这 1 美元（包括利息）。这与从你那里拿走 1 美元，再还给你是同一回事。利用增加赤字的方法支出的每 1 元钱，自动变成了借给纳税人 1 元钱的行为——尽管它不容易被察觉。

你的贷款和借款均没有上限。如果不相信，不妨一试：找一位朋友，同意相互借给对方 10 万亿美元。第二天早晨，拿起一份《华尔街日报》，看看你们的行为对市场与利率会造成什么影响。

并非所有错误的讨论都会得出错误的结论，政府债务的确可能影响利率，但如果当真如此，这背后的成因远比迷思所主张的微妙得多——它们存在更多不确定性。

驱动利率上升的唯一方法是让人们消费更多。由于政府的债务往人们的口袋里塞了很多钱，所以他们真的可能会消费更多。但同时，他们可能会在未来收到更高的税单，从而动摇他们对社会保险与医疗保险的信心。若是如此，他们可能会选择储蓄，不再花那么多钱。基于人们对未来的判断，净效应可能是消费更多，也可能是减少消费，因此利率可能上升，也可能下跌。

债务能够驱使人们进行更多消费的原因可能在于，今天你将钱放到他们的口袋，而他们预期等需要还钱的时候自己早就死了。换句话说，他们会消费更多，是期待由后代来买单——这将大幅削减遗产的价值，很可能连一分钱都不剩。这极有可能发生，但与我们心心念念要为后代省吃俭用没有太大关系。想着要给后代留些遗产的人们是不会让自己的资产出现赤字的。

（讽刺的是，赤字讨论中的鹰派总是辩称，考虑到后代，更应该偿还政府的债务。事实恰恰相反，赤字能够减少你缴的税，你越关心后代，就越应该将节省下的税款放入你的遗产。因此，你越关心后代，赤字就越不可能伤害到他们。）

研究上述后果的量级（与方向）是实证问题，导致利率变化的因素纷繁复杂，很难简单将它们一一列出。

那些备受公众瞩目的人总是格外轻信他们的直觉。于是，关于赤字的迷思能够在公共生活中找到滋生的土壤也就不令人意外了。他们要么夸大赤字规模，要么夸大它的重要性，或者两者皆有。打破迷思很有必要，同时也应该破除由它们造成的歇斯底里的恐慌，但千万不要让自己坠入虚假的安全感中。

这一章里涉及的每一种讨论都假设政府的开支水平保持固定。毫无疑问，过度开支有害，赤字过高往往能令我们意识到这一点。

实际上，赤字导致的最恶劣后果可能是它分散了我们的注意力，忽视了应该优先关注的最迫切的经济命题——如何将开支维持在可控范围内。如果无法解决这个难题，我们对收支平衡的迷恋就无法令我们避免由它造成的后果。

第 12 章　喧哗与骚动：媒体的虚假智慧

我的叔叔莫里斯喜欢收藏肉品，他将它们冷冻在冰柜，在地下室一字排开。每次有人拜访，他都会十分骄傲地带客人参观自己的收藏，介绍这是 1975 年的烤肉，那是他度蜜月时购买的上等肋排。

我，作为一位经济学家，喜欢收藏糟糕的经济学论证。我在网上浏览那些愚昧无知的文章，专门为它们建了个文件夹，标题就叫作“喧哗与骚动”[①]。这一方面是因为我看到人们犯下显而易见

① 美国著名作家威廉·福克纳（William Faulkner）曾出版同名作品《喧哗与骚动》（*The Sound and the Fury*）。书名出自莎士比亚悲剧《麦克白》（*Macbeth*）第五幕第五场的著名台词：“人生如痴人说梦，充满喧哗与骚动，却没有任何意义。”（*Life is tale told by an idiot, full of sound and fury, signifying nothing.*）——译者注

的错误时往往怒气冲冲，但另一方面，我知道写下那些文章的人并非彻头彻尾的白痴，他们不过是一时糊涂（每个人都有这样的时候）。

与我的其他爱好不同，这个爱好偶尔会换来些回报。我有时会将它们设计成考试时的选择题，题干往往如下："在以下文章中找出不可救药的错误，以此证明你的头脑比《纽约时报》（或《福布斯》杂志或《华尔街日报》）的编辑灵光。"

现在，让我简单向你展示下我的收藏。

《纽约时报》头版文章（2010年6月7日）——

纽约保姆与工人有望享受同等权利

纽约州很可能将成为第一个为保姆提供就业保护的联邦州。

本周，州议会通过一项家政工人权利法案，相关措施将要求雇主为纽约大约20万家政工人提供带薪假期、加班费和病假。

该法案的支持者认为，这将减轻数以千计的女性——包括一些男性的负担。他们照料富人的孩子，除了工资高于联邦最低标准外，目前尚无法享受其他工作场所的合法权利。

而一位持反对观点的记者可能这么写：

纽约州最新的劳工条件限制恐对纽约保姆造成影响

纽约州或将成为第一个减少保姆就业机会的联邦州。

本周，州议会通过一项法案，将禁止全州约 20 万家政工人接受不提供带薪假期、加班费和病假的工作。

反对者认为，这种做法将增加数以千计的女性——包括一些男性的负担，因为只要满足工资必须高于联邦最低标准，整个市场都应该自由运作。

一位更加中立的观察者可能会意识到，如果法案通过，将惠及一些保住工作的保姆，同时对丢掉工作的保姆造成损害。对倾向于用薪水换假期的保姆而言，这也不是好事。但毫无疑问，美国家庭用人联盟（National Domestic Workers Alliance）主席蒲艾真（Ai-jen Poo）一定认为这是好事。她代表所有赢家，完全忽视了那些将遭到变故的受害者。相反，媒体引用蒲女士的说法——显然不是为了讽刺——声称这项举措“令家政工人在遭受了漫长的区别对待后，终于迈出了巨大一步”。

这里的错误在于混淆了立法初衷与它造成的后果。如果工人对雇主的价值降低，雇主就不会请这么多人。于是，工人就需要在市场中竞争数量大幅缩水的职位，最后很可能导致降薪。

有时，人们觉得这难以置信，因为他们认识的许多人不会为了多付一些加班工资就辞退自己的保姆。他们忽略了：第一，以你周围人的情况来揣测总体情况往往存在风险；第二，更加根本的理由在于，总有人正处在要开除他们的保姆的边缘，如果不存在这些人，保姆间的竞争就会更加激烈，从而提高他们的工资，将人们推向这个边缘（这是劳动经济学[①]的主要观点之一）；第三，只要有保姆遭到解雇，就会引发整个行业的串联效应（cascades effect）。

我的收藏中有一系列的相关故事，它们标榜一些职场上的法案对某些特定群体而言是“巨大的胜利”，但他们不过是最大的受害者。《家庭与医疗休假法案》[②]（*Family leave legislation*）要求雇主提供一定天数的产假，于是被视为女性员工的一大胜利。然而，对遭到解雇的女性而言，它实在很难跟“胜利”二字沾上边。应聘者甚至不能自愿放弃这项权利，从而令自己更具有竞争力或者获得更高薪水。因此，法案的最大好处最终落到了男性员工身上（他们同样适用该法案，却很少主张自己的相关权利）。在我的

① 劳动经济学（labor economics），研究劳动力市场中劳动力供给与需求各自影响因素以及相互作用关系的经济学分支。——译者注

② 1993 年 8 月 5 日起生效的联邦法律，雇员可以为照顾婴儿或者生病的家人获得假期。——译者注

一个名为“讽刺”（Irony）的子文件夹中，保存了一份阿尔·戈尔（Al Gore）在过往总统竞选辩论上的发言。他刚赞美完小布什第一个任期内《家庭与医疗休假法案》中的堕胎自由，立刻就对它火力大开（“你打算强制执行它吗？为什么你不强制执行它？”）。

同样，法院做出有利代孕母亲的裁决，认为她们有权违背合约留下自己的孩子，报纸上涌现了大量评论，将这称为“代孕母亲的巨大胜利”——但这种“胜利”也付出了代价，好不容易花费数年通过的代孕合约几乎被废止。（此后，各州的法律制定状况各有不同。）如果法庭裁决此后房东可以自行决定是否接受贷款，类似评论还会欢呼这是购房者的一大胜利吗？他们是否会意识到法庭裁决可能导致根本没人买得起房了呢？

作为类似错误的一种，《纽约时报》报道了机票代理公司员工哈里特·特尼普斯德的老板会监视她工作时在电脑前的一举一动的新闻，如果她稍有放松，老板就会立刻知道。

《纽约时报》想当然地以为，如果上司不用时刻盯住特尼普斯德小姐，她就会好过一些，但严格的监视并非只让老板留意到员工偷懒，同时也会令他知道谁工作最卖力——并且对其做出奖励。了解员工工作效率并且不吝嘉奖的上司，往往愿意支付更多薪水。

如果你对此心存疑虑，不妨考虑另一种极端状况。想象你的老板完全不清楚你的工作表现，甚至不知道你是否每天上班，除非你的主观能动性极强，否则一定不会在这份工作上多花心思。得知此事，你的老板当然也不愿意向你支付高薪。显然，员工受到一定程度的监督对他们而言是好事。如果某种程度的监督有好处，接下来应该是在实证研究中讨论多大程度的监督合适。

2011 年 3 月是三角内衣工厂火灾 100 周年，这是纽约历史上最为惨重的工业事故，146 名工人在火灾中丧生，绝大部分是年轻女性。悲剧的根源在于，为了防止员工平时顺手牵羊，逃生路线上的大门被锁上了。火灾后，纽约州立法机构通过了近 30 条新的职业健康及安全法律条文，此后所有工作场所必须清楚标示（并且不得关闭）逃生路线。

不管是 1911 年的报道，还是 2011 年百年悼念时的封面文章，均清晰指出新通过的安全条例是工人的胜利。或许是吧。但或许，不是。我从未发现任何记者在给出这个结论前做过相关调查。

对 1911 年的制衣厂工人而言，大门畅通意味更好的安全保障。因为安全很宝贵，所以那是一件好事。但大门畅通同时意味着更频繁的偷窃行为，这降低了工人价值，从而压低了他们的薪水。有意思的问题是，1911 年时，如果有制衣厂工人掌握全面信息，他将做出什么选择呢？

我不知道答案。但这里有一些相关信息：首先，对工厂老板与工人而言，制衣业的劳动力市场竞争十分激烈。那时，纽约有数百家制衣厂，有些工厂正位于与三角内衣工厂类似的大厦中。（火灾只发生在三角内衣工厂的三层工作区内。）它们吸引了居住在下东区拥挤公寓中的人们争相做工，或者成为独立承包商。

其次，在充满竞争的劳动力市场中，供需关系确保工人按照他们的边际产量[①]获得薪水。（关于这点，有大量理论与证据支撑，在经济学界不存在任何争议。）这意味，一位每周给工厂贡献 6 美元利润的女工可以获得 6 美元周薪（依据历史上相当精确的工资水平得出）。

现在，让我带大家看看事情的另一面。假设一位普通工人每周偷两件女式衬衫，每件价值 60 美分——60 美分的价格是我根据西尔斯邮购目录[②]推测的，每件衬衫的零售价略高于 1 美元；但每周偷两件，完全来自我的假设，欢迎你按照自己认为更加实际的方法对之后的计算进行调整——于是，这位工人的边际产量下降了 1.2 美元，市场竞争压力继而令她的周薪下降了 1.2 美元，那

① 边际产量（marginal product），指增加一单位生产要素所增加的产量。——译者注

② 西尔斯公司曾是美国也是世界最大的私人零售企业。1911 年，三角内衣工厂火灾发生时，西尔斯在美国零售业销售额排行榜上位居第一。——译者注

意味她的工资被砍去了20%。尽管换来一整个衣柜的衣服，以及可能为她带来一些利润的副业——比如以半价出售偷来的衬衫，总体而言，她的损失大约为10%。①

于是，问题变成：工人是否普遍认为损失10%的收入交换逃生路线是一种胜利？再说一次，我不知道答案。我不认为自己会为了一条消防通道自愿降薪10%，但这无法说明任何问题，因为在塞满布料与织物的工厂里日夜劳作的那个人不是我。此外，我的生活比1911年挣扎在温饱线上的制衣工人好太多。因此，经过一番深思熟虑，我依旧无法判断工人会做出怎样的决定。

还有什么其他证据吗？

另一方面，发生火灾前，没有任何记录表明工人愿意放弃一部分薪水交换更安全的工作环境，或者相关工厂愿意放弃一部分利润增设防火安全门。我不否认存在各式各样的劳资纠纷，但据我所知，它们都与薪资和工作时长有关，几乎不涉及安全。说得更直接一些，工人情愿获得更高的薪水，而不是更安全的工作环境。但毫无疑问，另一种说法可以是工人完全没有意识到火灾隐患。

我还可以再给出一个例子。火灾发生后，许多工人对新出台的安全管理条例拍手叫好，虽然这在实际上压低了他们的薪水。

---

① 这个数字针对的是工人的平均水平，诚实工人的周薪则完全被砍去20%。

说得更直接一些，工人情愿获得更安全的工作环境，而不是更高的薪水。但毫无疑问，另一种说法可以是工人完全没有意识到相关条例将怎样影响他们的收入。第三种说法呢？从一开始，小偷小摸就不是大问题，所以它对薪水的影响微乎其微（很难直接衡量这种行为的后果，因为影响薪水的因素很多）。

为了理清上述情况，或许要将它交给研究经济活动的历史学家，他也许能写出一篇极其漂亮的博士论文。我当然不可能要求报纸上的文章达到博士论文水平，但如果作者最少能够承认这些因素存在，而非直接对职业场所法令给出天真的结论——即使是 19 世纪早期下东区充满安全隐患的工厂，也总能找到对工人的有利之处。

2010 年 5 月，波士顿自来水主管道爆炸，导致之后几天的自来水无法饮用（即使烧开也不可以）。波士顿电视台（WHDH）受此启发，制作了饱含深情的影片，揭示了两种悲情的副效应——根据波士顿电视台那群家伙的表述，所谓的副效应根本驴唇不对马嘴。

第一条报道直指价格敲诈，镜头对准的是一位正在抽泣的女人——她竟然真的在抽泣！——因为她的儿子买 1 瓶水花了 1 美元，而如果在平时，同样的水 3.99 美元可以买到 24 瓶。故事想表达商店老板抬价，将情况弄得更糟了。

第二条报道关注了满脸沮丧的顾客。他们为买一些瓶装水要么奔波了四五家商店，要么排了很久的队。显然，没有任何一位波士顿电视台的员工想过，如果不涨价，队伍将排得多长。

实际上，价格浮动完全是根据市场情况调节的。而且，这是一件好事。甚至，拒绝发“灾难财”的好心商店老板更应该抬高纯净水价格，再将赚到的钱捐给慈善机构，而不是任由最早赶到店里的人抢走全部纯净水。

“喧哗与骚动”文件夹中，专门收集了一些无视价格作用的案例。比如，几乎所有对本地食品运动[①]的报道总是一味将目光集中在运输中节省的能耗。

《纽约时报》的安德鲁·马丁（Andrew Martin）报道了加州大学戴维斯分校几位研究者的项目，主旨为《保守的本地食品倡导者所面临的挑战》。如果将水果从加利福尼亚运到芝加哥消耗的能源低于农夫将蔬果运到个人集市，怎么办？如果将加利福尼亚的西红柿运到纽约消耗的能源低于在休斯敦的温室培植相同的西红柿，怎么办？包装消耗的能源呢？消费者每周跑好几次本地集市

---

① 本地食品运动指一种支持本地生产食品的环保运动。——译者注

而非集中在超市采购而增加的耗能呢？

以此类推，我们便掉进了马丁先生口中令人眼花缭乱的伦理陷阱：你每次选择一颗西红柿，都必须考虑它产生的全部能耗。

这并非多此一举。你也应该仔细考虑自己的饮食习惯造成的其他成本：那里本来该是一片葡萄园，现在却改种了西红柿；纽约人本来可以住在市中心，但为了迁就建造温室不得不迁到郊外，从而增加了每天的通勤时间；加利福尼亚人与纽约人本来可以开出租车、教书、投身艺术或者做调酒师，现在必须改行种西红柿；肥料与农具本来可以有其他用途——进一步说来，生产肥料与农具的资源本来可以有其他用途。

保守的本地食品倡导者忽视了其中 99% 的重要问题。马丁先生和戴维斯分校的研究者也没好到哪里去，他们忽视了 98.5% 的重要问题。两者的错误在于他们只关心改善环境，而忘了我们的房屋、学校、工作和休闲都是环境的一部分。因此，计算成本时只关心碳足迹（Carbon Footprint）显然十分荒唐可笑。

不幸的是，列出消费一颗纽约的西红柿，或者加利福尼亚的西红柿所需的成本极为困难。但幸运的是，我们并不需要这么做。我们只需要一个简单且易于观察的数字就可以权衡其中所有的利弊。那个数字，就是西红柿的价格。

如果纽约需要一块新的土地开发房地产或者兴建剧院，纽约的土地价格会上升，西红柿价格也会随之上涨；如果加利福尼亚的工人需要建一座水族馆或者扑灭一场森林大火，加州劳动力的价格会上涨，西红柿价格也会随之上涨。

市场并非完美。因此，西红柿的价格无法100%准确反映获得西红柿的所有社会成本，但在绝大多数情况下，它们已经十分接近，而且肯定比你在《纽约时报》上找到的由晦涩计算方式得出的结果接近得多[①]。

好吧，也许有本地食品死忠派提出十分合理的观点，认为价格并不能反应所有重要成本。比如，温室加热设备产生的碳排放从而导致的环境成本。虽然那些成本的最佳计算方式未必直观反映在价格上，我们还是应该从价格本身入手，做出调整，但通常得到的结果与最初的不会相差太多。[②]

① 《纽约时报》犯错绝非偶然。它还刊发过历史学家史蒂夫·布迪安斯基（Stephen Budiansky）的文章。布迪安斯基自称“是个性乖戾的自由派”，他从马丁的观点入手，在半途经过自我修正，结论认为土地、适宜的气候、劳动力等珍贵资源的最佳使用方式，是将作物种植在最有利生长的地方，再耗费相对低的能源将它们运往市场。经济学家认为，所谓“最有利生长”的说法等同于“已经考虑过所有替代方案”。我95%确信，布迪安斯基先生与我想的一样。

② 当然，一旦你着手调整影响因素，没有理由只考虑碳排放。同样，你应该注意到加州的赋税较高，因此加州的西红柿价格远远超出了生产它的社会成本。（这不同于修建一座水族馆所需的土地成本，税收无法反映社会成本，因为还需要考虑人力成本。）修正模式启动，你会发现存在太多相关因素，从而得出没有特定理由必须选择本地种植的西红柿的结论。

价格的另一大魔力在于，它不仅反映出绝大多数成本，还提供了值得关注它的理由。当然，它不是直截了当的反应，而是通过间接的方式，但依旧是好事——极少有购买西红柿的消费者会停下思考，为了手中这颗西红柿牺牲了一座葡萄园。葡萄的价值越高，购买西红柿就要付越多钱，直到令你停下思考，为了这颗西红柿究竟值不值得？

马丁先生在“喧哗与骚动”文件夹中不仅保有一席之地，还为自己“争”到了两席：其一，他犯了只考虑能源成本而将其他因素完全排除在外的错误；其二，他犯了无视社会价值已经被可靠地反映在了价格中的错误。

2010 年 3 月，《纽约客》发表了一篇伊丽莎白 · 科尔伯特[①]的文章。她十分认同流传的一组数据：“现代人感受到的幸福，或者所谓主观幸福感，与 19 世纪 50 年代的人们基本保持同等水平，而那时的人均收入仅为现在的一半。”科尔伯特认为主观幸福感能够反映真实幸福度，继而思考了它所指向的政策含义。她还引用了哈佛大学校长德里克 · 博克（Derek Bok）的观点为自己背书：

---

① 伊丽莎白 · 科尔伯特（Elizabeth Kollbert），《纽约客》记者，2015 年凭借作品《大灭绝时代：一部反常的自然史》（*The Sixth Extinction: An Unnatural History*）获得普利策“非虚构类”作品奖。——译者注

如果提高收入不能使美国人比50年前更幸福，人们为什么还要加班加点工作，以及冒着危害环境的风险确保国内生产总值不断翻番？

且慢。尽管收入增长了，过去50年来人们的主观幸福感却基本没变。换句话说，虽然人们的生活条件得到大幅改善，过去50年来人们的主观幸福感还只是基本持平。（1965年前后，美国人每周的平均休息时间为6小时。全年相加，每年的休息时间为7周。）博克与科尔伯特为什么不问，这么一来，我们为什么还要下班、休假，以及净化空气与水质呢？

你要么选择认真对待这项幸福度研究，要么就选择对它付之一笑。如果你想认真对待它，不能只强调你希望它反映的政策含义的那一面。如果这些数字表明，收入增长不能令我们更幸福，它们同时表明减少工作时间不能令我们更幸福。

得知整整50年来，无论社会取得怎样的进步——人们的平均寿命几乎增长了10岁，婴儿死亡率几乎下降了75%，增加了6周休息时间，空气与水质得到了改善，信息获得更为便捷，娱乐方式更为多样，沟通途径更为丰富——但美国人竟然在幸福感上毫无长进，这实在太令人沮丧了。

幸好，我们可以列出许多理由质疑主观幸福感并不能反映真实幸福度。比如，马萨诸塞州的萨默维尔市每年都会向市民发放问卷，以 1 分到 10 分作为评分依据，“你现在觉得多幸福”问题设计的瑕疵在于，当人们回答“你现在觉得多幸福”时，其实更接近于回答“你觉得比一般人更加幸福吗”或者“你觉得比你的朋友更加幸福吗”。无论你实际多幸福，超过半数人的答案仍然是“不”。

现代美国人的平均身高比 100 年前增加了 2 英寸，但你可能从未碰到调查会问你：“你高吗？”那是因为 100 年前，身高 5 英尺 9 英寸（约合 175 厘米）的人可能回答“是”，而现在却可能是“不”。同样，现代人可能比 100 年前的人更幸福，但你也许永远无法从“你幸福吗”或者“你有多幸福”的问卷中获得以上感受。

人均年收入 1 400 美元的尼日利亚人声称他们与日本人一样幸福，后者的收入是他们的 25 倍。科尔伯特与公共政策教授卡罗尔·格雷厄姆（Carol Graham）贡献了几个可能的理由（也许尼日利亚人自带“幸福基因”；也许日本人因为不满现状而更加努力工作；也许人们会自我调整，只需花几美元就能享受每一天），但这些无一触及核心：也许只赚 1 400 美元、人均寿命 48 岁，以及婴儿死亡率雄踞世界第一的尼日利亚可怜人，之所以觉得幸福是因为他们从未看过真正的幸福。也许提高收入可以帮助他们意识到这一点。

记者伊丽莎白·莱斯莉·史蒂文斯（Elizabeth Lesley Stevens）报道过市值8 400万美元的西勒奇制锁公司继承人查尔斯·肯德里克（Charles Kendrick）的生活。他十分古怪，整天无所事事，轮换驾驶4台汽车在旧金山游手好闲，并热衷于将它们从一个停车场转移到另一个停车场。[①] 史蒂文斯女士提议，对富裕的遗产继承者（比如肯德里克先生）征收重税补贴政府，将是件有意义的事。实际上，她想说整天游手好闲，到处找停车场的人是在浪费他的财富，为什么不从8 400万美元中贡献出一些，在伯克利建一栋教学楼呢？

问题在于，教学楼不是用钱建成的，它使用了玻璃和钢材，还需要土地和劳动力。换句话说，它需要的是资源。你不可能从肯德里克先生那儿获得实质性资源，因为（如果他真的每天无所事事，不停找停车位）他从未囤积资源，也从未消耗任何资源。

不管建教学楼的计划是否具有建设性，都需要向其中投入一大笔钱。如果要花这么多钱，一定需要有人买单。而买单的人能够消费的资源一定会减少，所以伯克利才可以拥有更多资源。那么，他们究竟是谁呢？

这取决于你向肯德里克先生征税时，他将财富储存在哪里。

---

① 可参见2011年4月16日《纽约时报》刊载的《游手好闲的富人理应回馈社会：向他们征税吧》（*The Idle Rich Should Give Something Back: Taxes*）。

如果他将钱存在银行，需要提款缴税，就会导致银行贷款缩水，从而提高利率、建筑工地停工，或者迫使某人打消买一辆新车的想法。在伯克利建一座新教学楼的资源，正是从上述连锁反应中“挤”出来的。

如果肯德里克先生将大把钱塞在抱枕里，需要将钱抠出来缴税，他就增加了货币供应量（塞在抱枕里的钱没有流通，因此不算数）。增加的货币供应量抬高了物价。由于涨价，导致建筑工地停工，或者迫使某人打消买一辆新车的想法。殊途同归。

我还可以列举许多其他假设，但无一将负担真正转移到肯德里克先生身上。如果他本人不接过重担，必定有其他人接过这个烫手的山芋。

最重要的教训是，如果你想弄清楚税收的负担最终落到谁头上，要追踪商品，而非追着钱跑。追踪慈善捐款的负担也是同样的道理。假设比尔·盖茨或者沃伦·巴菲特向教学楼捐赠 8 400 万美元，并且比尔或者沃伦认为这完全不影响他们的生活质量，因此这完全没有对他们的资源消费产生影响。于是，建造教学楼的资源一定来自其他地方，但那个人既不是比尔，也不是沃伦。如果比尔从银行账户中取出 8 400 万美元，他会不断抬高利率，直到有人分享捐赠造成的负担；如果沃伦从他的抱枕里掏出 8 400 万美元，会造成相同的后果，但不是反映在价格上，而是反映在利率上。

这不意味着征税或者捐款是坏事。如果为了建一栋教学楼，只是让人少去几次滚轴溜冰场，当然很值得，但我们不该否认那几个人的存在。总而言之，我们不该歪曲事实。我们始终需要关注的不是金钱本身，而是这些钱花在了哪里。

2010年12月10日，佛蒙特州参议员伯尼·桑德斯（Bernie Sanders）在我的"喧哗与骚动"文件夹里占到了一席之地。他在参议院抱怨，过去5年，GE的收益高达260亿美元，竟然没有缴一分钱税！

该从哪里入手呢？首先，GE是一个抽象整体，因此它本身并不能缴税，只能作为征税的一种媒介。最终，所有税款均来自具体个人的口袋。

也许我们的参议员是想说，GE的股东总共获得了260亿美元收益，却没有缴税，平均到每位股东身上大约是数百美元。[①][②]

我想，参议员桑德斯援引的260亿美元（而不是说大约"每人200美元"）是为了制造一种GE的股东十分富有的印象。但同

① GE采用的是员工持股模式。——译者注

② 我很难给出更加精确的数字，因为它设立了名目繁多的共同基金，无法得知具体股东数量。

样很容易发现，这 5 年间，美国的门卫总共获得了超过 2 500 亿美元收入，但根据联邦收入税率，他们中的大多数人根本不需要缴税（因为大部分门卫的收入没有达到纳税标准）。数字之所以看起来极为庞大，不是因为门卫富有，而是门卫的数量很多。

无论如何，桑德斯参议员声称 GE 从未缴税是错的。实际上，这些财富以分红或者资本收益[①]的形式发放，可以说，每一分、每一厘都缴了税。

更有意思的是，每一分薪水在它被放进某人口袋前，就被征了税。现在，让我来好好解释一番。

假设你挣到 1 美元，用它购买 GE 的股票，你的余生中每年都能获得 6 美分分红。且慢，让我们倒退回去，将事情说得更明白些：假设你挣到 1 美元，将其中的一半缴了收入税，剩下的一半购买半股 GE 的股票，你的余生中每年都能获得 3 美分分红。[②]

如你所见，一次性提前付清税款等于直接将分红收益减半。于是，你一次性提前付清税款就等于分红要被征收 50% 税款。同时，得到你一半收入的政府可以随心所欲地用那 0.5 美元投资 GE，再从你另外 0.5 美元中征收股息收益[③]。

---

① 资本收益（capital gain）是投资收益的一种形式。——译者注

② 我在此处使用 50% 税率只是为了简便，任何税率说的都是同一回事。

③ 股息收益（dividend stream）即为分红收益。——译者注

因此，通过向你薪水的一半征税，政府实质上也征收了另外一半分红的税（以及/或者资本收益）。如果分红本身还要另外缴税（事实如此），它实际缴了两次税。桑德斯参议员抱怨的实际是，它竟然没有被第三次征税！

必须向某些人群提高征税标准的观点无可厚非。如果参议员的目的在此，其实有许多解决方式：第一，向企业征更多税；第二，提高分红以及资本收益税，其实都能达到同样目的，但参议员的眼睛好像只会死死盯着前者。

不管你有什么目的，都不该为弄错事实寻找借口。虽然GE完全避缴了企业所得税，但它的收入本身已经（至少）被征了两次税，而不是桑德斯参议员所认为的没有缴税。

迈克尔·金斯利（Michael Kinsley）是我十分欣赏的一位记者，他供职于《石板》（*Slate*）（多年前，他邀请我为《石板》撰稿，我至今感激不尽）。金斯利对资本收益非常执迷，认为应该像对工资征税一样对它征资本所得税[①]，我十分赞赏他的执着。金斯利在各大杂志、报纸专栏发表了无数（好吧，反正我没法计算清

---

① 向资本收益征的税为资本所得税（capital gains tax）。常见的资本收益如买卖股票、债券、贵金属和房地产等获得的收益，并非所有国家都征收资本所得税。——译者注

楚）文章，观点大致如下：

A. 经济学原理告诉我们，应该对所有东西按照相同税率征税；

B. 论证完毕。

步骤 A 毋庸置疑。经济学原理的确告诉我们，通常而言，如果我们按照相同标准对所有东西征税，结果较好。如果对苹果征税 10%，对橘子征税 30%，一些喜欢橘子的人会为了省钱而买苹果。最好的方式是向两者都征税 20%，大家就可以各取所需。

正是在从步骤 A 推导到步骤 B 的过程中，金斯利掉进了知识的陷阱。他错在误解了“所有东西”。他的观点适用苹果与橘子、百事可乐与可口可乐、红色的球鞋与蓝色的球鞋，也同样适用于今天吃的苹果与明天吃的苹果。如果今天向苹果征税 10%，明天向苹果征税 30%，就会有人在今天吃很多苹果，而明天为了省钱不吃苹果。最好的方式是不管今天还是明天都征税 20%，这样大家随时都可以吃喜欢的水果。

然而，不同于苹果与橘子、红色的球鞋与蓝色的球鞋，“工资所得”与“资本所得”并非人们消费的商品，因此不适用以上观点。

问题其实更加严重。如果你真的相信金斯利的观点——打算向今天的苹果与将来的苹果按相同税率征税——你就必须以 0 税率征收所有资本所得税（包括利率、分红和资本收益所得）。

为了方便解释，不妨想象你有这么一位朋友——爱丽丝。

爱丽丝每天挣 1 美元，她可以用 1 美元买苹果，也可以将它存入产生利息的账户，直到它翻番，于是就可以买两个苹果了。①

如果我们每天以 50% 的税率向爱丽丝的工资征税，她每天拿回家的工资为 50 美分。她可以用 50 美分买半个苹果，也可以将它存入产生利息的账户，直到它翻番，于是就可以买一整个苹果了。无论采用哪种方式，爱丽丝的购买力都被减半了。如果她不用为收入纳税，我们可能会增设消费税，从而将苹果的价格提高一倍。

换句话说，向爱丽丝的收入征税就如同向她现在以及将来购买的苹果征税——使用的是相同的税率。

现在我们来到迈克尔·金斯利的抱怨——爱丽丝没有为利息所得缴税。于是，我们改进征税方案，加入利息税率 50% 的条款。

爱丽丝交完收入税，每天拿回家的工资为 50 美分。她可以用 50 美分买半个苹果，也可以将它存入产生利息的账户，直到它翻番，缴纳 25% 的利息税，用剩下的 75 美分购买四分之三个苹果。

① 假设爱丽丝恰好住在苹果卖 1 美元的地方。

金斯利给出的纳税方案中（同时征收收入税与资本所得税），爱丽丝今天的购买力降低了一半（从买一个苹果变成买半个苹果），但她将来的购买力下降了不止一半（从买两个苹果变成买四分之三个苹果）。我们在今天向苹果征收消费税，并在将来不断提高它，正是出于这个原因。

换句话说，同时征收收入税与资本所得税就是以某税率向今天的苹果征税，但以另一种税率向明天的苹果征税。

再换句话说，金斯利的纳税方案恰恰与他的坚持相反——对"所有东西"以相同税率征税。对将来的苹果征更高的消费税意味着，爱丽丝今天会吃更多苹果，以后少吃苹果，即使她的本意并非如此。

如果你需要一些时间才能消化上述案例，别灰心，经济学家同样花了相当长的时间才理解它。（就我个人而言，第一次听闻这种观点后很长一段时间都无法相信它，需要有人一而再，再而三地解释才弄明白——我希望现在的解释比我当初听过的简洁清楚些。）克里斯多夫·切米利（Christophe Chamley）（当时供职于哈佛大学）与肯·贾德（Ken Judd）（当时供职于斯坦福大学）于 20 世纪 80 年代对上述观点的细节进行了研究。切米利和贾德的成果，如今已是公共财政原理（theory of public finance）的支柱。

因此，迈克尔·金斯利认为应该向资本收益征收高额税款——如果理解正确，实际上是不仅向资本收益征税，还包括分红与利息。

不是说我们永远不要征收资本所得税，这只是一种反对它的观点。这种观点可能在与其他观点的交锋中胜出或败下阵来，但如果不能理解它，就无法将它作为论据。我欣赏迈克尔·金斯利，因为他十分看重逻辑（在我认识他很久以前就是），但在这个问题上，他的直觉出错了。

《华尔街日报》华盛顿站站长、普利策奖得主杰拉德·塞布（Gerald Seib）十分担心为国家债务偿付的利息"如同癌细胞从内吞噬了我们的预算，从而不断榨干美国人的财富，将原本是我们的财富都输送到了海外"。[①] 他的理由如下：

> 政府为穷人与老人支付医疗保险是有利于社会的好事。当美国人拿到社会福利的支票，这笔钱大体上都在美国的经济活动中流通。
>
> 然而，支付利息不是这么回事。这些钱从私人经济活动

① 可参见《华尔街日报》于2008年3月8日刊载的《预算案鏖战正欢，癌细胞正蔓延扩散》（*As Budget Battle Rages On, a Quiet Cancer Grows*）。

中拨出，却流通到持有美国国债，但不为美国人服务的外国投资者手中。

一位受过教育的美国人竟然认为我们没能从“债主”那里获得任何好处，简直令人匪夷所思。不知塞布先生是否买过房子，是否想过办住房抵押贷款给他的人“从未给过他好处”。

塞布先生认为，社会保险支出回到了美国人手中，而债务的利息却流向了海外——我不反对，但这并不能说明谁是利息的真正受益者。实际上，美国政府支付的每一美元利息最终都回到了美国纳税人手中，如同支付社保费用。

美国政府为债务支付的每一美元利息，都为了确保在维持正常开支的情况下暂时不加税。延期加税令美国纳税者——请看清楚，美国纳税者！——继续将钱存在银行，从而获得更多利息。因此，为债务支付的每一美元利息都意味着美国人口袋里多出的一美元，不管政府将这笔利息付给了美国人、中国人，还是火星人。

塞布先生认为，加税是我们控制支付利息的唯一方法，榨干美国纳税人账户中的每一分钱——我们每避免一美元流向海外，美国人就少赚一美元。[①]

---

① 有一些美国人没有储蓄习惯，可能因为他们将钱花在了更有价值的地方。如果向这些钱征税，同样对他们没有好处。

这并不是在说政府的债务不会导致严重的经济后果，而是那种后果与杰拉德·塞布声称的完全无关。

塞布先生似乎相信，外国人正通过贷款给美国政府来榨干美国人的财富。但如果他们不借钱给美国政府，也会将钱用在别处——比如将钱借给挣扎在高税赋时期的美国纳税人。

每当我遇到喜欢的裤子，总是一口气买许多条。真的是——许多条，也许这与遗传有关。我的叔叔莫里斯收藏肉品，我收集裤子。我这么做，因为裤子是消耗品。

这难道是服装公司诱惑我们不停消费的阴谋吗？有些人真的如此以为。在“喧哗与骚动”文件夹中，我找到一篇安·兰德斯（Ann Landers）早年（1982 年 9 月 20 日）发表的专栏文章，认为连裤袜公司故意生产穿一周就破而非耐穿一年的产品，因为“穿不破的尼龙袜将抑制女性消费——但他们其实掌握了耐穿技术”。安总结道，她与她的读者“对（公司）出于私利的阴谋展现出了（她们的）宽宏大量”。

也许有人会问，安口中“出于私利”的那个人是谁？当然，不是连裤袜公司。如果自私自利的公司掌握了成本合理的技术，它们一定会将穿一周就破的产品从价值 1 美元，升级到耐穿但卖 52 美元的产品。受惠的是消费者（她们每年购买尼龙袜的预算并未改变，却可以少去几次商场），同时保障了公司收入，以及大幅削减了成本——因为可以少生产 98% 的尼龙袜。

我的文件夹里还有一些值得分享的案例。

我收集了一篇《芝加哥太阳报》（*Chicago Sun-times*）的专栏文章，认为艺术家应该在作品再版时获得额外版税。（类似规定已经出现在加利福尼亚州以及不少欧洲国家。）这位作者忽略了它将如何影响作者的原版版税。让我来为他算笔账。如果原始买家愿意在作品再版时支付给作者 100 美元版税，那么他在第一次支付版税时可能[①]就会少付 100 美元。作品再版时艺术家获得的版税，都在作品初次问世时被提早扣除了。

实际上，情况更加糟糕。有些艺术家的事业中途败落，他们只在作品首次出版时收到一笔寒酸的版税，作品却没有机会再版。另外一些艺术家的事业蒸蒸日上，他们的再版版税远高过初版版税。因此大体上，这位专栏作家的方案是，让失败的艺术家一直贫困潦倒，让成功的艺术家赚得盆满钵满。[②]

① 我使用“可能”（approximately）一词是出于数字上的调整，因为今天的 100 美元可能比将来的 100 美元更值钱。

② 帕翠亚·科恩（Patricia Cohen）于 2011 年 11 月发表在《纽约时报》上的文章恰恰指出了这点：“这条法律的主要受益者是最不缺钱的艺术家：他们的作品名扬天下，一版再版。（同时，）再版版税却伤害了首次发表作品的新晋艺术家……为了少付再版版税，出版人一定会设法压低他们的初版版税。”

我还收集了一封刊登在报纸的读者来信，认为应该直接通过控制原油价格来影响汽油价格，但如果法律规定了原油价格，加油站的汽油价格一定会上涨，而非下跌。大规模价格管制会令原油精炼者减少供应，供应量下滑则将导致价格上涨。

几年前，佛罗里达州遭遇霜冻，导致橘子卖得非常贵，农夫的收入远高于往年。有评论人士因此在“喧哗与骚动”文件夹里占到一个“坑”，认为大幅涨价表明农夫具有垄断市场的能力。实际上恰恰相反：意外其实表明农夫可以通过大规模歉收抬高价格。但如果他们真的具有这种能力，根本不用等到遭遇霜冻的时候。

每当中东局势出现动荡，“喧哗与骚动”文件夹都会急速膨胀。石油价格波动总会引发一系列社论与读者来信，夸夸其谈美国的石油公司如何通过垄断抬高价格，从而获利。如果一个行业中，同时存在埃克森美孚、荷兰皇家壳牌（Royal Dutch Shell）、英国石油（BP）、雪佛龙（Chevron）、美国康菲（ConocoPhillips）与其他几十家石油公司，怎么垄断呢？这个问题已经喋喋不休地纠缠了许多年，暂且不谈。如果控制供应就能提高利润，一家具有垄断能力的石油公司绝不会等到政治局势动荡才控制供应。你可以说，由于出现政治危机，那些公司有了更大利润空间，或者你可以说，他们串通一气形成垄断，但你不能混淆这两种说法。

每年感恩节，我都可以找到许多文章好心忠告美国人别吃太多肉，这样会危及其他食品供应商。事实是——哎，比这复杂多了。人们减少肉类消费，农场收益下滑，畜牧业整体收缩。至少看起来，原本喂给牲口的谷物粮食现在可以端上人类的餐桌了，是吗？当然不是。耕种业也会整体收缩。[①]

如同莎士比亚笔下的痴人并非只会发出喧哗与骚动，不断为我的文件夹“做贡献”的人们大多经过深思熟虑才提供了他们的观点，尽管它们漏洞百出，经不起推敲。也许经济学家对这些错误在媒体上广为传播并不感到惊讶，因为作者从未因此受到严格的惩罚。大部分读者上网或者看评论，只是为了找乐子而非寻求启发，如果作者的动机只是为了取悦读者，那我们也就不用对此大惊小怪。

---

① 畜牧业与耕种业收缩，于是它们原本应该消耗的资源流向了其他产业。因此，你少吃点肉的决定的确为其他人提供了更多食物选择。但是——尤其是长期而言，那些新选择很可能大部分不是食品。

第 13 章　数据如何说谎：失业也可以是好事

我曾经住在华盛顿特区，搬到那里的第一天，我问一位出租车司机哪家超市好。“马格鲁！”[①] 他的语气相当肯定，“那里很不错！不管我什么时候去，总有商品在打折。”

这是我第一次与天性单纯的华盛顿消费者打交道。（那一周晚些时候，我们的保姆向我极力推荐了一家童鞋商店：“他们会为孩子的脚量尺寸呢！”）

直至今日，无论是否在华盛顿，我都不曾去过不打折的超市。我总被打折商品吸引，香蕉便宜，我就买香蕉；苹果便宜，我就

---

① 马格鲁（Margruder’s），华盛顿本地连锁超市，主要卖廉价农产品与杂货。——译者注

买苹果。

打折商品总在改变，走进一家超市，我不太可能发现上周打折的商品这周还卖这么便宜。有一周，我买了一些打折的苹果，1.35 美元；下一周，苹果的价格恢复至 1.69 美元，于是我花 1.25 美元买了打折的橘子；又过了一周，橘子的价格恢复至 1.49 美元，但苹果又开始打折，于是我又买了苹果。

如果我试图劝那位出租车司机不再去马格鲁购物，也许可以这么说："马格鲁的商品价格简直疯了，无论我想买什么，它们都在涨价。"如果我还试图加深他的印象，可以计算一些百分比。"我先买了苹果，苹果的价格就上涨了 25%；之后我买了橘子，橘子的价格就上涨了 20%。短短两周，价格竟然整整上涨了 45%！"

当然，这种简单的计算想当然地忽略了一个事实——我依旧花 1.35 美元买了打折苹果。这与政府报道的通胀数据有些类似。CPI（消费者物价指数，最常用来表示通货膨胀的指数）反映的不是今天而是过去人们购买商品价格的变化。因此，它的重点在过去人们讨价还价的商品——而同样的商品很可能已经涨价。这就令报道的物价变化比实际情况严重得多。

20 年前，机票很便宜，笔记本电脑很贵。人们到处飞行，但很少携带笔记本电脑。因此，类似 CPI 的计算将许多精力放在机票（现在已经大幅涨价），几乎不考虑笔记本电脑（现在已经降价许多）。你购买一张昂贵的机票，CPI 就随之上涨；你购买一台 1992 年时负担不起的笔记本电脑，CPI 却对它忽略不计。

计算方式很重要。比如，社会保险是 CPI 计算的条目之一。如同每年年薪按固定比例上涨的情况，CPI 监测到的购买力每年也都在增长，因为它总是令通货膨胀看起来比实际情况糟糕。

这听起来像对编制 CPI 指数的美国劳工统计局的指责。但其实不是。在价格独立浮动的世界，根本不可能编制出一个不偏不倚并且极具参考价值的数字。美国政府有许多衡量通货膨胀的方法，每一种都有它与生俱来的偏差。经济学家出于明确的目的，总是十分小心地选择恰当的参考指数。尤其在高通胀时期，媒体十分关心 CPI，也许因为这恰好实现了它们的目的，令一切看起来了无生机。新闻真是一种忧郁的艺术。

严格而言，数据不会说谎，但它们揭示的事实常常遭到误读，尤其是在文章中引用的经济学数据。让我举几个例子。

搬到华盛顿前，我住在纽约州的罗契斯特。星星超市与韦格曼斯超市是那里两家规模最大的连锁超市。星星超市的广告曾写道："平均而言，我们的顾客比韦格曼斯的顾客愿意为同一件商品多付 3%。"我不认为它们错了。我同样相信，平均而言，为了购买同一件商品，韦格曼斯的顾客愿意比星星超市的顾客多付 3%。

星星超市的计算方式与CPI指数类似，也存在偏差。某一天，星星超市的顾客买了许多苹果，而韦格曼斯超市的顾客买了许多橘子。当然，星星超市的顾客可能比韦格曼斯的顾客花了更多钱，如同韦格曼斯超市的顾客可能比星星超市的顾客花了更多钱一样。只要这两家超市在价格上基本持平，只要个别商品的价格存在差异，就不会错。

记者经常引用失业率数据说明整体经济状况，类似讨论往往忽略了有些人是自愿辞职的。通常而言，获得休闲时间或者追求个人梦想都是好事，可一旦被贴上“失业”的标签，立刻就被当成了坏事。

当然，失业可能伴随不好的现象，比如收入减少。记者在报道中将失业视为坏事，脑袋里惦记的正是这一点。但是，我们同时应该考虑失业的好处，比如它可以减少关联成本。如果你是流水线工人，丢掉了一份年薪5万美元的工作，然后一整年都在海滩无所事事地度过，一个子儿也没挣到。我们可以说，你的状况变糟糕了，但如果说它等同于损失5万美元，未免有些夸张。

相比于100年前每周劳作80小时的祖先，我们都处于某种程度的失业状态，应该很少有人愿意与他们交换时空吧。这个例子已经足够提醒我们，失业率不是衡量经济状况的最有效方法。

作为 21 世纪的人类，我们的工作时长少于祖辈是因为我们比他们更加富裕。从这个角度考虑，就业率下降反而成了好事。由于收入增长，家庭可以自行决定一个人工作养家，而非一定要双职工；由于景况好转，生活拮据时做着不顺心工作的人可以辞职，可能因为他们找到了其他收入途径，也可能因为他们相信只要花时间就能找到更好的工作。这种乐观并非是完全的盲目。

从经济学的角度看，失业率可能成为时机好转的信号，也可能成为时机转坏的信号。在个人层面，也是同样。彼得每周工作 80 小时，丰衣足食；保罗每周工作 3 小时，闲庭信步。哪种选择更明智呢？无论从经济学还是从伦理道德的角度，还是出于我的直觉，都无法对它做出评判。失业——或者就业率低，如果是出于自愿选择，它就可能是一件好事。

评论人士很轻易地认为，彼得的收入与保罗的休闲时光相比更“货真价实”，因此他一定比保罗更明智、更富有，但这根本不对。天真的评论人士也许会争辩，出于公平，我们应该将彼得的一部分收入转移到保罗那里，从而弥补他们的收入差距。但这么一来，我们就应该将保罗的一部分休闲时光转移到彼得那里，从而弥补他们在闲暇时间上的差异。如果为了公平，我们向彼得征税补偿给保罗，就应该让保罗去彼得家除草。[①]

他们忘记了我们需要的不是劳动力，而是通过劳动获得的成果。记者似乎总在犯低级错误，认为自然灾害也有好的一面，因为人们必须投入重建，这样大家就都有事做了。2005 年卡特琳娜飓风重创了新奥尔良，类似说法简直甚嚣尘上。在新闻从业者口中，只要人们热火朝天地投入建设，将他们的家园恢复原状，大规模生态破坏就一定存在谜一般的好处。我很怀疑，他们也这样看待自己的生活吗？往客厅的墙上凿一个洞，自己再花精力填上，真的有什么好处吗？

建房子本身不是一件好事，但拥有一栋房子是好事。房子的所有权才能体现它的价值。砌墙的事干得越少，你得到的好处就越多。人们投入数月艰辛劳作，最后仅恢复到遭受破坏前的样子，不可能从中创造出更多财富。

我在冷饮车前买甜筒时经常选巧克力口味。有时，巧克力口味卖完，他们会推荐我尝一下香草口味。我不由疑惑起来，香草口味为什么从不脱销？

答案是香草口味也有卖完的时候，而且与巧克力口味卖完

① 将收入差异归咎于人们所做选择不同是十分愚蠢的观点，而人们不用承担自己选择结果的观点同样愚蠢。

的概率相同。只不过香草口味脱销，他们不必特意告诉我。一定也有许多喜欢香草口味甜筒的人困惑：巧克力口味为什么从不脱销?

如果你只盯住一点，而不是令眼界更加开阔，很容易被蒙骗。你与你的医生很可能对候诊室是否拥挤持有不同观点。你留意到身边的人不停朝你打喷嚏，房间座无虚席，但你的医生却从其他角度看待这种情况。

你的医生依据候诊室的全天拥挤状况做出评估，而你只在生病的时候才来诊室。你会在什么时候生病呢？可能正是病人最多的时候。我怎么知道呢？因为最多人生病的时候，候诊室最拥挤——正是病人令房间拥挤起来的。如果医生告诉我，今天上午候诊室有 3 人，下午有 25 人，让我猜你最可能在什么时候出现在候诊室，根据 25 ∶ 3 的概率，我会选择下午。

人们总是留意到房间拥挤，却很少有人留意到它空荡荡时的样子。医生知道今天有 28 位病人，平均半天要诊断 14 位病人。这 28 个人中，只有 3 人认为候诊室的拥挤指数为 3，25 人认为拥挤指数为 25。病人的平均等待时间就此被拉长，但它反映的并非客观情况。

失业数据也以相似的方式误导我们。假设你需要调查人们失业的平均时长，于是挨个儿问当下的失业者失业多久，你将他们的答案一平均，得出的数字一定不客观，而且肯定偏长，正如大部分病人都高估候诊室的拥挤程度。

毕竟，调查员最有可能访问到已经失业了一段时间的人们。相反，短暂失业的人在调查者来访时可能已经找到工作。如果你仅采集某一天或者某一周的样本，遇到的多数失业者一定是长期失业者。许多优秀的经济学家都被绊倒在这里，没能指出问题所在。

近40年来，美国的贫富差距不断拉大。如果你只简单瞄一眼数据，很可能认为富人变得更加富有时，穷人的生活完全停滞不前。但是，我至少可以给出几个理由，令你对那些数字采取稍加保留的态度。

首先——也最简单，收入数据并非涵盖一切我们认为具有价值的因素。比如，我们十分在意休假时间的数量与质量。就这一点而言，穷人往往“迈出了一大步”，富人却举步不前。1965年以来，工作时间不断缩减，休假时间不断增加，美国人平均每年拥有300小时休假时间——但最贫穷的美国人的非工作时间是它的两倍。同时，以前你的家中只有3台9英寸的黑白电视，但人们现在的休闲方式获得了极大改善，休闲质量获得了显著提升。

第二，20世纪80年代里根总统执政时期与20世纪初老布什总统执政时期，均大幅削减了个人所得税。税收减免产生了十分重要的实际影响，但也造成了不可忽视的虚假作用。收入税调低后，人们不再费力隐瞒收入，仅出于这个因素，就会导致收入上升，尤其是高收入人群。不管出于哪种情况，穷人都不太可能隐瞒收入，因为他们本来缴税就少，而且收入来源一目了然——往往来自工资所得。相反，富人有许多理由与动机做些偷鸡摸狗的勾当，但如果调低税率，他们就会少费些精力东藏西躲，因此减税反而扩大了收入差距。

第三，离婚会造成收入下降的假象。如果一个家庭有两份 5 万美元收入，将被计算为一份 10 万美元的家庭收入。两人离婚后，情况变为单独两份 5 万美元收入，但实际上没人的薪水发生变化。

这十分重要。比如，1996—2005 年间，美国普查数据显示，中等家庭的收入仅增长了 5.3%（已考虑通货膨胀因素），但如果你改变人口数字，实质上增加了 24.4%。

第四，也是我认为最有意思的一点，年薪差异与年龄无关。因为人们将不断在收入分配位置上发生改变。

在美国，如果你超过 25 岁，现在位于收入分配的后五分之一区间，极有可能在未来 9 年得到改变。（如果你未满 25 岁，机会更大，因为你现在不过是个学生。）如果你位于收入塔尖的 1%，道理也是同样。收入分配的流动性很大，近几十年来，这种流动性都没有发生显著变化。

如果所有人都在收入分配光谱中不停移动，即使低收入人群收入不断减少，高收入人群收入不断增加，也可能是一件好事。假设一开始，每人的收入均为5万美元。现在，经济环境改变导致一半人的收入减少到4万美元，另外一半人的收入增加到10万美元。你可能以为一半人的情况变糟，另外一半人的情况得到改善。但是，如果调转位置，一半人在奇数年份赚4万美元，在偶数年份赚10万美元，另外一半人也做出相应调整，那么每年我们的平均收入均为7万美元。大家共赢。

当然，上述收入变化的极端情况并不现实。但“穷人一直贫穷，富人一直富有”的刻板印象同样不现实。大部分人都有景况好的时候，也有景况坏的时候。在特定年份，某人收入很高，而这可能是他人生收入的巅峰；相反，在特定年份，某人收入很低，这可能是他人生收入的谷底。最高年收入与最低年收入间的差距，等同于一个家庭收入巅峰与谷底时的差距，可能没有人愿意做这种比较——除了炮制生活苦哈哈故事的记者。正确的做法是比较两个家庭的收入，长此以往，记录每年收入的平均数，但没有任何年收入数据能够反映这种比较。

指出高收入群体最近赚到许多钱，是制造收入差距扩大假象的一种方法。它只表明每人都有走运的时候，也有倒霉的时候。

比如，收入最高的人可能正经历飞黄腾达的几年，因此今年赚得比去年多，但也可能超过明年，直到慢慢趋于平均水平。

想象一群游牧者随意安营扎寨在山坡的不同地方。你将整片图景收入眼中，此刻位于山顶的游牧者可能刚从山脚搬上来；此刻住在山脚的游牧者可能刚从山顶搬下去。我们可以做出完全合理的推测，不论山脚与山顶的海拔相差多少，他们之间并不存在什么差距。

这其中的教训告诉我们，以一个人当下的幸福感来判断他的总体幸福感是错误的。比如，老年人通常因为有着各式健康问题，过得比我们辛苦。这么一来，其实忽略了每个人都曾年轻过，而且我们正在一天天老去。如果我们将此作为永久政策，不断将收入从“幸运”的年轻人转移到“不幸”的老年人，几代人之后，你年轻时就会蒙受过多损失，直到上了年纪才能慢慢尝到甜头，甚至打破人生平衡。[①] 你永远都可以出于平等的考虑，将一代人的所得一次性转移给另外一代人，但头脑清醒的人很快会意识到，没有任何一代人的年轻时期始于不平等的努力。

实际上，每个人的生命历程大相径庭。有些人遭遇意外与疾

① 这种说法只是比较接近真相。如果你的上一代人口总数较小，而下一代人口总数较大，你还是有利可图。

病侵袭，英年早逝。这意味与老年人相比，年轻人要经历更多磨难。年轻人可能无法长寿，而老人毕竟已经活了这么久。将收入从“幸运”的年轻人转移到“不幸”的老年人会进一步扩大潜在的不平等。[①]

类似考虑方法也适用于反对强制退休的法律。强制退休法律要求职员到达一定年龄必须退休（通常是65岁或者70岁）。显然，公司认为这是有效的做法。如果不是，它们就不会推动立法推翻它。如果它们正确，反对强制退休将降低人均收入。（效率降低的后果必须有人承担，因此很可能会削减年轻人的薪水。）[②] 常有人鼓吹，反对强制退休对老人有好处，但上了年纪的人曾经年轻过，他们很可能已经尝过其中的好处。如果我们只谈净利润，你必须活到一定年纪，而且还得从未年轻过，就如我有时在超市免费小报上读到的67岁“新生儿”的故事。

GDP（国内生产总值）是最常用来衡量整体经济状况的指标。不过，它存在一些明显的缺陷。它计算了经济体内所有商品与服

① 我的同事马克·比尔斯（Mark Bils）认为，我们应该出于公平的理由补贴烟草业，因为吸烟者并未从社会福利中获得额外的好处。

② 只有一部分人可以享受好处而且没有损失：反对强制退休法律生效时的老人。

务的价值，却没能包括在沙滩上打发时间的价值。

它还存在一些不容察觉的缺陷。首先，它并没能真正计算到经济体内所有商品与服务的价值。许多商品与服务是在家庭中产生的。不管你选择自己洗碗，还是付钱让保姆洗碗，结果都是“获得”碗橱里摆放整洁的碗碟。如果你付钱请保姆做，结果会在 GDP 中反映出来，但如果你选择自己洗，GDP 就会忽略它。

在较为保守的年代，课本会列举一位娶了保姆的男性来说明相关观点。当保姆时，她拖地、洗碗、洗衣，每年收入为 2.5 万美元。当她成了妻子，做的还是同样的事，却连一分钱回报都没有。尽管什么都没改变，GDP 却减少了 2.5 万美元。

比较各国间 GDP 时，这种视角尤为重要。在欠发达国家，家庭生产通常占较高比重，从而愈发凸显出 GDP 与实际产出间的差距。美国的人均 GDP 高出利比里亚 100 倍，当你读到这个数据，不妨想一想利比里亚人自己种粮食、做衣服，这些均未能计算在国民收入内。他们的确比我们穷，但绝对没有数字显示的那么糟糕。

它的另外一个缺陷在于，提高商品与服务产量可能是一件好事，也可能是一件坏事。热火朝天的房地产开发满足了市场对住宅的需求，这是好事；热火朝天的房地产开发重建了在飓风中被毁的数千栋住宅，这只是让一切恢复原状，不是好事。然而，

GDP 会将两者都纳入计算。

由于意识到上述及其他诸多缺陷，有些欧洲政府与马萨诸塞州萨默维尔市开始采用“国民幸福总值”（Gross National Happiness）这类数据。不幸的是，幸福比商品与服务更难被量化。

有一种说法认为数据不会说谎，是骗子编纂了数据。也许更严重的问题在于，人虽然诚实，但在得出结论时过于草率。为了避免错误，应该明白自己需要的是什么数据，如果可以亲力亲为，你将如何采集，而它们与你面前的数据之间存在什么差异。

CPI 用来衡量特定商品的价值，与你需要多少收入才能维持特定水平的幸福不同；失业率用来衡量有多少人失业，与有多少人不幸福不同；年收入用来衡量现在的收入分配，与一个人一辈子的收入分配不同；GDP 用来衡量市场上交易商品与服务的价值，与所有生产的商品与服务的价值不同，与对商品与服务的需求也不同。

有些缺陷很容易发现，比如 GDP 忽略了家庭生产。另外一些则很隐蔽，比如人生巅峰期与低谷期都不可能长久，但它夸大了贫富差距。

经过训练，经济学家对数据采集方法的缺陷以及数据本身的偏差十分敏感。出于靠谱的天性，经济学家总是尽己所能地修正它们。

第 14 章　政策骗局：我们需要更多文盲吗？

经济学家的最大热情不在于改变世界，而在于理解世界，尽管人类心中都暗藏改善身边境况的愿景。随意拦下一位经济学家，你就会发现一位改革派。

经济学家认为，政策是钳制，却不乏美妙之处，我们埋首其中，正如你沉溺于热巧克力奶油圣代或者粗俗的风流韵事。你难以抵挡它们的诱惑，在畸形的乐趣中难以自拔，却对落入相同陷阱的同伴嗤之以鼻；而我们总认为不值得在政策上浪费注意力，却在强调此观点时已经花费了大把精力。

经济学家无论对问题持有什么立场，你总能找到他们的一些相似之处。我们总是强调诱因的重要性、交易的好处，以及产权得到法律保护是一种良性的力量。我们认为，完美运行的市场能获得最有效的产出，以及会本能地通过完善市场来调节更有效的产出。

听闻国家将补贴航空业，因为研发的设备可以运用到军事上，经济学家往往对此持保留态度。通常而言，企业家如同政府官员，都能十分准确地预计战争爆发的可能性。如果未来5年中有三成机会爆发战争，就有三成机会值得拥有一家能够生产战斗机的工厂。为什么它不能提供足够的诱因令工厂继续运作呢？

当然，如果爆发战争的可能性有五成而非三成，就会有更多生产武器的工厂。如果政府足够明智，也应该采取相似的态度，战争爆发的可能性不高，就不必投入太多防卫资源。

然而，如果投资者认为政府会依循历史先例，在战时施行价格管制，上述诱因就无法发挥作用。[①] 我们关心军事装备，问题并非出于对市场干预过少（比如以补贴的形式），而是干预过多（比如以管制的方式）。完善军事装备的最佳方式或许是通过修宪确保不施行价格管制。[②]

---

① “二战”期间，美国物价管理局（Office of Price Administration）负责制定了价格管制措施。我参加过几次相关讨论，试图评估将对同盟国造成何种程度的危害，衡量的标准是德国装甲师的数量。我们得出的结果十分庞大。

② 这并非针对问题的全盘分析。比如，投资者对风险的态度很可能与社会上对一场大规模战争的态度不同。我不确定是否找到了十分贴切的案例，但本章的讨论一定代表了经济学家刚开始思考问题时的典型的切入点。

暂且不论对错，每当有学者抱怨美国汽车的质量，经济学家往往不明白他们在烦恼什么。不管怎样，一个国家总需要生产低端汽车的工厂。为什么美国不可以呢？

在价格—质量谱系中，市场对汽车的需求大相径庭。成功占领高端市场并不光荣，成功占领低端市场也不丢人。作为个人，我更倾向于经营像沃尔玛一样的连锁超市，而非经营一家精品服装店。

质量无须与利润挂钩，提高质量，就需要投入巨大成本。有些消费者愿意多付钱买质量高的产品——制造成本相对较高；有些消费者不愿意多付钱，产品质量一般就可以满足——制造成本也相对较低。不论你满足了哪个市场的需求，都值得骄傲。

美国汽车的质量也许高于或不及它的国外竞争者，但背后必定存在合理的原因。其中一个原因可能是：在同一个地方，各种产品都能挖掘到利润空间。至于产品各自在哪里生产根本不重要。出于一些历史上的原因，美国孕育出一批生产低端汽车的工厂；另外一个原因可能是，美国人设计低端汽车是因为整个国家最聪明的头脑将精力花在了其他更具生产力的地方——美国的汽车质量糟糕是因为美国的生物工程技术世界领先；第三个原因可能是，底特律的汽车工人普遍比他们的国外同行富裕。大家都只是为了一份工作，于是，他们就不愿付出更多努力了。通过钱袋子来调整你的优先选项很常见，也不是见不得人的事。

通过观察，人们得出的结论往往是，牺牲质量压低成本是个明智的决定。然而，美国的制造业牺牲了质量却没能降低成本：生产一辆美国豪华汽车花费的时间相当于生产一辆豪华日本汽车，但后者的质量更有保障。因此，我可以给出两个自相矛盾的结论。其一，工作时间不是衡量成本的最好标准。如果底特律的汽车工人 1 小时的生产量不如他的东京同行，可能因为底特律明智地减少了工人培训时间，或者各道工序采用的设计方法不同。

其二，所谓的工作时长并不能真正反映一心一意投入工作的时间。如果底特律的汽车工人每小时花 15 分钟喝咖啡，那么他制造一辆美国汽车的时间其实为 45 分钟，工作时长并未能反映出真实情况。①

经济学家与普通人不同，不会轻易陷入绝望，因为他们总能从交易中发现好处。一种产品在底特律生产，另一种产品在东京生产。不论你买福特嘉年华还是雷克萨斯 460，汽车的产地并不重要。通过交易，我们不再需要将消费选择与生产选择捆绑在一起。我们可以制造廉价汽车但驾驶豪华汽车，只要我们制造的廉价汽车能够带来利润。

① 经济学家根本不属于反驳这种观点，认为工人喝咖啡是浪费时间，我们自己也喝很多咖啡。我想不出任何理由认为高质量的汽车比舒适的工作环境更重要。

ABC 世界新闻（ABC World News）播出"文盲问题"系列片时，经济学家的第一个反应是："问题出在哪里呢？"当然，有文盲很难说是好事，但不意味我们的社会文盲太多。培养读写能力需要花费巨大成本，对人口中不情愿接受教育的人花费的成本更高。我们应该好好思考，对读写项目的额外投入是否可以用在更好的地方？

你也许会想，总在唉声叹气的学者有义务指出适当的文盲率意味着什么——至少我自己这么认为，但 ABC 世界新闻的评论者没有一位意识到他们的这种义务。如果他们指出"适当的文盲率"意味着什么，就可以继续解释为什么他们认为我们国家的文盲太多而不是太少。

如果是经济学家，他可能会选择采用效率的标准：

我们应该鼓励培养读写能力，直到额外成本超出额外收益。如果记者不认同这种标准，没有问题，但他至少应该提出自己的那套。

如果效率是我们考虑问题的基础，也许应该假设现在的文盲率正符合市场需求。具有读写能力的成年人能够获得很多好处，比如更高的报酬，或者高于查尔斯·吉布森与戴安·索耶[①]的自我

① 查尔斯·吉布森（Charles Gibson）和戴安·索耶（Diana Sawyer），两人为 ABC 世界新闻的主持人。——译者注

修养。那些好处足以提供丰富的诱因，令你投资成本合理的自我提升项目。

现在，我们就很容易使用不同方式驳斥以下观点。你可以认为，受过教育的公民投票时更明智（尽管就我所知没有任何研究得出相关结论）；你可以认为，利他精神比自私自利更高贵；你也可以认为，同事的高学历能够提升整个团队的工作效率，等等。事实究竟如何？它们正是当前经济学研究中最活跃、最重要的议题。但迄今为止，结果参差不齐。可能没有文化的人——出于他们的无知，无法看到生活的各种可能性，于是做出了不明智的决定，而精心规划的读写教育能够有效改变这种状况；也可能人们不愿接受教育，恰恰因为社会福利能解决他们的后顾之忧。

为了调查我们国家是否面临读写能力不足的问题，ABC 世界新闻首先应该问，是否存在任何证据表明我们必须干扰市场自身达到的有效平衡？如果存在，我们就需要采取非市场主导的补救方法，这才进入整个问题面临的难题：

我们如何得知补救方法是否过度？我们如何衡量读写能力的好处？如何衡量培养这种能力的投入？如何判定当下状况是不足还是过度？这才是核心问题。但是，ABC 新闻对此只字不提。如果这些新闻工作者是文化人，念那么多书究竟有什么用？

每 4 年一次的总统大选中，总会争论我们是否应该设立更多免费电视台。经济学家认为，人们错误地混淆了两个议题：其一，电视台是否应该制作更多与政治有关的报道；其二，应该加重电视台的税赋。

如果目标是为候选人争取更多出现在电视的时间，这些时间可以通过个人所得税、特殊税种，或者从电视台缴纳的税收中"购买"。当总统候选人占去一集《名人学徒》①（*Celebrity Apprentice*）的播出时间，它的社会成本就是放弃一集《名人学徒》。这项成本不管由公众、特殊税种支付者，或者电视台老板承担，道理都是一样的。

问题之一："我们应该为了一小时竞选广告放弃唐纳德·特朗普②（Donald Trump）的表演吗？"问题之二："应该由谁承担成本呢？"我们应该分开讨论。

当得知联邦政府为了维持高价，减缓出售 10 亿立方尺存量的

① 《名人学徒》是由美国 NBC 公司制作的真人秀节目，被称为"终极工作面试"。现任美国总统唐纳德·特朗普（Donald Trump）曾参与节目制作。——译者注

② 写到这里时，作者大概并未料到，有一天，他不必为了一小时竞选广告放弃特朗普的表演，因特朗普于 2016 年当选美国总统。——编者注

国家氦储备时，经济学家十分困惑[1]。政府的确从民间获得了较多资金，它也从不缺少从民间获得资本的方式。为什么要采取一种全新机制，而它的主要作用仅是闲置宝贵资源呢？

经济学家对诱因导致的后果十分敏感。如果新的公民权利法案要求雇用25人或以上的公司支付更高成本，我们期待见到许多公司将员工规模控制在24人之内。我们对问题的对称性也十分敏感。为什么我在招聘员工时公民权利法案禁止种族歧视，而员工在选择雇主时却根本不遵循同样的法案？如果我拒绝一份工作，是否应该证明我的动机并非出自歧视呢？我们对演绎推理十分敏感。为什么我在选择伴侣时可以考虑种族因素，但招聘私人助理就不可以呢？[2]

经济学家对自愿交易获得的好处十分敏感。从前，航空公司由于超售机票总会“利诱”一部分乘客下机，正是经济学家建议他们如此做的。

经济学家对所有权十分敏感。非洲象濒临灭绝，正是一群经济学家（与其他专业人士）构想出“篝火计划”（CAMPFIRE

① 这绝对不是个笑话。美国的确有个国家氦储备公司（National Helium Reserves）。

② 当然，提出问题并不意味一定能找到令人满意的答案，它只意味这个问题值得我们思考。

program），令村民拥有了非洲象的所有权，创造了保护它们的诱因。计划实行 10 年后，非洲象的数量增加了一倍。

如果人们无法从劳动中获得应有的回报，立刻会引起经济学家的警觉。你可以花费数年时间用于技术创新，再看着竞争对手对它稍作改进，瞬间夺去你的市场。这么一来，你可能在一开始就不愿投入时间。作为结果，你既不会创新，也不会改进。讽刺的是，这种问题的解决方案可能是补贴原创者，如果技术被人拿走，你能够得到一些补偿；也可能是向原创者征税，这样你就可以少一些虎视眈眈的竞争者。

付出努力却得不到回报的例子不胜枚举。我对电影结局的市场反应十分好奇。看电影的人对结局有两大诉求：他们希望结局大圆满，以及结局在情理之中。如果时机恰到好处，会出现一些意料之外的悲剧。然而，以悲剧作结的电影在市场上实在太少了。

拍摄悲剧电影的导演需要承担短期损失的风险，人们对电影的评价可能“很失望”，但长远而言一定有好处，因为观众对未来的电影卸下了防备。不幸的是，这些好处常令其他导演沾光，因为观众只记得谋杀犯有时真的会在地下室手刃英雄，却不记得这个情节具体出自哪位导演的电影。也许出于这种原因，没有导演愿意自我牺牲，成全同行。

作为解决方法，导演可以十分显眼地打出自己的名号，这样观众就可能记得哪部电影的结局出人意料。但是，每当这位导演的名字出现，观众可能会不自觉地蒙上眼睛——或许，政府就应该补贴悲剧电影！

我有一位同事认为，不管你在网上买什么东西，都存在过度包装的问题，因为卖家根本不考虑回收成本。于是，我的同事试图通过向包装材料征税解决问题。我的第一反应是，至少由私人承包的垃圾搬运工（正如我生活社区的工人）根本不将它视作问题：垃圾搬运工可以凭喜好按重量或者体积向我收费，这么一来，我就会选择简易包装的产品，从而最终影响到我对卖家的选择。我的同事好心提醒，实际上，垃圾并不是按重量或者体积收费的。不管我的垃圾箱是空的还是满的，我每个月都支付固定的卫生费。这可能是因为根据每月垃圾量制定收费标准太费事。我的回应如下：如果这真的是个关键问题，垃圾搬运工一定会拿出解决方法——比如，每年花三天抽查我家的垃圾量，从而制定我每年的垃圾收费标准。我的同事又担心垃圾搬运工可能骗人，他可以抽查 6 次，但只汇报 3 次垃圾最多时的数据。

这位同事与我在包装材料征税问题上得出了不同结论，正如我们共进午餐时，几乎在所有问题上的观点都大相径庭。然而，我们还是分享了许多共通之处。我们都认为，过度包装是问题，包装太过简易也是问题，不管哪种情况，都会造成浪费；我们都认为，运行良好的市场一定会导致最佳产出，而我们定义“最佳”的标准都是效率；我们都认为，如果有一方刻意隐藏信息或者合约未能履行，均会导致市场失灵。我的同事与我从不投票给相同的候选人，但我十分确信在最关键的问题上，我与他的观点比其他 99% 跟我投出一样选票的选民更接近。

我们都以经济学家的方式理解世界，我们的身上也具有身为经济学家的性格缺陷——有时甚至对此沾沾自喜——总是不可避免地从纯粹的科学研究转向政策分析。政策制定过程总是充满诱惑与危险的骗局，经济学家如果真的醉心其中，很容易成为它的牺牲品。每天午餐时间，我与我的同事们都沉迷于构想一个更加美好的世界。我们是一群冷淡寡情的专业人士，绝大多数主意在甜点还没端上桌时就已被彻底抛弃，仅有少数得以幸存。下一章中，我将与大家分享几个中肯的提议。

第 15 章　几则中肯建议：两党制的终结

只有危机才能带来真正的改变——无论它已经发生还是即将发生。危机出现时，人们往往采取已经准备好的方案。因此，我们最基本的使命就在于：研究现有政策的替代方案并使之保持活力，当它们在政治上的可能性转化为必然性时，发挥出它们的实际效用。

——米尔顿·弗里德曼[①]

当我驾驶汽车经过华盛顿特区的西北部时，不禁赞叹起它的

① 米尔顿·弗里德曼（Milton Friedman），美国当代经济学家，芝加哥经济学派代表人物之一。1976 年，弗里德曼获得诺贝尔经济学奖，以表彰他在消费分析、货币供应理论及历史、稳定政策复杂性等范畴的贡献。——译者注

富庶。坐在身边的朋友吉姆·卡恩（Jim Kahn）感叹，不计其数的财富聚拢到此处，但华盛顿的臭名昭著之处正在于它根本不生产任何有价值的东西。我几乎不假思索就语带嘲讽地接话："如果用道德标准衡量，绝大部分财富就如偷来的，一部分来自直接征税，另外很大一部分来自政治贡献，并以此勒索金额庞大的保护费。"

但是，吉姆的反应比我更快。他意识到，从经济学理论的角度来看，我的解释远不够愤世嫉俗。现有的两党之争中，所有非法所得都应该用来购买选票。如果共和党执政，每年侵吞1 000亿美元，民主党完全可以复制它们的政策，外加每年多给共和党的核心管理层10亿美元好处。这种策略将使民主党买到下次选举的胜利，纯收益为990亿美元。不过，共和党也可以反着干，开出20亿美元好处费，接受剩下的980亿美元赃款。市场竞争的经验告诉我们，这场竞标大战可以永无休止地继续下去，直到无法榨取任何利润。

理论告诉我们，如果整个行业被两家利润最高的公司把持，如果没有发动价格战，很可能因为存在暗中勾结。以共和党与民主党为例，这种勾结赤裸裸地展现在所有人面前，它就是所谓的两党制。

民主党与共和党立法者经常为"达成折中方案"会面，双方在背地里进行的勾当如果发生在私营企业，很可能可以将他们的老板直接送进大牢。我们绝不允许美国联合航空（United Airlines）与美国航空（American Airlines）的主席背地里就机票价格达成折中方案，为什么要允许国会中的多数党与少数党领袖就税收政策达成折中方案呢？

亚当·斯密认为："从事相同交易的人们很少来往，甚至不会在一起打发消遣时光。因为他们一旦凑到一起肯定是背着公众搞些勾当，或者想方设法一同抬高价格。"这正是反垄断法立法的根基，防止类似的阴谋勾结。美国联合航空主席惊慌失措地跑到美国航空主席那儿，他不能说"如果你拒绝降低从纽约到丹佛的机票价格，我决不可能降低从芝加哥到洛杉矶的机票价格"——这是违法行为。然而，我们却允许共和党领袖在会见民主党领袖时提出，"如果我支持你对城市选民做出房屋补贴的计划，你就要在我的选区支持针对农夫的农业计划"。

如果有人靠经营航空公司致富，我倾向于认为他们一定在提供高质量的空中服务中具有非凡的才能。而如果建制派成了富翁，我无法赞同这是因为他们在服务政府中具有非凡的才能。经济学家提供了另外一种解释：因为不存在政治反垄断法。

我提议，所有政治上的妥协——包括候选人、官员，以及对立党派人士的所有会面——必须服从约束美国私人公司商业行为的《克莱顿法》与《谢尔曼反托拉斯法》中的相应条款。我认为，正如商业反垄断法给消费者带来了好处一样，政治反垄断法一定能为选民带来相同的利益。一旦政界的价格战打响，华盛顿特区西北部的富庶景象将不复存在，政客会被迫相互竞争，从而为选民提供运作更加有效的政府。

你订婚了，于是拒绝了其他追求者，深深沉浸在未婚夫许诺的爱你到永远的誓言中。然而当你走向婚礼的祭坛，发现根本没人等在那儿时，至少法律将以毁约的名义保护你的权利。

你在总统大选中投下一票，相信候选人言之凿凿的许诺“绝不加税”，于是抛弃了其他候选人。当你属意的候选人获胜，却签下史上金额最为庞大的加税法案时，你又能向谁求助呢？

当然，你还没被逼到穷途末路。你发誓永不与你的前任未婚夫复合，却不会发誓下次绝不将选票投给同一位候选人。为什么许诺本身不必受到法律约束？为什么被骗的选民不能向背叛他们的候选人提起集体诉讼呢？

重视信用的候选人也许十分乐意提供法律保障，如同贷款买房的人愿意接受法律约束，确保他们会准时偿还贷款。如果法庭一开始就拒绝监督承诺履行，你很可能根本就借不到钱。

中央银行，比如美国联邦储备局如果能够履行承诺，表现一定会更出色。理论与证据表明，预期的通货膨胀局面一旦无法形成，将导致生产量下滑。如果中央银行真的可以履行抑制通货膨胀的政策承诺，一开始就可以避免过高的预期。

适用于中央银行与购房者的，同样适用于政客。候选人无法履行不加税的承诺，就无法获得任何选票；候选人重视不加税承诺的信用，就会获得宝贵的信任。

我已经过世的同事阿兰·斯特克曼（Alan Stockman）曾经提出，候选人应该做出具有法律效力的承诺。竞选游说中，候选人面对的问题各式各样，可能很难保证每一项承诺都真实可信，但我们可以将范围缩小到候选人白纸黑字写下的承诺。

你也许认为，未来尚不明朗，候选人就对政策做出具有法律效力的承诺不是好事。我的回应如下，任何时候，我们都不排斥再次权衡折中。言论自由、法官裁决的权力，甚至三权分立的政治体制都可能面临不确定的状况，但我们愿意接受那种可能性，以交换对某些自由的保障。政客必须许下真实可信的承诺才能使公众在辩论中明白，他们会为争取哪些关键承诺而牺牲一部分灵活性。

政客具有法律效力的承诺如同宪法临时修正案，仅在他的执政期内有效，且只对他本人有效。比如，总统承诺将对任何加税法案投下反对票，他的决定还是可能被推翻。这么一来，限制主要针对的是政策决策，远低于美国宪法的约束力，而后者仅约束公众普遍认可的权力。

还有一些细节问题需要讨论。如果这位总统经常在加税法案上出尔反尔怎么办？我们是否置他的再三否决于不顾，将新的加税法案都视为会遭到自动否决呢？还是允许他打破承诺，但随后对他提起集体诉讼或者启动弹劾程序呢？我们是否需要制定免责条款，官员犯什么错可以避免被追究责任或者被迫引咎辞职？

无论在哪个方面，我都支持前同事斯特克曼的建议。宪法第一条第十款保障了公民在强制执行合约中的个人权力，为什么政客要被剥夺这种最基本的自由呢——虽然身为政客，但他同样是美国公民。

以下噩梦不断在美国重演：犯罪嫌疑人在等待审判的保释期内犯下了更为恶劣的罪行。当初签署保释令的法官总是饱受媒体抨击，有时还反应在投票倾向中。谴责司法系统太过宽宏大量的政客不停呼吁应该收紧保释条件。

这其中存在两个问题。其一，我们是否认为公众安全与被告人的权利之间存在交易空间。承担他保释风险的同时，我们需要在多大程度上考虑犯罪嫌疑人的行为性格？通常而言，在我们所处的系统，交易的难度恰当地处于司法领域可权衡的范畴之内。

其二，一旦达成司法共识，法官就要对此负责并承担后果。我们可以成立肃贪机构，但法官掌握的被告人性格行为信息一定多过肃贪人员。因此，后者永远无法知道法官是否在他的能力范围内对信息进行了通盘考虑。

经济学原理告诉我们，如果我们无法监督决策者，至少可以努力创造诱因。方法之一，是让法官用个人信用为犯罪嫌疑人再度作案的风险进行担保。

个人信用至少提供了这部分的有效诱因：法官不可能同意保释他认为最危险的被告。不幸的是，他们很可能不愿保释任何被告。因此，我在这里提出一项诱因抵消措施，法官每签发一张保释令都可以获得相应的现金奖励。

不管是否乐意签发保释令，法官今后都将依据奖励机制做出判断。至于奖励幅度，将以司法优先级作为考虑基础，从而做出相应的调整。不论我们同意法官保释 1% 还是 99% 的被告，至少认同这 1% 和 99% 的被告并非出自随机挑选。我们希望法官将全部注意力放在做出决定的潜在成本上。许多法官无法对所有案子投入同样的精力，个人信用担保提供了集中精力的一种方式。

我并非希望法官执法更严格或者更宽松，只是想让大家了解和权衡交易的天性。这种方法的第二个优点在于它能够提高透明度。围绕该发放多少现金奖励的讨论，立法者将被迫清楚地表明他们在安全与自由两大根本问题上的立场。他们必须面对选民，为自己的清晰立场辩护，而不是将他们的观点隐藏在繁复及相互冲突的立法中，而选民可以自行决定是否接受。

你也许会反对，认为我们不应该要求立法者将复杂的问题转化成简单的数字。我的回答是，他们正是如此操作的。在目前执行的法律中，我们已经在严格与宽松的标准之间选择了一些特定节点，只是无法明确说明节点的位置。为什么要将问题的复杂性当作借口，在已经做出的选择面前摆出一副忸怩作态的样子呢？

我的提议将鼓励法官更加勤奋工作，并且迫使立法者更加清晰地表明态度。[①]我很乐意看到它真正投入运行的效果。

你下载了一张令人不快的照片，但完全合法。6个月后，一项新的法律禁止你在硬盘中存储类似照片。于是，一位爱管闲事的检察官打算对你提起诉讼。

宪法对此完全不以为然，你做某件事时有权知道它将导致的后果。因此，宪法第一条就确保了你对此类事后诉讼拥有绝对豁免权。任何法院都会立刻驳回检察官的控告。

你购买了一项资产，不断获得分红，并以25%的税率为红利缴税。6个月后，一项新的法律将征税比例提高到35%，一位过

① 在我的另一本书《性越多越安全》（*More Sex Is Safer Sex*）中，我提出了针对陪审员的类似诱因方案。

度热心的国税局人员打算向你收税。

你来到税务法庭，争辩你在做某件事时有权知道它将导致的后果，这是你的基本权利。你购买资产时有充分理由相信分红的税率为 25%，因此只用缴这么多税。法官认为你简直一派胡言，并立刻查封了你的资产。

我很想弄清楚其中的区别。有一种观点认为，你购买资产时已经知道税法有时会有调整；另一种观点认为，你下载照片时已经知道刑法有时会有调整。这么一来，我又不清楚区别在哪儿了。

相当微妙的一处差别在于，提高税率可以增加政府收入，而提起诉讼似乎对谁都没好处。新的法律将通过惩罚遏制人们继续下载此类照片，它的好处在于不会追究之前已经违法的人。

然而，事后诉讼的确可以遏制未来的犯罪行为，而且政府很可能对此乐见其成。立法反对那些网站的人，可能很希望在法律生效前就看到网站的访问量不断下跌。

我向一位法律教授提出了上述问题，请教他是否能清楚阐释事后诉讼免责与允许加税背后的哲学原理。他告诉我，我的问题提前预设了一种不真实性："你希望这种区别是基于法律原理的——但根本不存在类似法律原理。"他劝我早点放弃，法律上根本没有所谓的"一致性"（consistency）。

出于我对律师的一贯态度，我很快将他的说法抛到了一边。直觉告诉我，宪法中的不予追究一定有原因，但对税法应该给予弹性。不过，我建议还是回到直觉的源头进行严肃思考，并质疑它是否存在合理性。不管我们可能找到什么合理性，都可能会揭示出重要的政策内涵。如果我们一无所获，它所具有的政策内涵就有可能更为重大。

每当我在杂志上读到文章，提及司法机关代表受害者惩罚了罪犯，我的内心总是产生一丝怀疑，是否整个社会对宽容都存在一种偏见。受害者往往知道他们的损失不可挽回，而且考虑到自身利益，对亲自实施报复感到不适。如果他们知道司法惩罚不仅是单纯的报复——比如用链锁囚犯[①]的方式对待被囚者，并且没收他们的收入，受害者可能会感到加倍不适。

如果我的想法没错，法律就会变得更为宽松，从而导致犯罪行为增加，但我们可以依靠市场调节解决这个缺陷。

假设市场上允许存在铁面无私的“惩罚公司”，并且人们可以将自己的惩罚权卖给它们，惩罚公司与客户之间签署的合约不可撤销，因此对罪犯而言就不存在缓刑。

---

① 将囚犯用铁链锁住从事体力劳动的政策。——译者注

其中一个好处在于，惩罚公司会善用每个诱因，让罪犯最有效率地工作，而公司可以获得他们的产出。这与投资银行压榨员工没什么区别。

我不清楚构想的这种司法系统是否一定比现在的好，但从市场出发考虑问题的方法令我相信它一定有许多好处。我确信，如果要采取更加容易接受的做法为受害者伸张正义，就应该允许买卖惩罚的权利。

乔纳森·斯威夫特[①]在他的文章《一个中肯的提议》（*A Modest Proposal*）中写到我们可以吃掉婴儿时，他一定认为没有人会信以为真。尽管我的提议听起来与斯威夫特的一样标新立异，我却希望人们可以认真对待它们。激烈的竞争、强制执行的合约、适当的诱因、一以贯之的执行，以及市场的力量，往往能带给我们好处。我认为应该创造适当的时机试行这些做法。

经济学原理并没有任何迹象表明，现有政治制度是最理想的——还差得远呢。如果最优政策提议听起来十分古怪，可能只是因为我们从未在现实中目睹过所谓最优的政策提议。

以上种种建议都存在缺陷。对此，我深以为然。我们需要制

① 乔纳森·斯威夫特（Jonathan Swift），18 世纪英国著名文学家、讽刺作家。——译者注

定一些标准来判断它们的缺陷是否比现有政策的缺陷更为严重。我们必须从一开始就展开分析——而且一定能从分析中有所收获，即使这些提议最终将遭到抛弃。无论如何，除了大胆尝试，我们别无他法。

THE ARMCHAIR ECONOMIST

第四部分

市场如何运作

第 16 章　为什么电影院的爆米花要更贵，为什么显而易见的答案总会出错

这是一个反复困扰经济学家的问题，就连伟大的经济学家也为它辗转反侧，然而它也成就了前者辉煌的事业：为什么电影院的爆米花卖得特别贵？

实际上，我不太清楚电影院的爆米花究竟算不算贵。5 美元一袋，当然不便宜，但其中可能包含许多你看不见的成本。[①]不过，我们至今都没能找到令人信服的理由，为什么电影院的爆米花比糖果店的贵几倍。在糖果店，你只需花三分之一的价钱就能买到

① 我从前的学生杰夫·斯皮尔伯格（Jeff Spielberg）认为，5 美元中的 4.5 美元花在了散场后打扫影院的清洁工身上。

同样包装的爆米花。因此，我们的确有必要花费精力考察一番，电影院是否从中攫取了暴利，以及究竟原因何在。

或许你认为答案显而易见：因为你在电影院，所以爆米花卖得贵，一切都是老板说了算。如果镇上只有一家糖果店，而且只可以在那里买到爆米花，它的价格也会是5美元一袋。你在电影院时，影院小卖部就如镇上唯一的糖果店。不过，你在电影院时，许多事都是老板说了算。比如，洗手间也归他所有。为什么他没有向你索取巨额费用使用洗手间呢？从售票处到外厅，从外厅到观影大厅，直到门口，都由他说了算。为什么这些地方没有收费站呢？当你穿过门口，为什么没人向你收入座费呢？

答案很简单，经过售票处收10美元，坐下再收2美元，还不如直接在售票处收12美元。只要老板认为应该向你收费，他可能在一开始就会一口气收够。

入座费如此，爆米花亦如是。我去看电影时，买票付10美元，买爆米花付5美元。如果我买票付11美元，买爆米花付4美元，或者我买票付15美元，于是免费得到一袋爆米花，我都很乐意。

上述方案可以自由组合，不过当然存在某些限制条件。如果电影票卖6美元，爆米花卖9美元，我可能只买票，不吃爆米花。而老板会想方设法避免这种结果。由于他不清楚我的心理价位，最好的做法是按成本价卖爆米花，将自己的垄断权用在电影票价上。

更有意思的是，由于爆米花便宜，我可能会买两袋或者三袋，而不是一袋。如果我认为买爆米花的钱花得值，激发了支付意愿，说不定还愿意付更多钱买电影票。

因此，我给电影院老板的建议如下：如果爆米花的成本价为 50 美分，就卖 50 美分一袋。打个比方，我愿意花 1 美元买两袋，如果你认为我会心满意足地为两袋爆米花付 6 美元，不妨将多出的 6 美元加价到电影票上。在小卖部变着法子加价是错误的，它可能打消我多买一袋的冲动。如果我是你唯一的客人，那么这肯定是你最好的策略。如果你所有的客人都与我一样，它同样是最好的策略。但如果你的客人稍有差异，你也许要对策略稍加调整。如果有人不那么在意爆米花，你又想保住所有生意，或许应该只对电影票加价 5.75 美元，而不是 6 美元。无论如何，爆米花都应该便宜卖。

然而，如果客人大相径庭，那么你就有麻烦了。现在，愿意在电影票上“下血本”的观众可能会减少一半。让我们从头开始考虑这个问题，尽管未有定论，在爆米花上加价至少有可能是解决方法之一。

如果客人非常相似，爆米花卖这么贵没有道理。因此，任何针对爆米花定价高的正确解释都必须基于客人的多样性。或者换句话说，如果你的解释提到了垄断，但没有提及多样性，肯定不对。

那么，正确的解释是什么呢？说起来，这是个相当棘手的问题。让我们先用一些简单的价格谜题热身一下。

首先，为什么老年人会获得这么多折扣？令人惊讶的答案是，他们收入有限。实际上至少在美国，给出答案的人发现，平均而言，老年人在所有年龄组中的资本净值①最高。更好的答案是，老年人有许多时间去商店讨价还价。如果你不给他们个好价钱，他们有的是时间在城里到处闲逛，以找到更好的买卖。

费城一家连锁超市的广告写道："如果你在我们店里发现任何一件过期的奶制品，我们就免费送你一件同样的。"多年来，我的父亲一直"自作主张"，将在超市到处搜寻过期奶制品视为自己的全职工作。运气好的时候，他回家时可以带两盒新鲜酸奶与一大块奶酪。当然，他在退休后才有了这么多闲情逸致。你不太可能见到40多岁的人沉迷其中。一个愿意花3小时得到一盒新鲜酸奶的男人一定喜欢在购物时不停地比较价格。我的父亲能拿到折扣

---

① 资本净值（net worth）指资本减去负债的总额。——译者注

而 40 多岁的人却不可以，原因就在这里。

当然，有些 40 多岁的人比其他同龄人拥有更多空闲时间。因此，他们也应该是商场的目标受众。他们剪优惠券、寄退税表格，而你却不会将时间浪费在这些事情上。基于以上原因，不愁时间的客人往往能优先享受折扣——否则他们就将驾车在城里瞎转悠以找更好的买卖。

如果商场的目的只是吸引更多顾客，根本没必要印优惠券，只要降价就可以。相反，他们的目的是在吸引特定顾客的同时，需要其他顾客购买全价商品。如果每个人都剪优惠券，优惠券就失去了意义。如果剪优惠券的人没有共同点，优惠券也失去了意义。优惠券的价值正在于比尔·盖茨根本没时间捣鼓它，而我的父亲则有的是时间。

许多珠宝行愿意以旧换新，为什么？显而易见的答案是它们会出售折价品。但是，回答错误。实际上，它们会扔掉折价品，因为要从中挑出好货实在太费精力。相反，他们的目的在于为目标受众提供折扣。最倒霉的客人——那些弄丢手表的人——往往要付全价。

家具公司推出免费送货，谁是受益者？答案：那些时间足够灵活，能在家里等待送货卡车的客人。换句话说，这群时间灵活的客人可以去其他商店讨价还价。折扣（免费送货是折扣的一种形式）往往针对的是对价格最敏感的客人。

热爱术语的经济学家用差异化定价[①]来描述自古以来的针对性折扣与价格敏感人群。类似案例不胜枚举。戴尔电脑曾经发布了一款高光笔记本电脑，针对小型公司的售价为 2 307 美元，针对医疗保险公司的售价为 2 228 美元，针对联邦与地方政府的售价为 2 072 美元。美国国家科学院（National Academy of Sciences）针对小型学院图书馆的年费为 650 元，针对综合大学的年费为 6 600 美元。戴尔与美国国家科学院的做法十分清楚地表明了谁对价格更敏感。

顺带一提，学院与大学是全世界运用差异化定价最成功的地方。在有些学院，每位学生都会获得不同补助，换一种说法就是，每位学生都有"个性化定价"。麻省理工学院曾经向家长发送邮件，宣布学费与奖学金将同时上浮。我十分好奇，如果这封邮件写得足够直白，宣布将采用"升级"的差异化定价做法，家长的反应是否会与现在不同。

大学擅长此道，部分原因在于它们掌握了"客户"的许多个人信息。网络营销商亦如此。你在网上买机票，销售人员很可能掌握了许多你最近的浏览记录，包括你检索同一张机票的次数。

① 差异化定价（price discrimination），又称价格歧视，它实质上是一种价格差异，对不同消费者实行不同收费标准。——译者注

他们根据以上信息判断你的购买意愿，从而影响定价。如果你想看到不同价格，不妨清空你的浏览器缓存。[①]

汽车经销商是差异化定价中的高手。你去买车，销售人员很可能会问你如下问题："你的预算有多少？"（就个人而言，我的回答总是"零"。）而他真正想知道的是"你最多愿意付多少钱"。如果你的回答值得信赖，这就是你购买汽车的价格。过程中，他会通过询问你考虑的其他车型、职业、家庭结构来估算你的真实答案。之后，他就会尽力发挥自己的专长为你服务。

对销售人员而言，使用差异化定价既可能大获成功，也可能功亏一篑，其中要费不少心思。首先，他必须找到窍门，避免有能力支付全价的客户"骗"走折扣额度。有时，报纸上的折扣券、邮寄退款折扣，以及以旧换新计划能起到不少作用；但有时，销售人员还有更富创意的做法。

我拥有的第一台打印机是一台惠普激光打印机。20 世纪 90 年代买下它时，我花了 1 500 美元。当时，我有两个选择：激光打印机与 E 型激光打印机。激光打印机的打印速度更快（1 分钟可以打印 10 页，而不是 5 页）也更贵。除此之外，两者没有其他差别。

为什么打印速度快的打印机卖得贵？想当然的答案是，它的

① 为了回应不断涌入的检索信息，美国航空公司每天改变价格的次数高达 50 万次。

成本更高，但回答错误。激光打印机与E型激光打印机由同一条生产线生产。一模一样的产品组装完成后，惠普人为制造了一些差异，贴上写着“E型激光打印机”的标签，并往它的机身里塞进一块减慢打印速度的芯片。

乍一看，这种做法令人匪夷所思。这不是给自己的产品捣乱，削弱它对客户的吸引力吗？但惠普有自己的考量。它认为——而且十分合理——大体上，最需要打印机的客户（因此愿意付全价）往往最在意打印速度[①]。他们为打印速度快的打印机出高价，而这个价格可能会“吓跑”其他客户，但现在后者有了更便宜的选择。

对惠普而言，最优策略是“如果你愿意付1 500美元就付1 500美元，愿意付1 000美元就付1 000美元”。除非客户说真话，否则上述策略根本不可能实施。惠普能够提出的最接近说法是“如果你很在意打印速度，那么就付1 500美元，否则就付1 000美元”。只要在意打印速度的人大多愿意为此支付1 500美元，这个策略就成功了。

创造这种策略的鼻祖并非惠普。早在19世纪，法国铁路就有一等、二等和三等车厢。为了将二等车厢改装成三等车厢，他们直接卸掉了车顶。

---

① 这并非是必要逻辑。那些最需要打印机的客户也可能最不在意打印速度。这么一来，惠普的策略就完全失败了。

同样，精装版书籍总是比简装版卖得贵，并非因为生产成本上的巨大差异——实际上，生产成本在两者的差异上根本不值一提——而是出版人认为，大多数时候，愿意出高价买书的读者往往是最想长久保存书籍的人，或者说是最不愿花时间等简装版的人（国外一般先出精装版图书，一段时间后再出平装版）。最优策略是"愿意付钱的就付最多钱"，但最接近的做法是"如果你想要更精致的（或者更早获得）书本，就付更多钱吧"。

差异化定价想要取得成功必须花一些心思，在散发优惠券、推出以旧换新计划、给自己的产品"捣乱"等，令折扣可以诱惑那些不愿付全价的客户。但是，设计巧妙的心思只是成功的一半，下一步是防止折扣转让——如果老人去面包房买苹果派有优惠，老板就会担心你让自己的奶奶帮忙去买。更糟糕的是，你的奶奶可以用 8 美元价格买走全部正价为 10 美元的苹果派，然后在隔壁开一间面包房，以 9 美元出售她刚买来的苹果派。

相反，理发师就不存在类似困扰。如果老年人可以在发型屋享受优惠，理发师绝不会担心你让自己的奶奶来代替自己理发。发型屋的差异化定价现象比面包房更为严重，就是出于这个原因。同样，自己去电影院看电影，比让奶奶去电影院看电影再告诉你情节有趣多了。所以，电影院存在差异化定价现象。

20 世纪 40 年代，美国罗门哈斯化学品公司（Rohm and Haas）

研发了一种名为甲基丙烯酸甲醇（methyl methacrylate，常见说法是树脂玻璃）的物质，卖给牙医（用来补牙）的定价为每磅 22 美元，卖给工业用户的定价为每磅 85 美分。因为工业用户还有许多其他替代选择。毫不奇怪，长久以来，工业用户不断买进这款产品，再转售给牙医。为了解决这个问题，罗门哈斯公司有些半开玩笑地考虑要往工业批次的甲基丙烯酸甲醇中加入少许砷，这么一来，牙医就无法使用它了。（一份内部备忘录称这是“遏制违规使用产品的上佳方法”。）然而，考虑到公司所要承担的责任，这种做法从未真正实施。相反，罗门哈斯公司的人却做了这么一件聪明事：他们积极煽动工业批次的产品中添加了砷的谣言。

因此，如果你想利用差异化定价策略，不仅需要对目标受众花一番心思，还需要找到防止转售的方法。此外，你还需要一个条件：一定程度的垄断能力。如果没有它，你的竞争对手将抢走所有愿意付高价的客人，只留给你打折的买卖。

比如，以种小麦为生的农夫完全没有垄断能力，因此你从未听说过他们给老年人折扣。假设名叫琼斯的农夫挂出一块告示牌，上面写道：

> 小麦
>
> 普通价：4 美元；老人价：3 美元

不出几分钟，隔壁名叫布朗的农夫就会挂出一块告示牌，上面写道：

小麦：3.75 美元

我才不管你多大年纪

通过上述方法，布朗抢走了琼斯的客户中所有愿意出高价的人。归根结底，我们知道琼斯生产 1 蒲式耳小麦的成本价低于 3 美元，否则他不可能以这个价格将小麦卖给任何人——即使是老人。这意味着他可以从 4 美元 1 蒲式耳的小麦交易中赚到很多利润。一旦我们知道存在利润空间，就一定会有竞争。

当然，故事还没有完。现在，琼斯将卖给普通人的小麦价格降低到 3.5 美元，他与布朗之间会不断竞争，直到价格完全趋于相同。

除非布朗无法抢走他的顾客，否则琼斯的差异化定价就不可能成功。换一种说法，除非琼斯具有某种垄断能力，否则他的策略就不可能成功——而在上述案例中，他显然没有。

干洗店也是如此。我家附近步行距离内有 6 家差不多的干洗店。然而，它们却尝试进行差异化定价。它们的广告写道：

干洗

女性衬衫干洗加熨烫——5 美元

男性衬衫干洗加熨烫——3 美元

多年来，这快把我逼疯了。就我所知关于经济学的一切——包括我教给学生的一切——都告诉我，竞争者之间无法施行差异化定价。然而，我每天经过这 6 家大同小异的干洗店，它们似乎都在告诉我我错了。作为一名专业的经济学家，这令我每次领工资时都觉得无比羞愧。

如果不是因为存在垄断因素，差异化定价根本没有意义。你不仅需要认为男性比女性对价格更敏感（也许因为男性不太在意他们的衣物是否干净），同时还要承认男性没有能力，或者根本不愿费心思将太太的粉色花衬衫从他们的衣物中分拣出来。我很愿意相信以上说法。

然而，垄断在哪里呢？如果每一家干洗店洗男性衬衫收 3 美元，洗女性衬衫收 5 美元，为什么没有一家干洗店站出来说，不分男女每件都收 4.5 美元，从而抢走所有女性客户，再不紧不慢地清洗呢？

我们可以从品牌忠诚度中寻找到解释。如果客人不情愿更换干洗店，那么每家洗衣店都成了小型垄断生意，未必需要完全消除价格上的差异。但我认为这有些难以置信，也许因为我将自己的喜好过分强加到了他人身上，每次我嗅到能省一美元的机会，就会毫不犹豫地更换洗衣店。

另一种说法或许是这样的，不管它看起来如何，其实这根本不是差异化定价。也许男性能获得优惠价格不是因为他们对价格敏感，而是因为打理男性衣物不用太费心思。

乍一听，这十分有理，直到你开始思考男性比较好打发的原因是什么。的确，男性衬衫通常使用棉质面料，女性衬衫通常使用丝质面料。但如果原因在此，橱窗上的广告应该写“棉质面料 3 美元；丝质面料 5 美元”，而不是“男性 3 美元；女性 5 美元”。

一连好几周，我与我的同事们一直在罗彻斯特大学山坡餐厅的午餐桌上反复推敲这个难题。这是差异化定价吗？这不是吗？由于我们反复提起这个话题，连餐厅经理邦妮·布诺莫（Bonnie Buonomo）都听不下去了。她做出了出人意料的举动：直接给几家干洗店打了电话。他们给了她三种答案：

> 干洗店 1 号称：清洗女性衬衫成本更高，因为它们吸收了香水。而其他几家干洗店完全不同意。
>
> 干洗店 2 号称：这是他们的经营策略，如果邦妮不喜欢，她大可以将衣物拿到其他地方清洗。

干洗店3号、4号、5号均称：男性衣物更容易打理的原因不在清洁环节，而是在熨烫环节。首先，男性衬衫的式样大同小异，因此机器就可以完成熨烫；而女性衬衫往往需要人工处理。其次，男性衬衫通常穿在西服里，如果有一条细微的褶皱没能烫平也没什么大不了；而女性衬衫往往外穿，所以需要格外谨小慎微的打理。

我不知道获得以上答案是否就可以为讨论画下句号，但它们已经足够令我在下次领工资时不再心怀愧疚（尽管我的太太指出——虽然她完全没有强迫我的意思，我应该将下个月的工资交给打了电话的邦妮）。

还有不少更加棘手的价格谜题。加拿大与美国边境附近的餐厅有时会以高于市场汇率的价格接受美元。美国人真的可以从这种差异化定价中获益吗？这么一来，为什么愿意花大把时间去加拿大用餐的美国人比自己在家做饭的加拿大人对价格更敏感？美国人用餐时间少于加拿大人吗？还是因为美国人不讲究服务呢？

在许多城市，如果前往相同目的地，两人一起搭出租车比分头打车付的钱少。这是差异化定价吗？为什么结伴出行的客人可以享受优惠呢？因为他们可能会经过一番商量干脆改搭地铁吗？

有些案例相对容易解释。在自助沙拉吧，如果你点了餐前小菜，就可以少付一些沙拉钱。这是差异化定价吗？更有可能的原因是，店家认为如果你已经点了餐前小菜，所以不会太频繁去取沙拉；在冰激凌店，你买两只冰激凌球往往比单独买一只冰激凌球便宜。这是差异化定价吗？更有可能的原因是，准备冰激凌球、打开冰柜、收钱，都花费了宝贵的时间。如果你买两只冰激凌球，店员就不用重复一次。

那么，超市的折扣券呢？常见的说法是，用优惠券的客人可以享受优惠因为他们有许多时间，可以货比三家。我在撰写教科书时写到了该案例，有一位审稿人提出了一种十分有趣的观点：用优惠券的客人有许多时间，他们常常在别人工作的时间去超市购物，而那时收银员通常不怎么忙碌，不需要在服务他们时投入额外精力——不同于差异化定价的说法——这才是他们获得优惠价格的真正原因。

毫无疑问，我为他的质疑精神拍手叫好，但还是无法打消心中的疑云。如果超市想回馈非繁忙时段购物的客人，可以简单地宣布，只要在那时购物就可以获得 10% 折扣——根本没必要散发优惠券。另一方面，我怀疑日间折扣时段会成为一桩疲于应付的难事。如果客人抱怨在肉类柜台获得了慢吞吞的服务，本可以在 2 点 59 分结账而不是 3 点，你该怎么处理呢？

亚马逊公司应该降价销售 Kindle 来增加客户对电子书的需求吗，还是应该降价销售电子书来增加客户购买 Kindle 的需求？吉列公司应该降价销售剃须刀来增加客户对刀片的需求吗，还是应该降价销售刀片来增加客户对剃须刀的需求？迪士尼乐园应该降价销售门票来吸引客人入园，从而提高每个项目的票价吗，还是应该降价销售每个项目的票价，从而提高门票价格？

如果所有消费者都一样，解决方式就很简单。按成本卖电子书、刀片或者每个项目的门票，这样人们一定会买很多。这可以改善消费者的购买体验，增强他们的支付意愿，商家应该对此加以利用。

如果消费者大同小异，解决方式也差不多；但如果消费者大相径庭，它就完全不奏效了。迪士尼降价销售每个项目的票价，所以爱丽丝愿意支付 100 美元门票；但这 100 美元门票很可能“吓跑”了鲍勃、查理和多丽丝。为了做他们的生意，迪士尼将门票定价为 25 美元。现在，我们该想办法怎样让爱丽丝买到每个项目的便宜门票。

如果消费者大相径庭，很难在门票上设置门槛，因为吸引一部分人的门票价格，同时会“吓跑”另外一部分人。但没关系，消费者天差地别，你应该考虑的是其他问题。换句话说：差异化定价的最佳方式是什么？

答案毫无疑问，为鲍勃、查理与多丽丝这些对价格敏感的消费者提供优惠，同时让爱丽丝为她的“迪士尼狂热”支付高价。达到以上目的的方式之一是提高单个项目的票价，让所有人免费入园（或者将门票价格定得极低）。这么一来，鲍勃、查理与多丽丝就能够负担几张单个项目的票价，不怎么需要在公园花大价钱，尽兴后就乖乖回家；而爱丽丝呢，由于她每个项目都必须玩到，就会一路花钱。① 总体而言，迪士尼的策略可以是：如果消费者大同小异，降低每个单项的票价；如果消费者大相径庭，反其道而行之。

对吉列公司而言，也是同样的道理：如果客户大同小异，降低刀片的定价，提高剃须刀的定价。这么一来，客户就会更勤于剃须，而你可以将他们的支付意愿最大化。如果客户大相径庭，提高刀片的定价，降低剃须刀的定价。这么一来，你十分有效地在勤于剃须的客户那里赚到了钱，又给了那些不怎么剃须的客人

---

① 其实，这种假设基于大部分消费者要不就像爱丽丝——会玩很多单项，而且乐意支付高昂的票价，要不就像带着到此一游心态的鲍勃——只会玩几个单项，如果票价不合理，根本不会光顾迪士尼乐园。理论上，其实存在一些消费者，他们只买了几张单项游戏的门票（像鲍勃），但具有相当强烈的支付意愿（像爱丽丝）；或者有些消费者只要进了乐园就会买许多单项的门票（像爱丽丝），但不愿支付昂贵的入园门票（像鲍勃）。如果出现这些情况，分析就会变得十分复杂。迪士尼的历史上出现过多次重大的价格调整，也许正出于这个原因。

优惠——否则他们可能会寻找更便宜的产品。[①]

那么现在问题又回来了，为什么电影院的爆米花卖得特别贵？

正如吉列公司与迪士尼乐园的故事，关键点一定在消费者多样性上。然而，去看电影的人，与剃须的人或者去乐园的人相比，存在更多差异：吉列的顾客的主要区别在于他们怎么对待剃须这件事；迪士尼的顾客的主要区别在于他们怎么看待惊险刺激的游戏。但去看电影的人的区别不仅在于他们怎么看待电影，还在于他们怎么看待爆米花。

尽管如此，有一点没有变：如果消费者同质化（或者大同小异），最好的策略一定是按成本价卖爆米花，人们才会愿意买很多——再将爆米花的成本转嫁到电影票上。

如果客户大相径庭，问题就十分棘手了。但是，老板依旧想使用差异化定价的策略。理想情况下，这种策略可能类似“如果你喜欢去电影院而且愿意付钱，就向你收15美元；如果去不去电

---

① 提高刀片价格使吉列从勤于剃须的客户那里赚到了足够的钱，因此造成了差异化定价。正如其他的差异化定价策略，它只有在拥有某种垄断力的情况下才能得以存在。在以上案例中，垄断力部分来自客户对吉列的品牌忠诚度，部分来自吉列拥有的技术专利。

影院对你无所谓，就向你收 9 美元”。老板将这种策略转化为“如果买爆米花，15 美元；如果不买爆米花，9 美元”，或者换一种说法，“电影票：9 美元；一袋爆米花：6 美元”。

原本的目标是为了吸引喜欢看电影的人，实质上吸引的却是愿意买爆米花的人。如果（且仅在此种情况下）喜欢看电影的人恰好爱吃爆米花，这种策略才会奏效。

如果这个世界上喜欢看电影的人恰好最讨厌吃爆米花，那么策略就会功亏一篑。在那样的世界，老板应该寻找方法向讨厌爆米花的人收更多钱，类似“爆米花免费”“如果买 3 袋，电影票便宜 5 美元”，只有这样，讨厌爆米花但喜欢看电影的人才会愿意付全价。

为什么爆米花如此定价呢？经济学理论告诉我们，在喜欢爆米花又喜欢看电影的人较多的地方或时期，应该提高爆米花的定价；在两种喜好不一致的地方或时期，应该降低爆米花的定价。相反，现实却是无论在哪里，无论什么时候，爆米花总是卖得这么贵。显然，我们生活在一个喜欢爆米花的人恰好喜欢看电影（至少大体上如此）的世界——换句话说，只有在这样的世界，提高爆米花定价才说得通。而且，这也许就是故事的全部。然而我十分抗拒类似“恰好”的表达。我倾向于寻找更为有力的证据，但作为经济学家，我们一向心知肚明，你并非总能如愿以偿。

第 17 章　求爱与串通：约会博弈

公元前10世纪，示巴女王[①]垄断了香料、没药[②]与乳香运往地中海的航道。以色列所罗门王威胁将冲击她的市场。据史料记载，“女王一行浩浩荡荡前往耶路撒冷，骆驼满载上乘的香料、黄金与珍贵的宝石”，打算与所罗门王展开一场谈判。28个世纪后，被誉为现代经济学之父的亚当·斯密认为：“从事相同交易的人们很少来往，甚至不会在一起打发消遣时光。因为他们一旦凑到一起肯定是背着公众搞些勾当，或者想方设法一同抬高价格。”——示巴女王的故事中，她与所罗门王合计的正是维持高价。

---

① 示巴古国位于阿拉伯西南，即当今的也门地区。——译者注

② 没药指热带树脂，可以作为香料和药材。——译者注

串通合谋的做法古来有之，稀松平常，如同性爱。实力强劲的双方相互勾结，根本不是令人意外的事。

在性爱与婚姻市场中，男性为博红颜一笑而相互竞争，如同女性为了男性的垂怜而你争我斗。[①]然而，男性角逐的方式与女性大相径庭，因为男性更倾向于追求数位伴侣。这种行为的根源部分与生物性有关，部分与社会状况有关（如果你每天都在制造精子，最佳策略就是到处“播种”；同样，如果你每年只有一次孕育生命的能力，最佳策略自然是将注意力放在一位特定伴侣身上）。不过，并非所有人都适用这种模式——无论男性或女性，但它至少符合部分现实：女性总是寻求一位特定男性满足她的所有需求，而男性总是寻求各式女性满足他的同一种需求。

在允许一夫多妻制的国家，通常状况总是男性娶了数位妻子，而非一位女性同时嫁给数位男性。被睾丸素弄昏了头的男性也许会想象，生活在那样的国家简直太美妙了，但如果梦想成真，迎面袭来的可能更多的是失望。如果一位男性迎娶 4 位太太，就意味着另外 3 位男性打了光棍。你可以改写婚姻法，但不可能废除算法的规则。

在现代美国主流社会，如果允许男性娶 4 位妻子，追求女性

---

① 并非所有性爱中的竞争都是如此，我将讨论对象限定在异性恋伴侣。异性恋的基数最为庞大，最值得引起关注。

的竞争一定会更加激烈。即使有男性胜出，也将为此付出昂贵的代价，而女性则会变得更加幸运：她们将有更多追求者，每位追求者为了脱颖而出都会努力表现得更加细心与恭顺。约会时，很可能成了女性挑选餐厅，而男性只有买单的份。已婚男性由于担心妻子出轨也将承担起更多家务。①

如果一夫多妻制合法，也许绝大多数甚至全体女性还会坚持一夫一妻制的婚姻，于是男男女女出双入对，看起来与现在没什么差别。但即使如此，世界也已经天翻地覆。现在，我的妻子与我争论今天该谁洗碗时，我们差不多是平等的。如果一夫多妻制合法，我的妻子可以暗示她正考虑转嫁给隔壁老王——于是我就只能闭嘴，最后落得一双长满老茧的家务手。婚姻中大大小小的争论，女性都将获得更多话语权：生几个孩子、住在哪个城市、谁做晚餐，以及每晚坐在电视机前谁可以控制遥控器。②

一夫多妻制国家中的男性如同对付顽固竞争者的香料商人。商人的解决方式是划分势力范围；很久以前，男性就采取过类似策略。受到习俗与法律的约束，男性串通后一致决定只将注意力

---

① 在传统的一夫多妻社会与宗教团体中，状况并非如此。女性在婚姻选择上没有话语权，因此也无法获得竞争带来的好处。

② 不论性别，相同状况也会出现在非一夫多妻的家庭。单身女性数量的增加似乎看起来与忠诚的已婚男性无关。但实际上，已婚男性可以离婚再娶，于是在无形中增加了他们在家庭中的权威。单身女性数量增加，所有男性都会利益均沾。

放在一位女性身上。尽管如此，偷腥的事接二连三，但从经济学原理的角度看，这一点儿也不令人意外。

实际上，反对一夫多妻制的法律是用来解释卡特尔现象[①]的经典案例。原本存在竞争关系的数家公司凑到一起，串通针对公众。说得明白一些，是串通针对消费者。它们一致决定为了维持产品高价，每家公司都必须限制产量，但高价诱发了作弊，于是每家公司都暗暗提高产量。卡特尔现象是违法行为，会受到法律制裁，但即便如此，违法行为依旧不胜枚举。

每本经济学课本都会反复提及这个故事，它十分合理地解释了婚恋市场上男性所扮演的角色。起初，男性之间的竞争非常激烈，于是他们凑到一起串通对抗他们的“客户”——将与他们走向婚姻殿堂的女性。大家一致决定收敛拈花惹草的天性，从而提高男性整体竞争力，但竞争力提高诱发了作弊，于是男性都暗暗四处献殷勤。婚姻中的出轨行为会受到法律制裁，但即便如此，偷腥行为依旧屡见不鲜。[②]

过去 3 000 年来，卡特尔几乎没有发生太大改变，但在形式

---

① 卡特尔（cartels）指由一系列生产类似产品的独立企业构成，目的是为了提高该类产品的价格与控制其产量。——译者注

② 如同第 8 章提及的极乐鸟，它们无法就剪掉尾羽达成一致。

上却更为狡猾。当人们发现“统一助学金联盟”[①]串通在维持学费不变的情况下减少提供奖学金时，它们的辩护十分具有创意：联盟声称它们的目标是为了避免资优生在挑选学校时过分倚重奖学金因素。如果大型汽车公司串通抬高价格，可能不会想到使用这种方法为自己辩护——它们的目标是为了避免优质客户在挑选汽车时过分倚重价格因素——真是相当“崇高”的理由！

然而，正如“统一助学金联盟”道貌岸然地坚称它们完全是出于好意，男性也没有就反对一夫多妻制的法律提出异议，声称它在某种程度上保护了女性。然而，禁止男性与超过一名女性结婚的法律，在原理上与禁止一家公司雇用超过一位员工的法律没有差别。试想如果执行相关法律，公司声称这是保护员工，谁会相信他们呢？

理论告诉我们，只要存在制裁机制，竞争市场中的任何一方都会尝试串通。比如，婚姻市场中的竞争者并非只限男性。男性会串通对付女性，女性也会串通对付男性。几家公司研发出一种

① 20 世纪 50 年代起，有些体育资优生同时被几所学校录取。大学间为了争夺他们不得不提供丰厚的奖学金，于是增加了学校的支出。为此，常春藤联盟与麻省理工学院决定组成“统一助学金联盟”（Overlap Group），每年春天召开为期两天的联席会议，讨论如何避免学校之间争夺明星学生。——译者注

创新技术，但改善产品的成本很高，出于利润上的考虑，它们可能会串通一气推迟将这项技术推向市场。卡特尔如果想要生存，必须通过禁止创新的法律，于是它们才会下重金为相关法律游说。

现代科技为女性提供了各种代价高昂但可以吸引男性的创新尝试，其中之一是硅胶丰胸。[①] 女性所承担的代价不仅是花费大把金钱，还有各种健康风险。

如果可以防止这种产品推向市场，对所有女性都有好处。这与大型汽车公司研发一种可以提升客户体验的新技术，但一致决定不将它推向市场的做法相同。通常而言，每家汽车公司都会暗自盘算，谁将成为第一家破坏约定的公司。但是，如果它们可以通过游说禁止相关创新法律，这几家公司的老板晚上都会睡得安稳些。

同样，女性不可能一致同意禁止接受整形手术。除了几乎不可能让 1 亿女性逐一签署同意书外，还很难避免作弊。最好的方式就是禁止出售此类产品。

1992 年，使用硅胶丰胸在美国是非法行为。这项法律能够得以通过主要依靠女权组织施加的政治压力。禁令一直延续至 2006

① 我相信，并非所有男性都认为丰胸很有魅力。但是，作为读者的你可能也清楚，也有许多男性认为胸部丰满的女性很有魅力。

年。[①]乍一看，政治游说一方面认为女性应该享有堕胎权利，另一方面却禁止她们改变乳房大小，实在有些令人费解。如果女性足够理性，能够运用大脑权衡中止妊娠带来的健康风险（暂且不论其他问题），我们应该有理由相信她们可以对丰胸带来的健康风险做出理性评估。

卡特尔原理认为，女性的做法没错，反而是我的观点存在问题。为禁止创新立法将造福生产者。福特汽车公司完全可以自行决定是否采纳全新的技术，但依旧可能希望该技术被禁——这并非出于保护技术本身，而是为了避免竞争。如果福特汽车拥有的创新技术独一无二，它可以松一口气；但考虑到现实，竞争无处不在，它可能还是更希望维持现状。

对女性而言，同样如此。任何想接受丰胸手术并且确信她将是全美唯一接受此种手术的女性，她可以松一口气；但考虑到现实——如果丰胸合法化，她的竞争者也将享受到同样的技术——她可能还是更希望法庭颁布禁令。

新技术应该获得合法化的最佳论据不是它将惠及生产者，而

① 甲羟孕酮避孕针（Depo-Provera）能够在三个月内达到有效避孕的效果，但伴有显著的副作用。2004 年，经过同样女权组织的努力，该避孕针被禁止使用。这种避孕方式深得男性青睐，在这种情况下，甲羟孕酮避孕针与丰胸手术反映的是同一个问题。

是它将惠及消费者。类似地，硅胶丰胸合法化的最佳论据不是它确保了女性自由，而是它能够满足男性。追求经济学上正确性的讨论往往最接近政治正确性。

对丰胸合法化仔细地进行成本收益分析，可能会得出它是好事的结论。因为手术给男性带来的好处超过了女性将为此承受的风险[①]——尽管你如果严肃对待成本收益分析，还需要考虑其他因素。比如，有些女性丰胸并非为了取悦男性，以及路人看到女人丰满的胸部也可能会觉得赏心悦目（可能连女性都没有意识到）。这些都可以为合法化加分。作为弊端，男性在意的可能不是胸部的实际尺寸，而是相对尺寸。换言之，只要他们伴侣的胸部是整个房间的女人中最大的，男性并不介意它的实际尺寸。这么一来，丰胸手术就与浪费社会资源的军备竞赛没什么差别（也类似拥有华丽尾羽的极乐鸟），因此应该对丰胸征税或者彻底禁止类似行为。

类固醇也是同样：女性欣赏肌肉发达的伴侣或者体育迷期待看到全垒打，以及男性为了取悦自己或者路人看到肌肉发达的男性会觉得赏心悦目，这些都可以为类固醇合法化加分。作为弊端，如果女性只是沉迷伴侣肌肉发达，或者体育迷只是为了他们的偶

① 我这么说并非完全取决于成本收益分析，而是有些女性为了吸引男性注意力愿意承担丰胸的风险。

像比其他运动员多打出几个全垒打，最好中止这类“军备竞赛”。然而，我们依旧无法杜绝作弊——正如体育迷所知，真相总有暴露的一天。

芝加哥地区的屠夫想与家人共度夜晚的时光，于是他们说服市议会立法禁止肉铺在晚上 6 点以后营业（这项法律目前已被废止）。屠夫想提早结束营业的理由很可能会引发作弊——因为成为夜晚全市唯一营业肉铺的诱惑实在太大。

缺乏经验者也许认为，法律禁止屠夫自由选择营业时间不可能给屠夫带来好处——正如他们可能认为，法律禁止男性娶多位妻子不可能给他们带来好处，或者法律禁止女性接受整形手术不可能给她们带来好处，但相关措施必须落到实处——即使它能够实现互惠互利。

一个世纪前的中国，运货的驳船由 6 位船夫共同划桨，如果他们准时到达目的地就可以获得许多奖励。每位船夫都在算计，获得奖励主要依赖其他 5 个人的努力，于是所有人总被习惯性地推诿责任困扰。如果其他人都努力划桨，所有人就能一起准时到达目的地，那我为什么要格外拼命呢？如果其他人都不努力，无论如何大家都不会准时到达目的地，那我为什么要格外拼命呢？出于理性，每个人都得出了相同的结论，于是都选择了逃避责任。

货物从来无法准时到达目的地，因此从没有人获得奖励。

船夫们很快想到了一种方法来避免这种悲剧性结果：6 个人一起雇了第 7 位船夫来监督他们划桨。

让政府扮演起强制措施执行者的角色就如同雇用第 7 位船夫。（然而，船夫与屠夫之间存在一个显著差别：船夫协力努力划桨，他们的举动不会伤害到任何人；但屠夫串通缩短营业时间，受害的是普通市民。）

约会博弈未必不可以双赢。即便如此，还是会出现如何瓜分战利品的冲突。如此危机四伏的情况下，各方忽而合纵连横，忽而背信弃义，还不时要求政府参与其中，也就不令人意外了。通过博弈，人们总能找到策略性的应对方式，而且不管使用哪种策略，总有人会认为它是公平的。

第 18 章　赢者诅咒与闷闷不乐的失败者：为什么生活总充满失望

经济学原理告诉我们，你可能并未如预期般喜欢这本书。这是一个更一般命题的具体案例：生活中的大部分事情并未如预期般发生。尽管心理学家、诗人与哲学家经常谈及这种现象，却很少有人意识到这是全盘考虑与理性决定的必然结果。

挑选一本书的过程充满风险与不确定性。幸运的是，过往的阅读经验将为你提供宝贵的建议，从而对每本书的质量做出相应的预期。有时，你的预期大错特错，但通常而言，它还是远胜过盲目猜测。

有些书比你预期的好，有些恰恰相反，但这不同于你总在同一个问题上犯错。如果你总是低估或者高估书的质量，就会慢慢察觉自己的偏见，继而对它进行修正。因此，我们有理由相信，你预期过高与过低的次数大致相当。

这意味着，如果你随机从书架上挑选了这本书，它很可能会超出你的预期，也可能会低于你的预期。然而，你并不是这么做的。作为一名理性的读者，选择它是因为这是为数不多你认为优秀的书籍。不幸的是，它因此成了为数不多可能令你高估质量的书籍。这种情况下，阅读就会带来失望。

这种失望背后的逻辑存在于我们生活的方方面面。只要我们面临选择，它就会伺机而出。即使你做判断时通常不带偏见，做出参加某活动的决定时往往还是过于乐观。你对潜在结婚对象的评估可能处于平均水平，但如果你认定自己的配偶是最完美的伴侣时，往往最容易忽略他 / 她的缺点。

如果你在拍卖会上买东西，情况就会变得更糟。假设你是出价最高的竞拍者，你可以确定：你是整间屋子中认为这件拍品最值钱的人。单凭这句话，它意味着你很可能高估了拍品的真正价值。天生忧心忡忡的经济学家将此称为“赢者诅咒”（winner’s curse）。

假设你是一位见多识广的地产开发商，提交了一份土地买卖的密封标书。出于职业判断，你知道如果能以 5 万美元拿下此地，可以获得丰厚的利润。于是在这种情况下，你可能会认为 5 万美元是令人满意的成交价，但如果你真的以这个价钱拿下土地，就会明白竞标的其他同行不如你看好这块地。除非你确信掌握了别人不知道的信息，否则你很可能会开始怀疑 5 万美元究竟值不值得。

你参与竞拍一块土地并要为它出价时，正确的提问方式不是“基于我所掌握的信息，我乐意支付 5 万美元吗？”而是“基于我所掌握的信息以及假设其他开发商都不愿出 5 万美元，我还是乐意支付 5 万美元吗？”。这两种提问方式截然不同。经常出席拍卖会的买家一定知道其中的区别，并且会据此调整自己的竞拍价。

然而，有些情况下，赢者诅咒根本不值一提。有些竞拍者很清楚为了某件拍品自己愿意出多少价，不管其他人怎么想或者掌握什么信息。如果你现在参与竞拍的是一座古董铜枝大烛台，你仔细地观察过它，知道它将来的用途，而且根本不在意别人是否懂得欣赏，而且坚信绝不可能转卖它，那么不管其他竞拍者怎么想，以 1 000 美元拍下这座烛台对你来说都是个好买卖。以上案例中，不存在赢者诅咒。你还是可能会对它失望——烛台摆放到壁炉架上后不如你想象的般配——但这种程度的失望还称不上真正的赢者诅咒。毕竟，摆放在壁炉架上的烛台也可能比你想象的更般配，你赢下拍品的事实不会抵消这种可能性。

是否会出现赢者诅咒对买家而言十分重要，必须将它纳入自己的拍卖策略。对卖家而言，他们在乎的是买家的行为，因此赢者诅咒不会对他们造成直接影响。但是，卖家的角色并不局限于期待买家喊出更高价格。拍卖中，卖家同样是个战略性角色，他们只消完成一个至关紧要的动作：设定拍卖规则。

拍卖方式不一而足，最广为人知的是英式拍卖，竞拍者逐次抬高价格，出价最高者胜出；还有荷兰式拍卖（Dutch auction），拍卖官报出高价，竞拍者逐次压低价格，直到以适当价格成交；[①]还有第一价格密封式拍卖（first-price sealed-bid auction），每位竞拍者将自己的报价密封在信封内，拍卖时同时打开所有信封，拍品以出价最高者所报的竞拍价成交；还有第二价格密封式拍卖（second-price sealed-bid auction），报价最高者获得拍品，但支付报价第二高者所报价格；还有第三、第四、第五价格密封式拍卖。还有一些形式罕见的拍卖。在失败者拍卖（Glum Losers auction）中，出价最高者免费获得拍品，其他竞拍者将悉数支付自己的报价。

卖家可以从中选择一种拍卖方式，或者以自己喜欢的方式设定拍卖规则。理想状况下，他的目标是尽可能令成交价最大化，

① 这才是荷兰式拍卖的传统定义。亿贝（eBay）与其他拍卖网站混淆了它的定义。它们使用“荷兰式拍卖”的说法时，指的完全是不相干的事。

但在实践中，他往往缺乏达成目标的相应信息。如果两位竞拍者都愿意不停加价，英式拍卖将迫使他们相互竞争，从而尽可能推高成交价；如果只有一位竞拍者愿意加价，英式拍卖对卖家而言就成了灾难：其他竞拍者早早退出，本来愿意出高价的竞拍者以令人难以置信的低价拿下拍品。拍卖前，竞拍者不可能透露自己的拍卖策略，因此卖家永远不可能知道究竟英式拍卖好，还是荷兰式拍卖好。

即使要在第一价格密封式拍卖与第二价格密封式拍卖间做出选择，对卖家而言都不是容易的事。一方面，在第一价格密封式拍卖中，他获得的是最高报价，而在第二价格密封式拍卖中，他获得的是第二高的报价。但另一方面，在第二价格密封式拍卖中，竞拍者的报价通常较高，在第三价格密封式拍卖中，他们的报价甚至更高。哪一种方式对卖家最有利呢？我们又回到了原来的问题，这取决于竞拍者以及他们的竞拍策略。

由于缺乏信息，卖家不可能在每一场拍卖中都十分自信地选择拍卖形式，从而令拍品价格最大化。但是，他可以利用经验选择拍卖形式，尽量提高平均成交价。有些拍卖中，英式规则的成交价最高，有些拍卖中，荷兰式规则的成交价最高。哪种规则能够尽量提高平均成交价呢？

现在，到了经济学原理出场的时刻。它揭示了一个相当令人吃惊的真相：基于合理假设（我很快将在后文提及）以及数学计算得出的事实，以上所有拍卖规则经过诸多实践后显示，卖家从中获得的收益大同小异。如果我定期用英式拍卖出售拍品，你用荷兰式拍卖出售拍品，你的兄弟用第一价格密封式拍卖出售拍品，你的姐妹用第二价格密封式拍卖出售拍品，甚至你成了疯狂的福斯特叔叔①，在失败者拍卖中出售拍品，只要我们的拍品质量相当，假以时日，大家的收益肯定大同小异。

这个结果也同样适用于其他规则的拍卖——实际上，如果拍卖不设门槛，它适用于你可以想象到的任何规则。

我没有解释结论获得的方法——无论卖家使用什么规则，大体上收益均等，因为论证过程完全是技术性的，我还不知该怎么用简单的语言将它“翻译”出来（也许这表明我对它的理解还不够深入）。但是，它的正确性毋庸置疑。

理论家认为，这样的结果带来了巨大的喜悦。它出人意料、足够简洁、极有说服力，不需要矫情的辞藻与限制条件，也不需要列举冗长而拙劣的分类方法（“以下 7 种情况中，英式拍卖为最

---

① 福斯特叔叔（Uncle Fester），由美国漫画家查理斯·亚当斯（Charles Addams）创作的虚构故事《阿达一族》（*the Addams family*）中的一位家庭成员。阿达一族是个古怪、恐怖又富有的家族，完全不介意别人对他们的看法。福斯特叔叔眼窝深陷、弯腰驼背、总露出神经质的笑容，还拥有可以发电的超能力。——译者注

佳方式；以下 6 种情况中，荷兰式拍卖为最佳方式……”）。寥寥数字，就能说清楚结论——“所有规则都一样”——而且使用大学水平的高等微积分知识就可以完成论证。最妙的是，几乎没有人猜到答案竟然如此。如果理论无法在我们已经掌握的知识外给出更广泛性的结论，就没必要谈理论了。

然而现实世界中，拍卖官总对某些规则存在特别偏好。拍卖牲口与奴隶时总是采用英式规则，拍卖郁金香时总是采用荷兰式规则，拍卖石油开采权时总是采用价格密封式规则。如果对卖家而言，所有规则都一样，为什么他们会坚持这种规则而非另一种规则呢？

经济学家也许会如此作答，拍卖官不是经济学家，很可能对最新学术突破置若罔闻。不仅绝大多数拍卖官不可能订阅《经济学理论杂志》（*Journal of Economic Theory*），而且他们的算术能力早已大幅退化，即使付出诚恳的努力，也不可能在这个领域保持与时俱进。然而，在给出上述结论前，经济学家最好三思而行。假设有人以拍卖为生，十分了解自己的职业，他的行为与经济学家的理论之间如果出现矛盾，一定是理论存在疏漏。作为经济学家，我们的工作不是告诉拍卖官怎么做生意，而是假设他们知道怎么做生意，然后弄清楚他们的策略为何正确。

一方面，我们知道在某些情况下，拍卖规则的选择无关紧要；

另一方面，我们注意到拍卖官的做法并非如此，他们选择拍卖规则时一定出于某种重要的考量。因此我们的结论是，所谓“某些情况”并不适用所有情况。是时候弄清楚究竟什么是例外情况了。

不存在赢者诅咒是我们最重要的假设。说得更确切一些，它认为竞拍者即使知道其他人与他意见相左，也不会改变主意重新权衡拍品价值。如果你参与竞拍一幅凡·高的画作，想将它挂在墙上欣赏，不管别人怎么想，你可能都愿意支付 5 000 万美元；如果你参与竞拍同一幅画作，打算未来将它转手赚取其中的差价，得知整个房间没有任何人的出价高于 1 000 万美元后，很可能会心生苦恼。拍卖规则对前一个案例没有影响，但对后一个案例就完全是另一回事了。

实际上，竞拍者如果在意其他人的意见，卖家最好选择英式拍卖。拍卖中，也许只有一位竞拍者愿意给出高于 1 000 万美元的价格。其他人观察到这个举动，很可能会认为他知道些什么，于是决定与他一较高下。价格密封式拍卖试图避免的就是这种状况，荷兰式拍卖也是如此——出价最高者一旦流露他 / 她的意愿，整场拍卖便宣告结束。

迄今为止，英式拍卖是最普遍的拍卖形式，也是拍卖官最青睐的方式。理论告诉我们，拍卖官有这种偏好的唯一理由是，竞拍者会对竞价者透露的信息做出回应。这恰恰说明竞拍者无法逃脱赢者诅咒。尽管最早提出该诅咒时，它只存在理论上的可能性，但英式拍卖的流行却表明它其实是一种普遍现象。

虽然我们在讨论拍卖规则时尽量不考虑赢者诅咒，但这并非唯一偏离现实的地方。另外一个重要的假设是，拍卖结果无法对卖家的财富造成决定性影响。这种假设很重要。如果不是这样，竞拍者会更加保守，从而影响到整套分析。那种情况下，卖家应该选择第一价格密封式拍卖而非英式拍卖。所有竞拍者都不愿冒险，竞拍者在密封式拍卖中只有一次竞标机会，因此他们才可能报出高价，从而惠及卖家。

在标准理论（standard theory）中，还有一个值得商榷的观点，规则改变不会影响参与的竞拍者。现实中，参加荷兰式拍卖的竞拍者可能与参加英式拍卖的竞拍者截然不同。将来，也许会有理论家弄清楚如何将这种情况纳入分析，从而名声大振。

我不想在完全陌生的领域指手画脚，因此现在我们不妨绕开它，考虑另一个卖家面临的问题。卖家通常比竞拍者掌握更多拍品信息，如果他们足够坦诚就能赢得诚实的好名声——暂不论好坏。但诚实真的可以换来回报吗？

“老实人约翰”经常主持二手车拍卖。他非常重视公开已知的所有信息。如果这辆车耗油或者遭遇过车祸，老实人约翰都会告诉你。约翰如果宣布拍品是蹩脚货，人们总是出价很低，但在其他情况下他们都愿意出高价，因为他们知道约翰不会隐瞒竞拍者。

约翰本可以在蹩脚货上赚到更多钱——如果他使些小伎俩的话，但诚实使他在好车的拍卖上收益颇丰，于是两种效应相互抵消了。这么一来，与邻镇从不透露拍品信息的“沉默山姆”相比，他的收益不具有任何优势。迄今为止，我们还未找到老实人约翰应该诚实的理由。但与山姆相比，约翰具有一个优势：他的行事方式部分解除了赢者诅咒，因此竞拍者更愿意出高价。长此以往，约翰的生意一定比山姆好。

换句话说，一开始，赢者诅咒是竞拍者的问题，但他们会以降低出价的方式作为抵抗，因此问题转移到了卖家身上。这么一来，如果卖家能够协助竞拍者摆脱赢者诅咒，就可以获得双赢。于是，诚实做生意的好名声成了有效的护身符。

诚实是极为可贵的品质——这个发现绝不会令你的祖母大吃一惊，正如我们也知道生活充斥着各种失望。拍卖官与祖母拥有许多来自本能的知识，而经济学家却要全力以赴地解开其中的谜团。

第 19 章　股价与随机漫步理论：投资者入门

我年轻时第一次听说股价随机变化时，就对此心存疑虑。它的意思是，谷歌可能启用 8 岁的无知小童来取代公司高管吗？提出如此问题，完全出于我的天真与年少无知。后来，我掌握了更多知识，其中之一便是，随机变化并不是关于价格的理论，而是关于价格变化的理论，其中的不同犹如天差地别。

我的最初想法（它完全错误）可以尝试用轮盘赌的例子呈现。第一天，小球落在 10，股价就是 10 美元；第二天，小球如果落在 8，股价就下跌至 8 美元，小球如果落在 20，股票持有人就相应获得更高回报。由于被这种虚假的画面蒙蔽，我不清楚谷歌任命的首席执行官如果对剪纸而非资产负债表（balance sheet）更感兴趣究竟有什么问题。如果命中注定股价应该是20美元，那么命运对一切自有安排。

我们使用正确的方法探讨这个问题时，依旧可以引入轮盘赌的例子，但解读方法却大相径庭。轮盘同时标注正数与负数。每一天，轮盘转动，小球落入的号码表示的不是今天的股价，而是昨天的股价与今天的股价之差。如果现在的股价是10美元，小球落入–2，那么股价就跌至8美元；如果它落入5，那么股价就上升至15美元。[①]

如果股价永远都在变化，今天的股价应该是之前所有变化的总和（不管正负），而且它的每一次改变都需要由单独转动一次轮盘来决定。如果今天的小球落在–15，而不是0，未来所有的股价都将比后者低15美元。这个结果不会随时间的流逝而改变或消减。

如果谷歌决定由格兰迪夫人[②]教的三年级学生出任董事会成

---

① 更精确的轮盘赌例子如下，小球反映的不是真实股价，而是股价改变的百分比。当小球落入–2，股价下跌2%；当小球落入5，股价上升5%。我之所以在文章中使用上述方法，是因为它比较容易理解又足够接近真相，而且不会失去讨论的乐趣。

② 格兰迪夫人（Mrs. Grundy）最早出现在英国剧作家托马斯·莫顿（Thomas Morton）的喜剧《加快耕耘》（*Speed the Plough*）中，是一个极其古板、拘泥礼节的人物形象。——译者注

员，小球则有可能落在 –20，股价因而从 25 美元跌至 5 美元。然而日后的股价变化离不开它最初的命运——如果四分之一的号码是 0.25，将来四分之一的日子里股价将上升 0.25 美分；如果八分之三的号码是 –0.2，将来八分之三的日子里股价将下跌 0.2 美分。那些数字不会改变，唯一改变的是股价本身，它永远贬值了 20 美元。

你也许会反对，认为下跌 20 美元很难预测，而且这根本不是个正常的赌盘。我的回应如下，赌盘本身很大，存在许多号码，–20 只是其中一个。它出现的概率很低，但这个号码依旧存在，因为谷歌总是存在极小的可能性做出极为愚蠢的决定。

这令我记起另一个早年形成的误解，我将“随机”这个词错误地理解为“与世界上的任何事都无关”。也正是出于这个原因，我曾经认为随机漫步理论[①]无法证明谷歌的做法会影响股价。实际上，一个随机事件很可能与另外的事件紧密相关。管理上重大失误的出现是随机的，但它很快就会影响到股价的表现。

经济学家认为，大部分时候股价是随机变化的。它的意思是，我们认为价格变化（不是价格）所具有的数字特性大体上与轮盘

① 随机漫步理论（random walk theory），也称为随机游走，指基于过去的表现无法预测将来的发展步骤与方向。——译者注

赌随机产生的数字相似。我曾经误以为价格是随机的，那么在预测明天的价格时，今天的价格就毫无参考价值。但正因为价格变化是随机的，才反之亦然，今天的价格恰恰是预测明天的价格的最好参考，明天的价格等于今天的价格再加上（通常很有限）随机的调整。

让我们想象一个关于概率的简单游戏。你手头有 100 美元，不停转动轮盘——轮盘上既有正数，又有负数。如果你转到数字 5，就赚到 5 美元；如果转到 –2，就交出 2 美元。你手上的余额是随机变化的。随机理论认为，当下是预测未来的最好参照。如果转动 10 次轮盘，你手上的余额不多，再多转一次，很可能还只有那么点钱。

然而，如果当下的价值在预测未来时所占比重极大，那么它过去的价值就没有太多参考意义。我只要瞥一眼轮盘和你手头的结余，就算是普通人也能对你的命运猜出个大概。你也许可以将故事讲得绘声绘色，告诉我 5 分钟前你是多么腰缠万贯（或一贫如洗），但听完故事丝毫不会影响我对将来的预测。

股票价格也是如此。谷歌现在的股价是它将来股价的最好参照，但跟究竟是怎样的过往造就了今天的股价，实在没有太大关系。

评论员总在提及，由于某个股票或者整个股市走低，很可能会在近期迎来“调整性”（correction）上涨；或者由于近期走低，很可能会在将来持续下挫；或者由于近期上涨，很可能会在将来维持涨势或者下挫……但如果股价符合随机理论的描述或者经济学家的观点，未来股价的变化与它的历史表现根本没有关系，现在的股价预测的是将来的股价。尽管评论员仍在夸夸其谈，但你要知道你确实无法从过去的价格变化中预测到任何结果。

纵横资本市场的人们总以为自己比赌徒精明。然而，只有轮盘赌的门外汉才会相信，因为输了不少赌资，所以即将迎来“调整性”赢钱。有经验的赌徒会知道，他们可以从随机理论中获得怎样的信息。

我年轻时有过不少错误想法（并非都与金融有关），其中一个误解在于，由于变化是随机的，所以不存在投资策略。我不知道它是从哪儿来的，也许因为我知道买彩票时没有什么策略可言，于是我将它视为“随机”这个词所拥有的某种神秘属性。然而不论从何种角度而言，我都是错的。

首先，不同的股票对应的是不同的轮盘。其中一些的表现与预测相差无几（它们的轮盘上，每个小球可能滚入的号码槽上的数字几乎相同），另一些则波动剧烈（它们的轮盘上，号码槽上的数字存在许多差异，正数与负数间的差值也很明显）。选择正确的轮盘是一种品位和判断。

其次——也更有意思，一个轮盘可以控制多只个股。每日的天气预报就如转动轮盘。有时，小球落在标注“下雨”的槽里，于是“统一雨伞公司”（Consolidated Umbrellas）的股票上涨了5点，而“通用野餐用品公司”（General Picnic Baskets）的股票下跌了5点。其他时候，小球落在了标注“晴天”的槽里，于是“统一雨伞公司”的股票下跌了10点，而“通用野餐用品公司”的股票上涨了10点。同时购买了“统一雨伞公司”与“通用野餐用品公司”股票的老道投资者可以避免股市波动造成的损失，至少他在一只股票上失去的资产可以从另一只股票上获得补偿。经过仔细挑选的多样化投资配置可以形成低风险的证券投资组合，与单一低风险资产相比，他们的整体回报率往往较高。

然而，就算是最佳投资组合也并非十全十美。轮盘上，有一个小槽标注的是“地震”，当小球落入其中，“统一雨伞公司”与“通用野餐用品公司”的股票都会下跌。与此同时，“美国家具建材服务公司”（American Home Construction Services）的股票肯定会上涨。于是，战略投资者可能会想在投资组合中加大“美国家具建材服务公司”股票的比重，以此作为一种地震保险。

如果资产价格的变化方式与经济学家认为的大体一致，大部分投资者不仅需要关注选择正确的资产，还要将精力放在构建良好的投资组合上。"'统一雨伞公司'的股票值得买吗？"这个问题本身没有意义，除非将它放在一个具体投资组合的情况下来判断。在购买"通用野餐用品公司"股票的情况下，再买入"统一雨伞公司"的股票就可以形成多样化的良好投资组合。如果你购入"国际雨衣公司"的股票，再购入"统一雨伞公司"的股票，这样的投资组合有可能暗藏许多不必要的风险。如果一直都是大晴天，你就可能蒙受资产上的巨大损失。

想要获得高回报，就必须承担高风险（这个道理不仅适用于金融领域）。窍门是，不要冒没必要的风险。你可以仔细评估资产，将它们放进不同的篮子，明智而审慎地打理。经济学家认为成为"命中注定赢家"（pick winners）的概率极低，而这与资产组合根本是两码事。不管随机理论是否发挥作用，资本市场总会回馈付出努力、天赋异禀和偶尔交上好运的投资者。

制定策略很重要。不幸的是，咨询师总将策略与迷信混为一谈。比如，他们热衷于定期定额的理财方法。它的最终受益者很可能是你的曾孙辈。[①] 就如塞勒姆女巫审判（Salem witch trial）对

① 定期定额（dollar cost averaging）只有在长期投资的情况下才能摊薄成本，获得高收益。因此，选择这种投资方式，必须做好长期投资的心理准备。——译者注

你造成的影响，根本微乎其微。[①]

“定期定额”的核心思想是定期以相同规模资金购买同一种资产——比如在一年内，每个月都花1 000美元购买通用汽车的股票。理财师声称，好处在于股价高的时候少买几股（股价为20美元时，你可以买到50股），股价低的时候多买几股（股价下跌到10美元时，你就可以买到100股）。

“股价低的时候多买几股”听起来相当具有蛊惑性，但它应该引发我们思考以下问题——“相对什么而言，它的股价算低呢？”某种价格之所以诱人，不是因为与过去相比它在下跌，而是它在将来有上涨的可能。不幸的是，在随机理论中，从不会将历史性低位与它的预期未来放在一起比较。不管你从前有1美元还是100美元，价格都有下跌1美元的可能。轮盘赌玩家如果足够明智，难道真的相信赌资弹尽粮绝之际可以靠下重注翻盘吗？

当下的股价低可以预测到将来的股价也低。如果今天的价格很低，我们有理由买更多（因为便宜），也有理由少买一些（因为可能一直这么便宜），两个理由会相互抵消。于是，“价格低的时候多买一些”与“价格高的时候少买一些”听起来根本不存在差别。

---

① 1692—1693年间，马萨诸塞殖民地发生了萨勒姆巫蛊案。有200多人被指控施行巫术，其中处死了20人。最终，殖民政府承认这是冤假错案，并给予受害者家庭赔偿。——译者注

随机理论认为“定期定额”是十分糟糕的策略。想象你走进一家赌场，10 个相同的轮盘将一起转动。你手上有 5.5 万美元赌资。你可以在第一个轮盘上下注 1 000 美元，第二个轮盘上下注 2 000 美元，第三个轮盘上下注 3 000 美元，以此类推（这些数字相加为 5.5 万美元）。但在玩轮盘赌时，这种做法使你承担了许多不必要的风险。你的赌资中，超过三分之一下注在第九与第十个轮盘上。风险比较低的做法是在每个轮盘上下注 5 500 美元，于是每次转动轮盘的风险都不会特别高，也不会特别低。

在 10 个月中不停购买股票就如同转动 10 个轮盘。如果你采取“定期定额”的做法，每个月追加 1 000 美元投资，那么第一次转动轮盘时你的赌注是 1 000 美元，第二次是 2 000 美元，第三次是 3 000 美元，以此类推。[①] 但我们刚刚讨论过这种做法大错特错。明智的赌徒会在每个轮盘上下注同样的 5 500 美元。将它转化成投资策略就是你在第一个月投资 5 500 美元，随后根据需要调整持有的股票，将它的价值一直保持在 5 500 美元。（如果股票价值下跌到 5 000 美元，就投资 500 美元；如果它上涨到 6 000 美元，就卖掉价值 500 美元的股票。）

不管采取哪种策略，你每个月平均承担的风险都是 5 500 美

---

① 这只是比较理想的说法，你不可能在轮盘第二次转动时恰好下注 2 000 美元，因为到了第二个月，你上个月的投资结果不太可能稳固维持在 1 000 美元。

元。两种策略会带来相同的预期回报，但“定期定额”的做法存在不必要风险的隐患。如果在10个月中，有6个月股价上涨，在另外4个月下跌，稳定持有5 500美元股票的投资者一直都是赢家；但采取“定期定额”做法的投资者由于在前期的投资较小，后期投资较大，于是需要担心究竟哪6个月股票走势好，哪几个月走势低迷。如果早几个月股价走势强劲，那么“定期定额”投资者就输了。[①]

投资者难免为股价涨跌而焦虑。相反，我们比较容易规避它们该在什么时候上涨的焦虑，采取定期定额的做法一定会度过许多辗转反侧的夜晚。

到目前为止，我对定期定额策略的反驳都基于随机理论。然而，即使股价不遵循随机变化规律，我也很难为定期定额找到合理的依据。假设你与我年轻时一样，认为股价（作为价格变化的对照）的随机波动如同轮盘的转动般神秘，你的做法就不应该是在股价低时买入许多股票，在股价高时谨慎投资——而应该是在

① 这个提议忽略了手续费因素，比如税务费用与经纪人代理费。通常而言，交易次数越少，手续费越低。现实生活中，最好的方法可能是一开始就购买5 500美元股票，并且尽可能不要频繁调整它的配置。然而，最佳的投资策略一定是不断投资而非定期定额。

股价低时买入许多股票，在股价升高后完全按兵不动。

下次如果有人建议你采取定期定额的做法，不妨反问他如何解释股价行为。不要接受没有意义的答案——“它们会波动啊”，而是追问它们如何波动。根据每天的价格变化随机改变吗？是价格本身每天在随机变化吗？在这种变化中有规律可循吗？他们是每天随机选择不同的轮盘下注吗？如果这样，是怎么挑选当天的轮盘的？我相信他们很可能从未考虑过类似的问题。这么一来，绝不要采纳他的投资建议。如果他当真给出了答案，我十分确信他的建议一定无法与定期定额的做法始终保持一致。

过去 25 年来，定期定额投资的最坚定鼓吹者就是电台节目《对话理财》（*Moneytalk*）的主持人鲍勃·布林克（Bob Brinker）。多年来，他不停地重复这套陈词滥调。给布林克先生打电话问他有什么投资建议，他一定会告诉你采用定期定额的做法。在我眼中，这种毫无根据的胡乱建议根本就是西方文明变质腐朽的标志。

你从《对话理财》中获得的建议甚至撑不过 5 分钟的严格检验，然而它却每个星期犹如神谕般随电波传入千家万户。如果布林克先生曾采用一些简单的数据检验自己的投资建议，很快就会发现那是无稽之谈。也许他根本不在意听众，连举手之劳的小事也懒得做。

随机漫步理论告诉我们，基于过往价格行为的策略永远不可能改善你的将来。然而，我们可以通过观察其他变量来应对价格变化。

原则上，一个“轮盘”既可以决定天气，又可以决定“统一雨伞公司”的股价，只不过当中存在一个时间差。首先，天空转暗，24小时后，“统一雨伞公司”的股价才对此做出反应。老道的投资者会留意到这个模式，从而赚到一笔。通过观察变量而非历史价格，你可能会击败随机理论。

尽管我给了大家观察事物间简单的关联就能获得无尽财富的希望，但必须很抱歉地承认，大部分经济学家认为几乎不可能据此做出有效的预测。我们有理由相信，不止一位投资者会留意到天气与“统一雨伞公司”股价之间的关系。一旦天气变化，那些投资者就会蜂拥买入股票，为了与其他投资者竞争，他们立刻就推高了股价。于是，本来应该发生在将来的股价上涨现在就发生了，普通投资者很难掌握其中获利的时间差，等他们意识到时，已经几乎没有利润空间了。

这个故事不是想说明，全部或者大部分投资者都应该留意到时间差的秘诀，只有少数投资者才能抓住获利机会，对它善加利用。

它被称为“有效市场假说”（efficient markets hypothesis）。

根据这个理论，如果投资策略采用的信息人尽皆知就不可能战胜市场。

有效市场假说与随机漫步理论紧密相关，但人们总将它们混为一谈。实际上，它们的假设大相径庭。随机漫步理论提出的假设是，你不可能通过观察历史价格致富；有效市场假说提出的假设是，你不可能通过公共信息致富。

大量实验性证据表明，随机漫步理论描述了大部分股价的涨跌行为，只存在极少数例外。对投资者而言更重要的是，没有人能在例外出现时寻找到获利方式。绝大多数经济学家认为这些证据真实可靠，其中一定有几位头脑聪明且具备质疑精神，不会轻易受到迷惑。

相反，有效市场假说基于对公众所知信息的判断，因此很难被验证。最有利于它的证据是，即使是职业投资者也无法总是跑赢市场（总会有例外出现）。指数型共同基金（indexed mutual fund）[①] 与管理基金（managed fund）[②] 的表现大致相当——但指数

① 以特定指数作为标准——比如沪深300指数、标普500指数、纳斯达克100指数等，通过购买该指数的全部或部分成份股形成的投资组合。——译者注

② 凭借专门的知识与经验挑选出的投资组合，类似于“挑选赢家”。——译者注

型共同基金收取的管理费较低。[①]

金融学教授在股价中找到了一些所谓“反常现象”（anomalies），比如股价最可能出现上涨的日子是星期一或者 1 月。但是当然，只要数据足够多，我们总可以构建出一个或两个虚假模式——实际上，这些“反常现象”一经“发现”很快就会消失。经济学家、组合基金经理理查德·罗尔（Richard Roll）如此总结道：

> 我亲自尝试过用客户以及自己的钱来“实践”学术界提出的每一种“反常现象”与预测机制，然而我还没能从钻市场的空子中赚到半个子儿。如果投资者无法从系统性的方式中有所斩获……只能认为股价本身已经包含了足够信息。

令人震惊的是，财经新闻从没对此有过思考。股价近期在上涨后回落时，电台评论员总是说下跌是由于“见利抛售”。道琼斯指数（Dow-Jones）攀上历史新高，我们听到的是它正在突破“阻力位”（resistance area），以及预测如果它突破成功，股价就会

① 如果你评估现有各种类型基金的平均表现，得到的结果肯定存在偏差，它们描述的回报肯定优于实际表现，因为表现差劲的基金已经倒闭，你无法将它们纳入计算范围。比较指数型基金与管理基金的表现时，将这种偏差考虑在内是十分重要的。

持续上涨，股市迎来“大好时光”——当然，除非你在其中有利可图。

经济学家阅读有些财经报道如同许多读者阅读占星专栏。经济学家认为那些文章很有趣，告诉自己只是为了一时之乐。但在内心深处，他们怀疑究竟有多少读者会信以为真呢？一想到这儿，他们就不禁担惊受怕起来。

第 20 章　关于利率的几点想法：扶手椅上的预测

每种职业都有缺陷。当医生，深更半夜会接到紧急电话；当数学家，经常会被困在死胡同；当诗人，时常会忧虑下一笔稿费；当经济学家，总会被要求预测未来的利率变化。

我有位同事处理这个难题时总能展现智者式的翩翩风度——他会故意停顿片刻，随后宣布道："我认为，它们会继续波动。"

尽管我无法准确预测明年（甚至明天）的利率，却掌握一些决定利率走势的知识。实际上，预测利率比预测股价容易多了。理论与实践表明，股价遵循的是随机漫步理论，因此过往的价格表现没有预测价值；相反，利率却往往会根据它的历史水平做出相应反弹。因此，如果今天的利率低，明天就可能升高；如果今天的利率高，明天就可能降低。我在这一章中分享的几个重要见解将有助于读者对它了解更多。

首先，我们必须意识到同时存在多种利率，这取决于谁借了钱，借的是谁的钱，以及清偿贷款所需的时间，但各种利率的上浮与下调密切相关。因此，如果我们可以预测其中的一种，就可以推测出绝大多数其他利率的改变。具体而言，当我提到所谓利率，你可以将它理解为三个月期国债的利率（三个月后，美国政府为借这笔钱所要支付的利息）。

接着，让我们来澄清一个含糊之处：经济学家谈及利率时，往往会考虑通胀调节的因素。如果你放贷时的利率为 8%，当时的通胀指数为 3%，那么你的购买力每年只会增加 5%；你每赚到 1 美元，其中都有 3 美分要用来为你的资产保值。报价中所说的 8% 被称为“名义利率”（nominal interest rate），通胀调节后所说的 5% 称为“真实利率”（real interest rate）。

为避免引起误解，我宣布只有真实利率才能代表利率的真实情况。通胀指数为 7% 时回报为 10% 的投资、通胀指数为 5% 时回报为 8% 的投资，以及通胀指数为 0 时回报为 3% 的投资的获益大同小异。不管上述哪种情况，真实利率都是 3%。真实利率是名义利率减去通胀指数得出的。[①]

以下，当我使用“利率”一词时，我所指的都是真实利率。在澄清这个令人困惑的错误概念后，我们已经准备好了回答以下问题——哪些因素会影响到利率。

不论你曾听说过什么，利率就是“金钱价值”（price of money）的说法都毫无根据。没有人会为了守着一堆钱而贷款。人们贷款是为了拓展公司业务、购买汽车或房产、缴纳大学学费或者享受奢侈的生活方式。银行贷款的支付方式主要是美元，但那些美元常常在数小时内就通过消费行为重新回到了银行系统中。我们支付利息不是为了占有金钱，而是为了拥有汽车或者房产。说得更确切一些，我们支付利息是为了现在就拥有汽车或者房产，而不是等到以后。因此，你应该将利率视为衡量商品当下价值（与商品未来价值相比）的一种比率。[②]

这种看似简单的观点其实说明了十分重要的结果。由于利率是当下商品的价格，它最终一定是由当下商品的供给与需求决定的。

---

① 乔治·沃克·布什（George Walker Bush），作为现代总统中最缺乏经济学知识的一位，曾公开在全国转播的辩论中声称他无法理解其中的区别。

② 说得再确切一些，商品的当下价格与未来价格相当于 1 加上利率。如果年利率是 5%（0.05），你在明年就需要支付 1.05 美元才能买到相同的商品。

阅读财经新闻时，你也许会有这样一种印象，利率是由控制货币供应的中央银行决定的，但中央银行根本无法得知汽车和房屋的供给与需求情况。在不影响供给与需求的情况下，我们需要一种超出全人类理解的能力，来对市场价格施加长远影响。

然而，人类还是可以尽力一试。假设中央银行想要将利率从3%下调至2%。为了实现目标，它们公开宣称将借贷利率下调至2%，于是强迫其他借贷方步它的后尘。

这可以发挥一段时期的作用，但不可能永远高枕无忧。原因在于，当中央银行宣布利率将下调至2%时，大量着急借钱的人都想占便宜。为了满足他们的需求，中央银行必须不停地印钱，从而在整个经济体中推高物价。接着，由于人们贷款是为了购买商品，但商品刚刚涨价了，于是他们需要借更多钱，然后中央银行就印更多钱，将物价推得更高——长此以往，我们就会陷入恶性循环，进入所谓的恶性通胀期。想必没有哪个国家的中央银行会愿意效仿津巴布韦的做法。到了某个点，中央银行必须“投降”，允许利率上调。①

中央银行能够撑上一段时间的唯一理由在于，价格需要一些

① 实际上，中央银行并不会以2%的利率将贷款借给任何个人。相反，它只将钱借给银行，再通过银行将钱借给个人。但是，这在本质上没有太大区别。

时间才能适应货币供应上的改变。调整期的长短以及原因目前尚处于研究阶段，而且存在十分明显的争议。

重大事件将导致利率发生变化，并最终影响到个人选择。好消息是，作为普通个体的你总拥有一些本能的悟性，能够帮助你判断重大事件将造成的影响。

比如，总统与国会批准今年将启动一项花费 240 亿美元的项目开发武装直升机，但它们不会投入实战。这里最重要的信息不是数百亿美元，而是真正的资源——钢铁、劳动力、工程投入——它们才是美元的真实反应。真金白银的资源都投入研发武装直升机中，于是就不能用来制造汽车、厨具和个人电脑。那么，后者（还有其他商品）的供应一定会减少，且减少的价值相当于 240 亿美元。

由于供应的商品减少，消费者所能购买的商品也相应减少。这里，我们要谈的不是经济学原理，而是算术问题。在拥有 60 亿人口的世界，商品供应的价值减少了 240 亿美元，每个人的平均消费就必须减少 4 美元。当然，有些人的消费与其他人相比会减少得更明显。如果你是个普通的美国人，比地球上的其他人口平均富裕 8 倍，那么你的消费可能会减少 32 美元。如果你家有 4 口人，那么全家的消费就会减少约 125 美元。[①]

当然，一开始不会有人因为总统的愚蠢决定就立刻放弃购买一台垃圾处理机的打算。与以前一样，我们的需求没有发生改变，即使供给量已经萎缩了。但渐渐地，商品价格——也就是利率——不断上涨，直到一个普通家庭决定在今年削减 125 美元的开支预算。

如果我想知道价值240亿美元的武装直升机将怎样影响利率，我会问自己这个问题：我家决定在今年削减 125 美元的开支预算前，利率需要上浮到什么程度？如果我的回答足够诚实，而且我家的情况足够具有代表性，我至少可以给出一个大概的预测。

如果总统与国会宣布批准每年都浪费 240 亿美元，事情就会变得完全不同。那种情况下，纳税负担一定会加重，于是我觉得

① 这个例子中所使用的数字都出自胡编乱造。我当然不清楚，富裕 8 倍是否就要做出 8 倍牺牲。这里的重点不在于做出精确预测，而是提出一种思考方式。我还应该指出，为了简化讨论，我舍弃了一些重要因素。第一，利率上调会抑制投资项目，从而释放出一些资源，用作他途；本来用来制造工厂的资源，现在可以用来制造汽车。第二，利率上调会鼓励人们工作（如果你赚到的钱存进银行后可以获得更多利息，工作起来都会更带劲），这意味着会生产出更多商品。第三，为了提高当下的商品产量，失业者有可能重新找到工作。考虑到以上三个理由，世界的消费总量可能不是减少了 240 亿美元，这个数字应该更小才对。作为对胡编乱造数字的修正，我也许不应该说 125 美元，而是——好吧，就算 80 美元好了。

自己变穷了，这个理由已经足够打消我买垃圾处理机的念头，根本不需要通过上调利率。[①]

中心思想如下：不论如何，由于供应量发生改变，利率会影响到每个家庭消费的商品。如果商品的供应量下降，比如政府随意浪费资源，利率一定会上升；如果商品的供应量上升，比如每年都是出人意料的大丰收，或者政府提供的优质服务远超出它们的成本，利率一定会下跌。

正如供应会改变，需求也会改变。假如普通家庭都认为未来很美好，相信技术革新预示了产量提高，气候变化预示了丰收，新一届政府就职时保证，一定会推行大家都认为有益的政策。

通常而言，相信将来会变得富有的人们会在当下消费更多。如果你今天得知下个月会大幅涨薪，你也许不会等到下个月才开始庆祝。经济学专业与哲学专业的学生现在的收入相当，但只有经济学专业的学生在开车，因为他们更有理由相信将来会找到一份好工作。

因此，当未来一片光明时，每个人都会决定在当下消费更多。然而其中有个问题：当下并没有额外的商品供应。短期内，我们有一定数量的汽车，一定数量的房屋，一定数量的圆筒冰激凌，

① 一次性的挥霍性项目不会让我产生太明显的观感，但不断启动类似项目就完全是另一回事了。

剧院里有一定数量的座位。如果每个人都想消费更多，根本不可能。实际上，每个家庭都必须争取更多商品“配给”的权利。

那么，人们为什么会放弃最初的消费计划呢？答案是，如果大家都要通过贷款实现消费需求，就会共同推高利率。一旦每个家庭最初的消费计划得到满足，利率就会上升了。

每当一项新的技术突破出现，我都期待它能够提高产量，带给我们更加美好的未来。人们由于相信生活会更富裕，从而刺激消费，导致利率上升。利率究竟会上升多少呢？一如既往，我尝试通过自己家庭的做法来回答这个问题。首先，我会考虑家庭的未来收入会上升多少；接着，我会问自己，在消化了以上信息后，我愿意在当下消费的基础上增加多少。如果答案是100美元，我会继续问利率要上升到什么水平会促使我削减100美元开支，回到原先的生活方式。①

所有问题的答案都是具有高度推测性的，而且它基于我的生活方式究竟有多典型。我猜，答案一定不会很精确。然而这种提问的尝试十分难能可贵——将费解且抽象的问题（“科技发展如何影响利率？”）转化为如我一般普通人的具体行为。

---

① 正如之前在注释中提及的，这些计算还应该考虑到投资额与劳动力供应。如果公司生产新的电脑，从而剥夺了生产其他消费品的资源，那么普通家庭的消费也许会被迫下调，低于原先的设想。

当然，肯定有经济学家不满足于这种形式的思考，他们希望更进一步。他们仔细搭建统计模型，考察过去的人们如何应对改变；他们发明复杂的方法，将对过去的观察转化为对将来的预测。那些经济学家得出的结果肯定比我"信手拈来"的答案精确得多。我总是坐在那张用惯了的扶手椅上，凭空构建各种假设。他们的答案无疑更有力，但我更沉湎于自己的扶手椅与思考方式。

一位著名金融学教授曾向一群成功的投资者解释市场如何运作。他的讲座勾勒了看待世界运作的丰富视角，却几乎没有提及实用的投资建议。底下的观众终于按捺不住了，他们不是来获取智慧，而是追逐财富的。当教授让大家自由提问时，第一位发言者相当不客气——但他请教的问题也算在意料之中："如果你这么聪明，为什么没能家财万贯呢？"教授（实际上，他是整个房间里最富有的人，但这是后话）回答："如果你这么有钱，为什么不是个聪明人呢？"

经济学家研究利率变化，因为它是一种普遍的社会现象，而经济学家对理解人类社会的一切都抱有极大的热情。我希望这本书中的有些地方能令你感受到这种纯粹由理解而产生的乐趣。然而，总会有一些读者产生疑惑，这种分析是否能够为我们带来智慧与财富。现在，就让我尝试回答这个问题。

哈里·杜鲁门（Harry Truman）曾说，我的行政团队需要一名“独臂经济学家”，因为围绕他的经济学家如果不使用“但另一方面呢……”这个说法，就无法说出一句完整的话。杜鲁门一定不喜欢问题接下来的讨论方向，但另一方面，他十分欣赏经济学家的坦诚。而我将尽我所能，坦诚地谈一谈这个问题。

单凭我上述提到的理论，你已经可以预测——大丰收或者自然灾害、纯属浪费或者开明的政策，关于未来的好消息或者坏消息——利率将如何变化。

但另一方面，单凭这些知识无法令你一夜致富。经济学家一致认为，利率变化与新闻报道之间不存在可加利用的时间差。总统宣布全新的导弹项目，你开始分析，“好吧，让我们走着瞧；这意味商品的供给将减少，所以……”当你停顿的这一刻，利率已经完成了上浮的调整。新闻一旦出现报道，一切为时已晚。不过，还有其他方面。你可能具备一些知识、天赋、直觉，令你比普通人聪明一些。新闻还未发布前，你就猜到明天的新闻发布会上总统将宣布什么消息，或者海上龙卷风在向海岸移动的过程中是否会消退，或者库比蒂诺[①]是否有人将宣布他们研发出了一项新技术，可以将电脑芯片直接植入人类大脑中。如果你承蒙恩惠，而

① 库比蒂诺（Cupertino），位于美国旧金山，苹果电脑的全球总部。——译者注

且具备利率变化的基本知识，就可以据此做出预测，而且真的可能靠它致富。

如果你真的成了富翁，我很乐意听到你的好消息，请一定记得告诉我。而那时，我还会坐在那张摇旧了的扶手椅上，天马行空地思考。

第 21 章　艾奥瓦州的汽车公司

美好的事物永远能为人带来乐趣。而且，没有什么比简洁又无懈可击的论证更加美妙了。短短几行论证，就可以改变我们看待世界的方式。

我在翻看朋友戴维·弗里德曼（David Friedman）编写的一本教科书时，发现了一套无与伦比的美妙论证。虽然这种论证方式并非他的原创，但他的版本足够清晰、简洁、天衣无缝，而且出人意料的优雅。只要有机会，我就会情不自禁地将它分享给学生、亲戚，以及鸡尾酒会上认识的人。这是一套关于国际贸易的论证，但它的魅力不止于此，而在于它所蕴含的不可抗力。

戴维留意到，美国有两种生产汽车的技术。一种是在底特律制造它们，另一种是在艾奥瓦州（Iowa）“培育”（grow）它们。对于第一种方式，人们早已耳熟能详，就让我来解释一下第二种方式。首先，你播下“种子”。所谓“种子”，就是制造汽车所需的原材料。你等待数月直到“小麦”成熟。“小麦”收割后，将它运往加利福尼亚州，装船，一往无前地驶向太平洋。几个月后，轮船满载日本的丰田汽车（TOYOTA）重新返回港口。

国际贸易是一种技术。作为一种存在的事实，有一个叫日本的地方，那里有许多人、许多工厂，与美国的繁荣福祉几乎没什么关系。为了分析贸易政策，我们最好还是假设日本是一家巨型工厂，它的内部工作机制神秘莫测，但具有将“小麦”转化为汽车的能力。

任何偏向第一种技术的政策，都是将底特律的汽车生产工人置于艾奥瓦州的汽车生产工人之上；任何征税或者针对“进口”汽车的禁令都是针对艾奥瓦州的征税与禁令。如果你保护了底特律的汽车制造商免于竞争，就必定伤害了艾奥瓦州的“农夫”，因为艾奥瓦州的“农夫”正是竞争者。

制造汽车的一系列生产任务可以使用不同方式分配到底特律或者艾奥瓦州。具有竞争性的价格体系将在生产成本最小化的前提下选择具体分配方式。[①] 如果所有汽车都必须在底特律或者艾奥瓦州生产，必定会产生不必要的高昂成本。生产过程应该尽量服从市场选择，否则也必定会产生不必要的高昂成本。

这意味着保护底特律的后果不仅将使农夫的收入转移到汽车制造商，还同时提高了美国人购买汽车的整体成本。失去的效率没有获得有效的补偿，因此整个国家都未能从中获益。

有许多关于如何令美国汽车制造更有效率的讨论，如果你拥有两种汽车生产方式，改善效率的最佳方法是从中寻找合适的应用比率，最不可取的方法是人为阻碍其中一种生产技术。认为艾奥瓦州制造的丰田普锐斯（Prius）不如底特律制造的雪佛兰沃蓝达（Volt）更具有"美国性"，纯粹是一种迷信。

1817 年，大卫 · 李嘉图[②] 为日后所有关于国际贸易的思考奠定了基础——他是第一位采用纯粹数学[③] 方式思考的经济学家。150 多年以来，他的理论不断得以细化，根基却如其他经济学基本原

---

① 这种观点完全正确，但未必一目了然。个体生产者主要关心自己的利润，而非整个经济体付出的成本。个人的自私决定必将导致集体最有效率的后果，这简直是一种奇迹。《为什么价格是好东西》（*Why Price Are Good*）一章中，我详细解释了经济学家如何得知了这种奇迹的发生。这一章中，我将进一步阐释它的后果。

② 大卫 · 李嘉图（David Ricardo），19 世纪英国古典政治经济学的主要代表之一。——译者注

③ 纯粹数学（pure mathematics），专门研究数学本身的规律，不以实际应用为目的的学问，是相对于应用数学而言的。——译者注

理一样牢不可破。贸易理论认为：首先，如果你保护了特定行业的美国制造者免于国际竞争，一定会损害其他行业的美国制造者；其次，如果你保护了特定行业的美国制造者免于国际竞争，一定会损害整个经济体。普通教科书一般通过图表、等式与复杂的论证来解释其中的道理，但我从戴维·弗里德曼处听来的故事只用了一个极为简练、充满说服力的比喻就达到了同样效果。而那，恰恰是经济学最有魅力的地方。

THE ARMCHAIR ECONOMIST

第五部分

科学的雷区

第 22 章　爱因斯坦真的可靠吗？科学方法中的经济学

1915 年，爱因斯坦发表了广义相对论（general theory of relativity）与几个著名假设。他提及了水星近日点反常进动[①]的“预测”，并首次对它做出解释。他还预测了光波受到太阳引力场会发生偏折。1919 年，由亚瑟·艾丁顿（Arthur Eddington）带领的团队用实验证实了光线偏折预测，令爱因斯坦一举成为国际名人。

解释水星近日点的反常进动及成功预测光线发生偏折，都完美印证了爱因斯坦的理论。然而只有光线偏折——由于它太过出人意料——才登上了各大媒体的头条。

① 进动，物理学名词，指自转物体受外力作用导致其自转轴绕某一中心旋转的现象，也叫作“旋进”。——译者注

试着假设，艾丁顿的实验完成于1900年而非1919年，光线偏折的事实依旧会得到证实，正如神秘莫测的水星进动，而且将在时间上早于爱因斯坦的成就。这么一来，爱因斯坦可能就会丧失因预测未知造成的心理冲击。他也许永远不可能在公众想象中树立起才能非凡的形象，而一代物理学家也将改变他们的研究习惯。但是，我们先将爱因斯坦的个人辉煌成就放在一边，广义相对论的命运又将如何呢？科学界需要花费更长时间才能接受这种思想吗？若是如此，这合理吗？

相反，我们可以想象水星进动现象一直无人知晓，直到爱因斯坦对它做出预测，而随后的实验又证实了他的预测。这种预测造成的心理冲击会令广义相对论的地位更加无法动摇吗？这合理吗？

当然，对已知事实做出新解释（如水星进动）与成功预测新事实（如光线偏折）都应该被视作一种理论成就。然而，成功预测新事实往往能够造成更加显著的心理冲击。有时，它被称作理论的创新证据（novel evidence）。问题是，创新证据在理论中的地位应该高于非创新证据（nonnovel evidence）吗？或者说得更直白：创新重要吗？

早在13世纪，罗杰·培根[①]提出了一种如今早已广为人知的

---

① 罗杰·培根（Roger Bacon），英国具有唯物主义倾向的哲学家和自然科学家，实验科学的先驱。——译者注

科学研究方法的雏形：理论先行。它依据经验与现有证据提出假设，随后在实验与观察中检验假设的可行性。到16世纪，这种方法已经获得多位哲学家与科学家的推崇，其中最著名的有弗朗西斯·培根[①]与勒内·笛卡尔[②]。当今，科学研究领域的学生已经将此奉为真理。

上述科学研究方法——我们可以将它总结为“理论先行，另行检验”，将对创新证据的检验置于了核心的地位。其实还有另外一种研究方法：先观察、做实验，再根据结果提出理论——我们可以将它总结为“实验先行，另行论证”。第二种方法彻底“颠覆”了创新证据在研究中的地位。[③]

为什么呢？若是如此，我们应该推崇其中的一种方法而贬低另一种吗？多年前，我的同事詹姆斯·卡恩（James Kahn）、阿兰·斯托克曼（Alan Stickman）与我十分沉迷这个问题。但是，我们发现所有的教科书均在没有做出任何明确解释的情况下，都

---

① 弗朗西斯·培根（Francis Bacon），英国唯物主义哲学家、散文家。——译者注

② 勒内·笛卡尔（René Descartes），法国著名哲学家。——译者注

③ 当然，在这两种方法之间存在巨大空间。科学家在提出理论前后都会观察，但有些人在提出理论前会观察得更细致。我们假设有些科学家在提出理论前不进行观察，另一些科学家在提出理论前进行全面观察，就可以将讨论的主要问题十分鲜明地呈现出来。

大力推崇罗杰与弗朗西斯·培根的方法。于是，我们将目光转向了哲学学术期刊。期刊上，科学界正就创新证据的地位展开激烈辩论，但找到的论据都无法令我们信服。

因此，我们决定回到问题的起点。作为经济学家，我们也许可以为这场讨论做出一些独有的贡献。毕竟所谓科学，就是在信息不全面的情况下做出（暂时的）结论。单凭这一点，经济学家对它并不陌生。

最终，我们找到了解决这个问题的一些新方法，发表在《经济学理论杂志》（*Journal of Economic Theory*）以及《不列颠科学哲学杂志》（*British Journal for the Philosophy of Science*）。我们并不认为可以就此为相关讨论盖棺定论，但的确想指出，与过去400年来试图解释该问题的其他学者不同，我们提出了清晰的假设，并指出它们背后的逻辑。我们十分希望与期待其他人——在提出各种假设时——也能如此。

我将从一个高度概念化的案例入手。鲍里斯（Boris）与娜塔莎（Natasha）都是渥萨摩塔大学的松鼠研究专家。[①]一天，他们从新闻得知，寒冷潮湿的天气持续了一段时间后，附近莫西维纳

① 该案例采用的角色与场景均来自美国20世纪60年代经典卡通片《波波鹿与飞天鼠》。——译者注

岛上的松鼠正在成群死去。他们各自奔向自己的实验室，期待解开松鼠死亡的秘密。

鲍里斯的做法是着手进行了一系列验尸，结果表明松鼠死于心脏衰竭。但是，为什么呢？鲍里斯沉思了片刻，在他已有的松鼠生物学知识中上下翻寻。最终，他提出自己的理论，出于 A、B 和 C 理由，寒冷可能导致松鼠心脏衰竭。

相反，娜塔莎没有验尸，而是直接提出理论。通过对现象的思考和掌握的松鼠生物学知识，她认为出于 D、E 和 F 理由，冷雨可能造成心脏衰竭，继而导致松鼠死亡。接着，根据她在学校接受的科学研究训练，她着手验证自己的理论。她知道，如果她的理论正确，一系列验尸将证明松鼠死于心脏衰竭。她进行了验尸，并且证明了自己的预测。

罪魁祸首究竟是鲍里斯所说的寒冷，还是娜塔莎所说的冷雨呢？最终，通过一些不怎么善待动物的实验可能会找到问题的答案，但在此期间我们应该相信谁呢？如果我们想拯救剩下的松鼠，应该使它们保持温暖还是保持干燥呢？

只有娜塔莎采取了课本上的科学研究方法。她首先提出理论，继而用理论做出了创新预测（novel predictions），认为验尸将证明死因是心脏衰竭。为了验证预测，她动手做了一些实验，但鲍里斯完全不是这么操作：提出理论前，他已经做了一些实验。综上所述，我们就应该将一种理论置于另一种理论之上吗？我们现在有两套理论，每一套都包含了实验，对理论的论证，无论支持还是反对都能够自圆其说。这么一来，如何获得理论真的重要吗？[①]

如果鲍里斯与娜塔莎的学术成就不相上下，如果你也清楚他们的学术能力旗鼓相当，我们（此处指卡恩、斯托克曼与我）想不到任何理由会令你更相信其中的一种。[②]换句话说，创新没有用。

我们对创新无关紧要的论证简单又无懈可击，但它并不被绝大多数科学家接受。他们辩称任何人都可以利用已知事实，捏造某种“解释”它们的理论，因此“创新预测”才是科学成就的真正标志。他们深信自己的直觉，认定创新十分重要。现在，我们面临的挑战就是对此做出全面解释。

回答开始：娜塔莎——不同于鲍里斯，证明她可以根据较少观察就构建出理论。（当然，娜塔莎与鲍里斯的观察均部分基于他

---

① 当然，我们的例子简化了科学验证的步骤，但已经足够抓住真实世界中一些重要的因素。科学家在构建理论时，有些人比其他人掌握更多相关事实。

② 假设松鼠死亡真相存在10个可能的理由，所有理由都很合理又不难发现——而且我们已经意识到其中过分简化了假设步骤。假设10个理由中只有一个正确，那么鲍里斯找到正确理论的概率为十分之一，娜塔莎也为十分之一。因此，没有理由将一套理论置于另一套理论之上。即使提出的假设存在微妙的差异，使一些理论看上去比另一些理论简单，上述说法同样成立，毕竟相同假设可以存在无数种表达方式。

们自身的经验与其他前辈的经验。尽管如此，娜塔莎还是比鲍里斯少观察一个案例——十分关键的一个。）也许这表明娜塔莎比鲍里斯更聪明，至少在处理这类问题时她更有办法。也许出于这个原因，我们应该更相信她而不是鲍里斯。

实际上，我们可以找到两个更相信她的理由：第一，在不清楚全体事实的情况下，她可以构建出一套适用于全体事实的理论；第二，她愿意为构建这套理论投入时间与精力，这在某种程度上显示了她的自信，从而加深了我们对她的信任。如果我们至少相信自信往往能够反映真实能力。

为了检验我们的假设——娜塔莎的研究策略是不是自信的真实反映——我们需要知道她为什么在一开始就选择了这种策略。我们需要知道她的更多诱因。

以下是众多可能性之一（也是高度概念化的）：假设我们知道，在渥萨摩塔大学，使用理论先行的科学家在创新预测得到成功验证的情况下，可以获得 10 万美元年薪，在无法得到验证的情况下，可以获得 2 万美元年薪；假设先做实验，再根据结果得出理论的科学家——从不提出创新预测——可以获得 5 万美元年薪。那么作为创新预测家，娜塔莎就将收入置于风险之中。她乐意在自己的天赋上下赌注，因此对我们而言，最好跟着她一起下注，接受她的理论。相反，接受 5 万美元年薪的鲍里斯不禁令我们怀疑，我们难道应该比他自己更有信心吗？

通过不同薪酬体系，我们得到了不同结果。现在，我们才真正进入经济学讨论。我们不仅需要假设一种薪酬体系，还需要预测薪酬结构，以及科学家将如何对它做出反应，并且从反应中推导出我们的结论。

这绝不是一个简单的问题，所有现象都会相互作用、影响。薪酬结构将影响诱因；诱因将影响研究策略；研究策略将影响行政人员判断谁才是真正的聪明人，而那些判断将影响不同研究风格所代表的价值；而上述价值又会反过来影响到薪酬结构。以上均由科学家、科研机构间的竞争，以及科学研究的赞助者与受益人同时参与决定。我们需要全面理解这种连锁反应，以及它们将如何相互作用。

那时，斯托克曼、卡恩与我不知该怎么解决这个问题，于是我们回到了一个更加简单的问题。与其问已经发生了什么，不如问应该发生什么。换句话说，我们假设存在一位科学“沙皇”（czar），由他设计一套激发科学家最大工作效率的系统。我们的问题是，这是一套怎样的系统呢？

以上两个问题不能相提并论。我们知道在许多经济学案例中，真实市场反馈——真正发生的事，与有效市场反馈——应该发生的事，常常混为一谈。也许科学研究市场也可以成为此类案例中的一个。这么一来，解决简单问题的方法就可以自动应用到复杂问题上。至少我们希望找到一些类似的方式，即使最终我们的希望破灭，努力也不会白费。无论如何，我们总能给未来的科学“沙皇”继续出谋划策。

好吧，现在就让我们想象一位“沙皇”，他命令科学家要么像鲍里斯一样先做实验，要么像娜塔莎一样先提出理论。

理论先行的弊处在于所有努力都可能白费。科学家将大量时间与资源扔进了死胡同，正如娜塔莎的同事“眼镜狗”（Mr. Peabody）。“眼镜狗”也是理论先行的科学家。在辛勤工作了一周后，他提出一套理论，出于 G、H 和 I 原因，寒冷、潮湿的天气令松鼠死于动脉瘤。如果“眼镜狗”可以像鲍里斯一样先做几个实验，不费吹灰之力就会知道松鼠死于心脏衰竭，他就不用白费一周的力气了。

但是理论先行的好处在于，随着“眼镜狗”的理论被检验淘汰，有些理论——比如由娜塔莎提出的那套，能够通过检验幸存下来，这令人们相信后者也许比其他科学家更聪明。于是，“沙皇”可以做出调整，更加关注那些理论。相反，如果科学家选择先做实验，他们的理论就不可能被淘汰（至少在更多事实浮现出来前，他们的理论都能够幸存）。因此“沙皇”相当困扰，无法判断应该相信哪种理论。[①]

接下来，就是权衡取舍：如果理论先行，失败的可能性很高，但可以令我们具备更多信心；如果实验先行，所有理论都能够幸存，但我们无法判断该相信哪一种。

现在，我们再让问题变得复杂一些：假设科学家知道自己是否聪明[②]，而“沙皇”想在不经意间套出这个信息。实际上，他有两个理由应该这么做：首先，这会帮助他判断谁的理论可信；其次，他知道该向哪些聪明的科学家支付高薪，而不是将钱浪费在愚蠢之辈上。甚至，他可以在一开始就鼓励聪明人做科学家，让资质平平的人趁早另谋高就。

区别聪明科学家与愚蠢科学家的最好方法是什么？直截了当询问最简单。不幸的是，科学家一般不愿表露出他们的愚蠢，尤其这将关系到他们的收入。因此，我们需要一种诱因迫使科学家

---

① 当然，现实中的沙皇很可能会掌握许多判断谁是聪明科学家的外部证据。但是，额外的证据总要付出高昂的代价。此外，沙皇的信心只是暂时的，直到将来的研究者提出一套全新的见解。但有时，你的确需要知道现在更应该相信谁。如果你试图拯救松鼠，就需要相信什么是导致它们死亡的最可能原因。

② 我们在此处使用“聪明”一词是为了说明科学家比普通人有更多机会构想到既可以反映事实又真实有效的理论。我们使用“愚蠢”一词是为了表明相反意思。一位科学家只要具备解决特定问题的独特能力或者拥有解决问题的强大动力，都可以被视为“聪明”。基于以上定义，这位科学家在研究某问题时是“聪明”科学家，但在研究另外问题时也许就是“愚蠢”科学家。

说实话。

解决方式如下：“沙皇”建立两家不同的研究机构——实验先行研究所（Look-first Institute）与理论先行研究所（Theorize-First Institute）。在实验先行研究所，所有科学家都先做实验，所有人的年薪都为 5 万美元；在理论先行研究所，所有科学家都先构建理论，理论检验成功的科学家可以获得 10 万美元年薪，理论检验失败的科学家只有 2 万美元年薪。

如果科学家正确选择自己的年薪，聪明的科学家就会加入理论先行研究所——他们对自己很有信心，相信提出的创新预测能够通过检验，于是期待更高的回报；愚蠢的科学家——知道自己的预测经常失败的人，将会接受 5 万美元年薪加入实验先行研究所。[①]所有科学家都自愿向“沙皇”透露了有用信息，即使这可能违背了他们的初衷。

当然，一些聪明的科学家可能走了霉运，每年只挣到 2 万美元薪水。但平均而言，聪明的科学家比愚蠢的科学家挣得多，因此大部分聪明的科学家都选择了投身研究事业。不仅如此，“沙皇”

---

① 这一段提及“年薪”仅用于说明问题。为了设定合理的薪水，“沙皇”需要考虑许多因素。首先，它必须对科学家起到区分作用，所以聪明的科学家才会去理论先行研究所，愚蠢的科学家才会去实验先行研究所；其次，它必须考虑每种类型科学家的大致人数。

在必要时还知道应该相信谁提出的理论——比如他要启动一个拯救松鼠项目。实验先行研究所的科学家做出的贡献将得到礼貌性的肯定，但永远不会发挥实际作用。

这种解决方式有几大显著特点。首先，聪明的科学家在构建理论时花费了大量时间与精力，但如果他们先做实验，就会避免走进死胡同。（因此，如果他们可以自由选择，一定会倾向于先做实验。）不幸的是，如果允许他们先做实验，虽然他们面临的风险降低了，但愚蠢的科学家可能会混入他们的队伍（毕竟，理论无法在实验中得到检验是阻止愚蠢的科学家选择理论先行研究所的唯一理由）。通过让聪明的科学家冒一些浪费时间的风险，“沙皇”可以得知谁聪明，谁愚蠢，而透露出的信息本身十分值得这种浪费。

其次，愚蠢的科学家可能事先就明白他们的研究一无是处①，但还是选择加入实验先行研究所。向他们支付一定薪水同样十分重要，这可以防止他们混入聪明人的队伍。我在学术圈待了这么久，深知类似的预防措施绝对很必要。

每隔几年，我所在的院系就会在评估数百份简历上投入巨大

---

① 记住，我们使用的案例是高度概念化的，因此模型中预测的实验先行理论才完全一无是处。但在现实世界中，出于研究之间的关联性，愚蠢的科学家做出的成果也许只是相对而言价值不那么大。

资源。我们只需评估数百份简历而非数千份的原因之一，恰恰在于能力不济的应聘者已经接受了渥萨摩塔大学发出的年薪还算合理的工作邀约。[①]（对哈佛大学而言，我的大学所扮演的角色也许正如渥萨摩塔大学。）

同样，质量最高的学术期刊编辑总被无数投稿淹没。将他们的工作量控制在合理范围的方式之一，就是只考虑来自理论先行研究所科学家的论文。如果“沙皇”设计的年薪制度合理，他们一定是比较聪明的一群人。

在这里十分有必要指出，如果科学研究完全私有化，没有公司会雇用只生产失败理论的愚蠢科学家。然而，存在这样的公司具有相当重要的社会价值，它们可以防止愚蠢的科学家混入聪明人的队伍。因此，理论告诉我们，政府应该承担起组织科学研究的职责——因为只有政府愿意资助完全没有社会价值的研究！

第三，“沙皇”获得的信息可能不全面，而且他的标准可能十分严格，因此世界上到处都是蠢货，聪明的科学家屈指可数，正如每个人的能力如果得到全面评估将出现的结果。事实真的如此吗？熟悉现代科学研究的读者可以给出自己的答案。

---

① 如果可以将更有用的任务分配给愚蠢的科学家，这个解决方法就更加完美了——比如去给本科生上课。

当然，在探讨创新预测价值的讨论中，聪明/愚蠢科学家模型并非唯一合理，甚至并非最佳方式，但我十分确信它是唯一利用翔实细节展开讨论的论证。如果其他人在提出他们的假设时也可以采用相同的方法，我们说不定就可以采取更严谨的态度来讨论他们方法的优点。关于创新预测的辩论持续了数个世纪，不知为什么从没有任何参与者认为应该提出一个包含科学行为的具体模型。我们应该对伟大的思想家未经论证的结论保持警惕。我更欣赏经济学，因为它总是秉持更高的标准与要求。

第 23 章　改进的橄榄球：经济学是怎么弄错的？

距离我们现在所生活的时代大约一个世纪前，有一位经济学家试图更好地了解橄榄球运动。于是，他决定将最知名的教练作为观察对象。

每一次观看比赛，这位经济学家都十分辛苦地记录下所有比赛细节，以及可能与之有关的所有周边情况。每个夜晚，他利用复杂的计算，试图通过数据揭示其中隐藏的模式。最终，他的研究得到了回报。他发现：四分卫经常朝己方接球员所在方向掷球，持球手经常朝与对方门柱相反的方向奔跑，终场前的最后几次射门经常由落后一两分的球队发起。

一天，美国国家橄榄球联盟（NFL）主席突然关心起比赛中的弃踢[①]现象。他认为球队弃踢次数太过频繁，而这种行为会对比赛不利。（虽然这种说法从未得到确认，但他自己对此深信不疑。）于是，为了力图减少弃踢现象，他找来助理询问有什么解决方法。

其中一位刚拿到MBA学位的助理屏息凝神地宣布，他选修过一位经济学家的课程，他的老师是研究橄榄球运动的专家，研发了完备的数据模型来预测球队的行为。他提议重金聘请这位经济学家研究球队的弃踢现象。

于是，主席召见了这位经济学家，后者带着一张巨额定金支票与寻找弃踢原因的任务回家了。经过许多小时（经济学家按小时收费），他找到了答案。数据分析清晰地表明：弃踢几乎都发生在第四次进攻的时候。

不过，经济学家接受的科学训练告诉他，仅描述已知现象不是了不起的成就，更大的价值在于做出预测。因此，在联络主席前，他对自己的模型做出了最终检验。他观看了数场橄榄球比赛，提前预测所有的弃踢都将发生在第四次进攻。当他的预测得到检验，他知道自己获得了一个真正意义上的科学发现。

---

① 橄榄球比赛中，进攻方有4次机会向前方（防守方的端区）累计推进10码，每次机会称为一“档”进攻。当进攻方成功在4档进攻内推进10码以上，就可以获得新的4档进攻机会。一般情况下，如果进攻方在第四攻发起时仍没有把握推进足够距离，大多会采用弃踢（punting）方式将球转移给对手。——译者注

然而，联盟主席是不会为纯科学买单的。知识本身或许会令一位哲学家感到满意，但主席面对的是一个亟待解决的现实问题。他的目标不是研究弃踢现象，而是杜绝这种现象的发生。.

于是，主席将经济学家打发回家，让他重新回到他的算式前，从中找出一个切实的政策建议。经历了几次失败后，经济学家进行了一场头脑风暴：如果球队只允许上档三次呢？[①]

为了验证他的假设，经济学家写了一套电脑程序，模拟只允许上档三次比赛规则下球队的行为。程序写得十分完美，完美体现了经济学家对球队弃踢的认识。一次次的模拟反复验证了经济学家的预测：由于弃踢只发生在第四轮进攻，没有人可能在不存在的第四次进攻的比赛中弃踢。

主席对经济学家提供的强大证据深为叹服，于是召开了一场新闻发布会，宣布了橄榄球比赛规则中的一次改动。从今以后，球队只能连续进攻三次。主席充满信心地宣布，这将使比赛永远摆脱弃踢。然而现实并非如此。球队开始在第三次进攻中弃踢，主席再也不相信经济学家的话了。

我们的这位经济学家“英雄”还未摆脱 20 世纪中期的主流政

① “档”，即被对方拦截放倒一次的机会。——译者注

策分析方法。第二次世界大战后，经济学家对数据有了更多了解。新的学科——计量经济学发现了经济数据背后更深层次的模式，并且可以测试那些模式是否存在重复的可能。经济学家详细研究了消费行为、投资决定、农业产出、劳动力供应、金融资产销售，以及他们所能想到的一切。这项雄心勃勃的事业所取得的成就远超出他们的预期。数据在预测未来时展现出了惊人的一致性，而且十分精确。

当代美国人也许很难相信竟然存在过宏观经济学不出错的年代，但我们的确经历过这么一段稍纵即逝的黄金时期。半个世纪后，很自然的问题是：到底哪里出错了？

出错的原因似乎在于政府太把经济学家当回事，这种做法破坏了一切。让我们以一位具体的经济学家为例，他曾是美国国家橄榄球联盟的顾问，现在为美国政府服务，协助制定经济政策。

他的目标——为了响应几位农业州参议员的紧急呼吁——是提高玉米片消费量。第一个任务是摸清现实。经过数月对数据的集中研究，这位经济学家发现了正在寻找的规律：每个家庭每个月平均在玉米片上花费10美元。这种行为显示出了惊人的一致性。比如，收入税的小幅上调对玉米片消费的影响微乎其微。

作为充满质疑精神的科学家，他不希望研究仅反映历史数据。

相反，他将自己的理论投入实践，以检验自己的预测。他预计，未来几个月内，普通家庭对玉米片的消费将继续维持在每个月 10 美元的水平。他的预测不断获得验证，这种成功令他回忆起了年轻时首次发现球员总在第四次进攻中弃踢的辉煌日子。

经济学家的主管对他的发现深表满意，以至将它作为一项全新政策提议的基础：政府将在每个月对每个家庭额外提供价值 5 美元的玉米片。这将使玉米片的消费量增长 50%。为了落实项目，将进行小幅增税，可是我们已经知道，小幅增税不会影响玉米片的销售。

但是，奇怪的事发生了。政府开始提供玉米片后，人们就像必须在三轮进攻中推进 10 码的橄榄球运动员一样：他们改变了自己的策略。人们一旦意识到政府每个月会将玉米片送到家门口，于是将它们从自己的采购计划中减半了。

我们的这位经济学家“英雄”并非是凭空捏造出来的夸张想象，而是他所处时代的真实写照。20 世纪五六十年代，是他的黄金时期。30 多年前，罗伯特 · 卢卡斯[①]（现供职于芝加哥大学）首次提出了现在广为人知的警告：人们会对政策变化做出反应。这个简单的发现令传统的政策分析彻底失效了。即使到了今天，大

① 罗伯特 · 卢卡斯（Robert E. Lucas Jr.），美国著名经济学家、芝加哥经济学派代表人物之一、芝加哥大学教授，1995 年诺贝尔经济学奖得主。——译者注

学的第一堂经济学课还在教授这个假设：如果政府提供玉米片，人们不会改变过去的购买习惯。（当然，课本上的假设采用了代数而非玉米片的方式，以“确保”学生不会弄懂其中的真正问题。）

不幸的是，在政策分析中，人们并不是机器。他们是在一个复杂的游戏中心怀策略的参与者，而政府政策不过是设定了一些游戏规则。经济学家观察到的行为——买车或者买房，辞职或者换新工作，多雇一位员工或者多建一座工厂的决定——都是策略。只要规则不改变，我们可以十分理性地预测他们的策略不会发生重大改变，我们还可以从过去的观察中做出十分精确的推断。可一旦规则发生改变，一切就都前途未卜了。

我们的经济学家“英雄”应该从数据堆中稍稍抬起头来，将更多时间花在纯理论上。通过橄榄球运动的正确理论——每支球队都想比对手取得更多分数——他可以精确预测到球员将对新规则做出的反应。通过玉米片的正确理论——人们购买玉米片是为了食用，因此不会购买吃不完的玉米片——他也许会意识到，政府代替人们购物不会增加他们的饥饿感。

当然，有一些理论是错误的，支持那些理论的经济学家不可能做出准确的预测。但是，经济学家如果拥有一套理论，至少这套理论存在正确的可能性。一位无所依凭、只会埋首数据的经济学家在执行稳健政策的国家里也许不会捅大娄子，但如果由他来预测政策改变将导致的后果，他一定会全盘皆输。

宏观经济学家最常出错的地方是就业与通货膨胀的关系。回到 20 世纪五六十年代的黄金岁月，经济学家观察到一组惊人的相互关联现象：高通货膨胀时期，就业率往往很低，反之亦然。到 20 世纪 60 年代后期，这个发现已经经历了严格的数据考验，被当作了科学真理。了解以上事实后，政客将它作为制定政策的基础，希望通过操纵通货膨胀率来控制失业率，结果却是人们经历了十多年的滞涨时期：高通货膨胀率下，随之出现了高失业率。到 20 世纪 80 年代，通货膨胀现象急剧消除，经历了最初严峻的经济衰退期后，就业机会出现了令人意外的增长。老一套数据规律似乎完全失效了。

究竟出现了怎样的改变呢？政府采纳经济学家的建议，实行新的政策，从而改变了经济学的游戏规则。结果，游戏中的参与者——公司与个人——采取了经济学家没能预测到的新策略。1971 年（因此对 20 世纪 80 年代做出了重要预测），罗伯特 · 卢卡斯撰写了详细的文章，解释人们将如何以及为何会在政府操纵通货膨胀后做出不同反应。

卢卡斯的故事开始了。威利 · 沃克（Willie Worker）现在没有工作，不是因为他找不到工作机会，而是因为那些机会太糟糕，他情愿不工作。对威利而言，最理想的工资是每年 1.5 万美元，恰好可以应付他开工产生的所有成本。如果工资低于 2 万美元，威利不会接受那份工作。

一天夜晚，威利熟睡时，通货膨胀显著加剧，导致所有的价格与工资都翻倍了。昨天雇主开出的工资是 1.5 万美元，今天已经变成了 3 万美元。但是，那些钱还不够诱人。在物价翻倍的世界，如果工资低于 4 万美元，威利不会愿意工作。

现在，让我对故事做小小的改动。经过通货膨胀显著加剧的那夜，威利早晨醒来接到了雇主的电话，对方开出了 3 万美元工资。威利那时还没来得及看新闻，不知道物价已经改变了，于是开开心心地接受了这份工作。下班后，他拿着刚领到的薪水去超市买东西时，才发现了残酷的现实，于是立刻写了一封辞职信。

这个高度概念化的故事抓住了现实中的几个重要方面。通货膨胀能够增加就业率可能来自一种蒙骗群众的假象。它令就业机会看起来比实际的更诱人，从而令工人接受了工作，但如果他们对经济状况有更多了解，绝不会做出类似的决定。

站在雇主一方，我们可以复述出一个相同的故事。假设你是一家冰激凌店的老板，每支甜筒冰激凌的售价为 1 美元。如果你可以将售价提高到 2 美元，就会扩张自己的经营规模。但是，你根据经验知道，如果冰激凌卖 2 美元，不会有这么多顾客。

如果所有的价格与工资——包括你的所有成本——都翻倍，你的甜筒冰激凌就可以卖 2 美元，但那 2 美元的真正价值其实还不如昨天的 1 美元。因此，你不会改变自己的经营策略。

如果假设价格与工资都翻倍，但你完全没有意识到呢？你只注意到客人似乎突然愿意付更多钱买甜筒冰激凌了。（你第一次留意到这种现象可能因为你卖 1 美元的甜筒冰激凌对客人而言好像成了打折品，因为他们的工资刚翻倍了。）于是，你扩张了经营规模，雇了许多新员工。即使你发现决策失误，店面扩张的部分现实已经不可逆转：你购买了新的冷柜、正在兴建停车场，你可能至少想保住几位新员工。

卢卡斯的故事不是说通货膨胀驱使人们去工作，而是意料之外的通货膨胀驱使人们去工作。在这个故事中，人们如果清楚地知道通货膨胀的发生，就完全不会影响他们的行为。如果故事正确，那么（也是高度概念化的）宏观经济学的现代史将如此发展：通货膨胀蒙骗工人接受更多工作，雇主应聘更多工人。政府留意到通货膨胀总是伴随高就业率，于是决定利用这种关系来系统性地操纵通货膨胀。工人与雇主很快意识到了政府的阴谋，于是不再任由他人摆布。通货膨胀率与失业率之间的关系就此崩溃，原因就在于政府想从中捣鬼。

第二次世界大战后的 20 多年中，通货膨胀的波动大多不在意料之内。通货膨胀与不在意料之内的通货膨胀之间有时没有区别。如果经济学家 A 坚称通货膨胀驱使人们去工作，经济学家 B 坚称不在意料之内的通货膨胀驱使人们去工作，历史已知数据根本无法区分他们的假设。任何证明经济学家 A 理论的证据也可以同时证明经济学家 B 理论，反之亦然。两种理论在预测中同样具有精确性，直到规则发生改变。规则改变后，政府开始系统性地操纵通货膨胀率，其中一种理论将继续发挥作用，另一种将会错得一败涂地。

许多经济学家对这个故事相当不满意，提出过不少令人尴尬的问题，比如："为什么冰激凌店老板在扩大经营前不先读《华尔街日报》了解经济形势呢？" 作为回应，卢卡斯与其他经济学家不断构建从原版故事衍生出来的其他故事版本，以及一系列自相矛盾的故事。

如今，宏观经济学已经发展出许多不同模型。有一些吸收了部分卢卡斯的原版故事，另一些则完全对它弃之不顾。但是，它们都有一个共同点：讲述的是个人在经历改变以及未知状况下做出决定的故事。宏观经济学家使用了庞大的计算，追踪每个人的决定如何影响他人，这些模型被称为"动态随机一般均衡模型"

（DSGE）。[1] DSGE 在每个故事与每种预测中的表现各异，但它们提供了一种共同的语言，令宏观经济学家能够准确找到他们得出不同结论的原因。由于人们真正关注的是动机而非行为，DSGE 模型看起来已经与 50 年前的宏观经济学大相径庭了。

一位经济学家如果理解球队为什么弃踢，就会知道规则改变将发生什么；一位经济学家如果理解人们为什么购买玉米片，就会知道收到免费玉米片将发生什么；一位经济学家如果理解人们为什么工作，就会知道操纵通货膨胀将发生什么。我们需要故事，正是出于这个原因——尤其是理想状态下的故事。它们足够简单，易于理解，但如果将故事运用到我们生活的世界，它们就会因为错综复杂的关系而变得异常庞杂起来。

几乎所有现代宏观经济学家都试图讲出一个好故事，以及研发全新的计算技术帮助我们追踪故事变得复杂起来后发生的一切。作为一种预测科学，宏观经济学还有漫长的道路要走，在它诞生 60 多年后的今天，它已经从前人的失败中汲取了教训，正在寻找崭新并且充满希望的道路。

---

① “动态”（dynamic）的意思是今天做出的决定会影响到明天的结果，以及故事中的人们必须考虑这个因素；“随机”（stochastic）的意思是故事中的人们面对的是不确定性；“一般均衡”（general equilibrium）的意思是我们需要追踪所有决策参与者的所有互动。

THE ARMCHAIR ECONOMIST

第六部分

信仰的雷区

第24章　我为什么不是环保主义者：经济学作为一种科学vs生态学作为一种信仰

这章内容写于20年前，首次发表在《扶手椅上的经济学家》（*The Armchair Economist*）第一版。之后，它被广泛引用，尽管人们有时并非为了表达认同。此次再版，我只对它做了几处微小改动。

尽管文章的标题气势汹汹，我本人——当然在许多方面而言，都是一位环保主义者，和你一样，我也很在意生活环境的质量。我想呼吸清洁的空气，饮用干净的水，所生活的环境美丽迷人。但同时，我想提高电脑运作速度，驾驶的汽车舒适称心，淋浴喷头的水势强劲。以上一切，都是我生活环境的一部分。作为经济学家，我当然明白增加对一种事物的需求必定会减少对另一种事物的关照。尽管如此，我还是什么都想要。

和你一样，我认为我们应该关心（至少表现得关心）对其他地球人造成的影响。通常情况下，这意味着不乱扔垃圾，将自家草坪修得规整漂亮，以及关心你产生的碳足迹。正如你，我知道人们并非总以这样的标准要求自己。但是，如果政府的政策足够明智，有时可以改善人们的行为——尽管在具体案例上还存在巨大的讨论空间。

以上提到的所有情况中，我都是一名环保主义者。但是，我决不是那种环保主义者——只关心清洁的空气，但对追求汽车速度的需求不屑一顾。不同的人优先考虑的事情不同，有时我们会在优先顺序上发生冲突，这意味着出现了问题需要解决，但绝没必要掀起一场优先顺序上的彻底改造，如同发动一场正义与邪恶之战。它当然属于经济学的一课，因而适合出现在本书中。

我在这一章中提及“环保主义者”一词时，特指那些没有学习过这一课的环保主义者，或许更应该将他们称为“环保理想主义者”（ideological environmentalists），并将这一章改名为“我为什么不是一位环保理想主义者”。但既然人们已经熟悉它原来的标题（更抓人眼球），我就不再“画蛇添足”，相信细心的读者一定不会误解我的本意。

我的女儿 4 岁时，获得了她的第二张毕业证书。她两岁时，以最高荣誉从科罗拉多州的一所托儿所毕业。两年后，她从纽约州一个犹太社区中心开办的幼儿园学前班毕业。那时，她已经随我们迁居到罗切斯特[①]，准备在那里就读小学。

毕业典礼上，我在一场名为“地球之友”（*Friends of the Earth*）的讲演中听一群四五岁的孩子告诉我安全能源、大众交通与回收利用的重要性。演讲中，孩子不停对“拥有特权就要承担责任”高唱颂歌。他们这么说：拥有在这个星球生活的特权就要承担爱护它的责任。毫无疑问，托马斯·杰斐逊[②]认为，与享有特权相比，生活在这个星球上是不可剥夺的权利，但他可从来没有念过学前班。

从前，我就从女儿那里听到过类似的说法，已经习惯了时不时要对她“洗洗脑”。但是，当我听到尚未具备阅读能力的孩子不停地死记硬背这套脱胎于政治语术的宣传话语，我认为是时候和

---

① 罗切斯特，纽约州西部安大略湖岸工业城市。——译者注

② 托马斯·杰斐逊美国第三任总统，也是《独立宣言》的起草人。“权力越大，责任越大”（With great power comes great responsibility）是他的名言。——译者注

老师谈谈了。那位老师想知道究竟哪一部分说法引起了我的反感，我拒绝对此做出回答。在这个州[①]，当环保主义日渐成为一种具有侵入性的信仰，我们这些离经叛道者正不断地为一些不正常的建议承担着棘手的苦果。

我女儿在学前班所学的环保主义极为幼稚，类似一种大杂烩式的强行灌输。它混杂了神话、迷信，还有一些与最声名狼藉的极端学说拥有不少共同点的仪式。邪恶信仰的解药是科学正义，占星术的解药是科学方法，“天真创世说”[②]的解药是生物进化学，而经济学正是幼稚环保主义的解药。

经济学是不同偏好间相互竞争的学科。环保主义一旦将偏好问题上升到道德问题，它就不再是科学了。一项提议认为应该毁掉林地建造停车场，就在保留林地倾向与方便停车倾向的人们之间制造了一种冲突。接下来的拉锯中，双方会试图通过操纵政治与经济资源来强调自己的立场。因为有人会赢，就必定有人落败，对峙成了一场拉锯战，有时还甚为艰辛。所有这一切，都在预期之内。

然而，自 40 多年前第一个世界地球日（Earth Day）起，对峙中开始出现一种恶劣的因素，以定罪的方式评判有些偏好是正确

---

① “这个州”指纽约州。——译者注

② “天真创世说”（creationism）认为人类和世界的起源都是上帝创造的。——译者注

的，而有些偏好是错误的。经济学研究中，刻意回避摆出道德姿态，但环保主义信仰却热烈地拥抱了它。

经济学研究要求我们保持基本的对称性，冲突出现是因为双方想以不同方式使用同一种资源。杰克想要林地，牺牲的就是吉尔的方便停车；吉尔想要方便停车，牺牲的就是杰克的林地。这种表述在道德上是中立的。它应该作为一种警告，避免我们将杰克或者吉尔推上道德高地。

这种对称性还具有更为深刻的含义。环保主义者声称，应该选择保留林地是因为毁掉它的决定“不可逆转”。他们的说法当然没错，却忽略了一个事实：不毁掉林地的选择同样“不可逆转”。除非我们今天就行动，否则就失去了明天停车的机会，如同明天本身，它同样不可逆转。未来将车停到更远的地方可能无法弥补失去的这个机会。

环保主义存在一种变形，声称我们不是为了自己保留林地，而是为了将来的世世代代。但是，我们真的可以找到令人信服的理由，表明将来的世代究竟想继承林地，还是想继承从停车场获得的利润？科学探究如果足够坦诚，它都将是第一个浮上水面的问题。①

① 一个相关问题：大体上，人们认同财富最好从富人那里转移到穷人那里，而不是反其道行之。虽然听起来有些古怪，但这就像让今天的美国人为将来世代的福祉做出牺牲，但我们的后代无疑将比我们更加富裕。

不管怎样，如果如环保主义者所言，他们对保护将来世代的资源充满热情，我更期待看到他们反对向资本收益征税、反对社会保险、反对鼓励当今的人们过度消费的其他政策。环保主义者在上述议题中的缺席正反映了他们“为了将来世代”的姿态不过是一种华丽的辞藻。他们的行为并非出于原则，而是出于便利。

环保主义的另一种变形是声称停车场开发商受到了利益驱使，因此不应该将它视为偏好。关于这种说法，我有两条回应：首先，开发商的利益来自客户的偏好，最终的冲突不在开发商，而在想方便停车的人们；其次，它暗示了利润在某种程度上不及保护林地重要，而设计讨论时恰恰应该力图避免这种姿态。

对我而言，“不可逆转”“为了世世代代”，以及“利润并非优先选项”的说法都基于错误的区分。我们一旦展开坦诚的审视，它们就不堪一击，但有些环保主义者为什么依旧不断重复类似论调呢？或许因为坦诚的审视从来不存在于他们的议程之中。许多情况下，他们一开始就摆出一副道德上的高傲姿态，将此视作理所当然。他们认为自己有权散布在知识上不够坦诚的宣传术语，只要它的目的尊贵崇高，人们就该为这项事业鞠躬尽瘁。

通过论证获得符合逻辑的结论是科学研究的显著特征，但是，信仰的显著特征却是狡猾地利用逻辑，如果结论不合他们心意便仓皇收声。环保主义者总是引用大量数据说明树木的重要性，然后直接跳至结论认为回收纸张是个好主意。但是，相反的结论同样说得通。我相信，如果可以找到回收牛肉的方式，牛群数量将会下降而非上升。如果你想农场主饲养许多牛，就应该吃许多牛肉。回收纸张令造纸公司失去了种植更多树木的诱因，从而可能导致森林面积萎缩。如果你想要许多森林，最好的策略应该是尽可能浪费纸张——或者游说补贴伐木业。如果你对环保主义者这么说，我的个人经验告诉我，你将很可能得到一个类似充满祝福的微笑，就如挨家挨户传福音的人突然被问到棘手的难题，他们只是报以微笑，用神的旨意作为自己的掩护。

这表明环保主义者——至少我遇到的这位——并非真正关心保持树木的数量。如果关心，他们就会认真研究回收将造成的长期影响。我怀疑他们不会这么做，因为他们真正关心的是回收这个“仪式”本身，而非它将导致的后果。因此，他们口中的牺牲和唆使他人牺牲，不过来自一种本能冲动。

环保主义者呼吁禁止使用致癌的杀虫剂。他们选择性地忽视了这样的事实，杀虫剂一旦被禁，水果与蔬菜的价格就会上升，人们少吃水果与蔬菜，于是癌症发病率呈现了上升趋势。[①] 如果他

① 再次感谢杰出的生物学家布鲁斯·艾姆斯（Bruce Ames）为此观点做出的贡献。

们真的关心降低癌症发病率，就会将这种后果纳入考量。

环保主义存在胡乱预测的倾向。我们经常听到物种灭绝将带来完全不可预测的后果，因此人们要为物种灭绝承担极大的后果。但是，不可预测的说法并不可靠。经济学的教训之一在于，如果我们知道的很少，就更应该积极投身实验。如果我们完全不知道物种灭绝的后果，就可以从彻底摧毁一些物种导致的后果中获得宝贵的经验和教训。我怀疑，科学家在该领域的确一无所知，但我感兴趣的是环保主义者竟然将这种无知当作自己的借口，只要它符合他们的目的。然而，他们的观点一旦面临挑战，他们又会立刻全身而退。

2009 年 6 月，国际野生生物保护学会（Wildlife Conservation Society）宣布在亚马孙雨林发现了一种体形小巧的猴子，于是将此鼓吹为必须保护雨林的极佳例证。我的个人回应完全相反。我大半辈子都不知道这些猴子存在的事实告诉我，如果他们灭绝，我也不太可能会“想念”它们。它们的确是十分可爱的小猴子，我很乐意在 YouTube（视频网站）上欣赏它们的影片，但除此之外，它们对我的生活实在没有太大影响。

这些猴子可能会为世界做出许多贡献，不管现在还是将来，但是，关于这一点我并不确认。与此同时，这些猴子可能会给世界造成许多伤害，不管现在还是将来，我同样不知道。有些物种灭绝对我们而言绝对有好处，比如疟原虫[①]。

我更在意一些其他物种，可能因为我去动物园的经历或者在童年的故事书上对它们留下了美好的印象。比如狮子。如果狮子灭绝，我一定会十分伤心，因此我愿意捐 50 美元保护它们，但我认为不可能再出更高的价格。那么，你呢？如果狮子对你的重要性不及对我的重要性，我接受我们的差异，而且不会谴责你是个罪人；如果它们对你的重要性高过对我的重要性，我希望你也能表现出相同的好意。

当下的政治气氛中弥漫着一种观点，认为美国政府应该将美国人的福利放在首位；同时，人们普遍同意空气污染无论在哪里都是坏事。如果世界银行的首席经济学家建议将所有重污染行业都转移至第三世界国家，你很可能会听到一片赞同声。对大部分经济学家而言，这种反应并不奇怪，因为它不仅对美国人有好处，而且对每个人都有好处——富裕国家的人们可以承担一些收入损失来换取清洁的空气；而贫穷国家的人们也许会乐意用清洁的空气来交换改善收入的机会。可一旦世界银行的经济学家将这种观点泄露给媒体，几乎整个环保界都震怒不已。对它们而言，污染是一种罪。它们追求的不是改善生活，而是拯救我们的灵魂。

① 疟原虫，疟疾的病原体。——译者注

这当中存在一种模式。针对环保问题提出切实可行的解决方法不会令环保主义者侧目，除非你的解决方法同时可以满足他们的道德优越感。补贴伐木业、使用杀虫剂、有预谋的物种灭绝、将污染输出到墨西哥，都不会出现在传统教育中；而补贴公共交通、使用催化转化剂、规划节能标准、向太平洋西北地区实现产业输出，都是绝对可靠的教条。某种解决方式不合适并非因为它的实际效用，而是它是否能够符合环保主义教条。

老布什总统连任竞选的最后几周签署了一项法案，对消费者购买的淋浴喷头做出了规定。他竞选时宣扬将打造一个减少干预的小政府，但在签署法案时却一副洋洋自得的模样。美国民权同盟（The American Civil Liberties Union，简称为ACLU）没有做出任何表态。我猜测，如果这项法案规定了信徒应该购买祈祷书而非淋浴喷头，即便老练如布什先生，下笔前也会三思而后行——如果他没有，我们一定会看到ACLU采取行动。但以经济学眼光看，圣公会祈祷书与淋浴喷头不存在本质上的区别。恰恰相反：用经济学的眼光看待问题时正要求我们意识到其中不存在本质区别。

淋浴喷头法案的支持者认为，立法禁止奢华的淋浴喷头就如同立法禁止乱扔垃圾，但不同于立法禁止信仰少数宗教：它的目的是为了防止个人自私对他人造成的实际成本。如果正是这一点打动了布什先生，那么——绝不是他政治生涯中的第一次——他就落入了黑暗经济学的陷阱。

我们可以为禁止乱扔垃圾找到极好的经济学理由，但也可以列出它造成的负担。（尽管这有些画蛇添足。当你走进一家拥挤的超市，对所有购物者都会造成负担，但很少有人认为我们就不该去超市了。）但是，在美国许多地方，用水不是一种负担。原因很简单，你付了水费。没错，你那奢华的淋浴喷头伤害了其他消费者，因为用水过度推高了水价，但你的淋浴喷头也使销售人员获得了高提成——这也没有错。而且利润与损失完全等价。只有在仅关心消费者，但置销售人员不顾的情况下，才会希望限制用水——这个例子可以用来解释所有限制消费的行为，包括节能淋浴喷头。

正如其他强制性意识形态者，极端环保主义者总将儿童作为他们的目标。我的女儿上完幼儿园学前班，正式入读幼儿园后，老师教她使用完一次性水杯后可以冲洗干净，而不是直接扔掉。我向她解释，时间同样十分宝贵，扔掉一些纸杯交换一些时间可能是值得的牺牲。老师教她公共交通好，因为节约能源。我向她解释，浪费一些能源交换舒适的私家车体验可能是值得的牺牲。老师教她回收纸张，于是林地就不会沦为垃圾填埋场。

我向她解释，填平一些林地交换不用分类垃圾的奢侈可能是值得的牺牲。不论哪个案例，她5岁的脑袋都可以毫不费劲地抓住重点，但是我担心再被灌输几年，她会变得与老师一样顽固不化。

对孩子头脑的侵蚀中，最应该遭到谴责的是极端环保主义者惯常使用的伎俩，将所有对他们信条的挑战都视为正义与邪恶之间的较量。星期六早晨的卡通片描摹了邪恶的污染分子，他们为了污染而污染，从不指出污染可能是从事某些有益活动产生的副产品。这都是些该死的谎言。美国政治传统中，对抹黑竞争对手的做法从不手软，这种做法应该同样适用于将儿童作为目标受众的所有行为。直到最后一刻，环保主义者还能保住他们的体面吗？

狭义而言，经济学是避谈价值观的科学，但经济学也是一种思考方式。经济活动中的所有参与者都具备影响力，这甚至超过了形式逻辑（formal logic）。经济学研究不同人的不同利益诉求。作为一门学科，它是孕育包容与多样性的肥沃土壤。

在我的经验中，经济学家对不同偏好、生活方式和观点都抱有极为宽容的开放态度。那些审判式的陈词滥调——比如“职业道德”与“节俭的美德”对经济学家来说十分陌生。我们的工作是理解人们的行为，而理解本身就是一种尊重。

毕业典礼上的冲突后，我给女儿的老师写了一封信，解释为什么我拒绝她的邀请，与她进行一场“神学”上的辩论。信中的一些观点相当私人，谈不上专业，但这封信本身是对包容性的一种请求。而包容，正是经济学家给予他人的馈赠，也是他们期待得到的回报。因此在这里，我容许自己公开这封信的内容，将它作为一个例子，阐述经济学的思考方式如何塑造了经济学家的想法。

亲爱的瑞贝卡：

我们在科罗拉多州生活时，凯莉是班上唯一的犹太孩子。班里也有几个穆斯林孩子。有时——尤其每逢圣诞节，老师经常忘记孩子间的差异，说出一些只适合基督教孩子听的话。这些话平时很少出现，因此在家中只消简单解释几句，不同的人拥有不同信仰，孩子就会明白。因此一开始，我们选择了沉默。直到有一次，我们听到一位老师告诉一群孩子，如果圣诞老人不来你家就说明你是个坏孩子，我们才放弃了原本的打算。当时，穆斯林孩子一定听到了这番话，而圣诞老人根本不可能去他们的家。那一刻，我们决定向老师分享一些担忧。那位说错话的老师立刻道歉，于是并没有酿成任何事端。我绝对相信那位老师是个好人，一个诚实的人，本无意对孩子灌输教条，只是敝国惯常采取的天真教育方式使然。

或许，同样的天真也存在于我们今年在JCC（Jewish Community Center，犹太社区中心）的遭遇。正如凯莉在科罗拉多的老师只是不记得班上的孩子拥有不同信仰，JCC的老师可能只是不记得政治上也存在多样性。

现在，就让我来谈谈这种多样性。我们不是环保主义者。我们是热切的反极端环保主义者。我们认为极端环保主义是一种集体发疯，与邪教或者毒品战争没有分别。我们不回收。我们教导自己的女儿不要回收。我们教育她，如果有人尝试说服她回收或者有人强迫她回收，都是在侵犯她的权利。

接下来的段落将说明，我们的目的与当时向凯莉科罗拉多的老师表明我们不是基督徒如出一辙。他们中的一些人以前从未意识到有些学生不是基督徒，但很快就做出了调整。

一旦科罗拉多的老师理解，我们和其他一些家庭以及他们的信仰不同，他们直接道歉并且不再提起类似说法。从没有人问过我究竟不赞同基督教的哪些教义，他们只是意识到不可能改变我们的信仰，也没有必要尝试改变我们的信仰，因此不必花精力用那种方式教导我们的孩子。

学前班的毕业典礼上，我对你的质疑保持了克制。你想知道我究竟不同意哪些你教孩子的内容。我拒绝你提出上述问题的权利。极端环保主义的整个项目就如基督教教义，与我们完全无关。我从不准备与凯莉的科罗拉多老师就神学展开辩论，我想他们也不会有胆量质问我其中的原因。我只是让他们别再提起那个话题，他们意识到这个要求十分合理，事情从此偃旗息鼓。

我认为现在碰到的情况比我们在科罗拉多的遭遇更为严峻，主要有以下原因：第一，我们在科罗拉多面对的只是极少数言论，而在JCC，我们面对的是系统性灌输，几乎让孩子们有样学样；第二，我们不认为你具备足够的知识，可以理解世界上存在与你观点不同的人；第三，坦白说，相比于担心我的女儿成为基督徒，我更担心她成为极端环保分子；第四，目前不存在暴君逼迫我们必须皈依基督教，极端环保主义者同样不可能。我的祖国从未尝试给我寄《新约全书》（*New Testament*），但的确给我寄了可收回垃圾箱。

尽管我发过誓，不会与你就此问题展开任何讨论，但允许我回应一个你似乎认为十分重要的问题：我是否认同拥有特权就必须承担责任？答案是，不。我认为除非人们自愿承担责任，否则它就不能成立。我同样认为，在缺乏明确契约的情况下，如果有人试图教导其他人“负责任”往往没有好下场。我告诉我的女儿要万分警惕这样的人——即使他们是学前班的老师，即使他们已经赢得了许多人的爱戴。

真诚的，

史蒂文·兰兹伯格

关于资料来源的说明

这本书使用了许多我从别处学来、借来、“偷来”的想法与论据。我的记忆不够准确，可能无法一一指出它们的出处。在附录中，我将尽力而为。

此外，我还将补充几种想法。它们实在微不足道，不足以纳入正文的讨论，但在此处不妨一提。

第1章

2007年8月至2008年8月间，汽油的平均价格上涨了35%（从每加仑2.77美元上涨至3.74美元）。同时，燃油消耗下跌了8.5%。使用经济学术语表达就是需求弹性（elasticity of demand）

为 8.5/0.35，接近 0.25。4 年前，菲尔·古德温（Phil Goodwin）、乔伊斯·盖戴（Joyce Dargay）与马克·汉利（Mark Hanly）在《运输评论期刊》（*Transport Journal*）发表文章，指出经济学家一致估计需求弹性约在 0.25 上下。因此，文章中提及下跌 8.5 个百分点“正好与此前经济学家的预测一致”。

萨姆·佩兹曼（Sam Peltzman）的研究最早发表在 1975 年的《政治经济学期刊》。方向盘前伸出一根长矛的比喻最早出自——如果我没记错的话——加州大学洛杉矶分校（UCLA）的阿曼·阿尔钦（Armen Alchian）教授。

罗素·索贝尔（Russell Sobel）与托德·内斯比特（Todd Nesbit）对 NASCAR 安全性的研究发表在 2007 年的《南方经济杂志》（*Southern Economic Journal*）。亚当·波普（Adam Pope）与罗伯特·托利森（Robert Tollison）对汉斯装置的研究发表在 2010 年的《公共选择》（*Public Choice*）。

艾萨克·埃利希（Isaac Ehrlich）的研究同样发表于 1975 年，刊于《美国经济评论》（*American Economic Review*）。爱德华·利默（Edward Leamer）所撰写的《别再将计量经济学视作众矢之的》（*Let's Take the Con out of Econometrics*）于 1983 年发表在《美国经济评论》。以下网站还提供了最新的研究文献：http://www.cjlf.org/deathpenalty/dpdeterrence.htm。

第 2 章

文章中我提出，为什么人们总为自己喜欢的球队下注而非经过通盘考虑选择赢面最大的球队。我对此提供了一种可能的解释：也许是球迷为了确保家乡球队获胜时能大举庆祝。台湾学生姚川浩[①]提供了另一种有趣的见解：某种程度而言，球迷其实不在乎比赛本身。因此，问题变成了“为什么你会在观看东道主球队比赛时下注？”而非“为什么你会在东道主球队下注”。你会观看比赛，因为能够获得享受。因此，比赛绝非出自随机选择——这就令问题变得更加复杂了。他同时提及了你与你最喜欢的球队站在同一条船上时的那种欣喜。

黛尔德拉·迈克洛斯基（Deirdre McCloskey）的观点散见于（涉及多个话题）著作《测量与经济学的意义：黛尔德拉·迈克洛斯基基本思想》（*Measurement and Meaning in Economics: The Essential Deirdre McCloskey*）（出版社：Edward Elgar，2001 年）。安德烈·韦伊（André Weil）对选举投票的说法来自他的自传《一位数学家的学徒生涯》（*The Apprenticeship of a Mathematician*）（出版社：Birkhauser，1992 年）。

---

① 原文作 Chuanhau Yau，此系音译。——译者注

第 3 章

吸烟案例来自艾瑞克·邦德（Eric Bond）与基思·克罗克（Keith Crocker）于 1991 年发表在《政治经济学期刊》的论文。

关于老板为什么会批准补偿福利的讨论受到了保罗·雅克布斯基（Paul Yakoboski）与肯·麦克劳林（Ken McLaughlin）研究的启发。关于我们为什么不买断自己工作的讨论（以及如何分开付账的故事）受到了肯·麦克劳林的启发。

引用约瑟夫·康德拉（Joseph Conrad）的故事说明真相机制的有关想法来自吉恩·姆米（Gene Mumy）。

对管理人员补偿方案的系统性讨论最初来自詹森（Jensen）与墨菲（Murphy）于 1990 年发表在《政治经济学期刊》与《哈佛商业评论》（*Harvard Business Review*）的研究。关于最新研究，请参考美国国家经济研究局（NBER, National Bureau of Economic Research）编号为 #16585、标题为《CEO 的补偿方案》（*CEO Compensation*）的研究。该研究作者为麻省理工学院（MIT）的卡洛琳·弗里德曼（Caroly Fryman）与斯坦福大学的德克·珍特（Dirk Jenter），发表时间为 2010 年 11 月。

第4章

哈南·雅各比（Hanan Jacoby）向我指出了性丑闻对政客来说未必是坏事。

美国国家环保局对《清洁空气法》未来几年成本与收益的预测报告《第二次展望报告：1990—2020》（*Second Prospective Study, 1990—2020*）发表于2011年3月。

我向马克·比尔斯（Mark Bils）提问，为什么农夫可以获得补助而杂货店老板不行时，他突然反问，为什么没有人补贴汽车旅店老板，让他们空置房间呢？大卫·弗里德曼提供了文中的答案。

第6章

我的哲学顾问本杰明·谢尔曼（Benjamin Sherman）阅读此书样章时，为与我共进午餐的那位朋友辩护。他认为，即使无法在只有杰克与吉尔的单一世界中指出什么是公平，也不妨碍她在现实世界中做出判断。“我们可以在简单案例中指出公平性，却无法将它应用到复杂情况中，这十分常见。有些理论家认为，我们在熟悉情况中的直觉更加可靠。许多认知论（moral epistemology）

甚至认为，我们的直觉总是比抽象原理更加可靠。”此外，谢尔曼还指出，我的朋友之所以无法为杰克与吉尔的故事找到答案，可能是因为我没能足够清晰地描述他们生活的世界。

我不否认他的观点有道理，将在博客（www.TheBigQuestions.com）中继续讨论。

第7章

为了方便叙述，我刻意简化了艾克森美孚与矿权激进分子的故事，但它有个不可忽视的漏洞。我假设“坚定的反对者”愿意支付3 000美元阻止开采石油，将这个数字称为他的“支付意愿”（willingness-to-pay，或者WTP）。因此，我在投票中给了他3 000张反对票。

但是，还有另一种方式可以考察坚定反对者的意愿，如果不排除接受开采的可能，他最少愿意接受多少金钱改变决定。我们将此称为“接受意愿”（willingness-to-accept，或者WTA）。有时采用前一种方式衡量更适合，有时采用后一种方式更适合，其中存在一些微妙（subtleties）的差异（经济学家已经对差异进行了彻底研究）。幸运的是，差异经常可以避免：多数人在多数情况下，WTA与WTP十分接近，无论你选择哪一种，都不会出现太大差异（这种说法在一般假设中就可以得到证明）。但不幸的是，也存在极少数例外（如果人们的意愿十分强烈，一般假设很可能被推翻）。

文章中，关于“吹走的1美元”的故事完全出自虚构，但它的确可能发生在现实中。我将本章末尾机票价格故事的大纲拿给大卫·弗里德曼时，他立刻回答，如果我相信效率标准可以应用到个人操守上，就有道义令那1美元随风而逝。

第9章

罗纳德·科斯（Ronald Coase）的论文最早发表在《法律与经济学期刊》（*Journal of Law and Economics*），之后广为流传。

第10章

丹尼斯先生（Dennis）的成本收益分析发表于1990年11月出刊的《大西洋月刊》（*Atlantic Monthly*）。不难找到其他在成本收益分析上出错的文章，但我没能找到任何案例犯下了能够想象到的所有错误。因此，我在本章中保留了它作为分析的主要案例。

第11章

讨论第五个迷思时，我提出你随时可以让政府一次性偿还债务，方法是将赎回的钱存入计息账户，从此假装它不见了，并利用获得的利息支付政府债务产生的税收。读者有时无法认同这种观点，提出计息账户也需要缴税。他们的错误在于忽视了每个人的计息账户都需要缴税。这个事实本身为政府带来了收益，从而减少向你征税——幅度恰好是利息缴纳的税收。如果你认为结论过于仓促，可以简单地选择相信我或者参考我的文章：www.landsburg.com/riceq.pdf，其中给出了更为详尽的论证。

第12章

詹姆斯·卡恩（James Kahn）向我指出了阿尔·戈尔在辩论时机上的讽刺之处。安德鲁·马丁关于本地食品运动的报道发表于2007年12月9的《纽约时报》。史蒂夫·布迪安斯基（Stephen Budiansky）“略高一筹”的文章发表于2010年8月19日。

第 13 章

华特·欧伊（Walter Oi）发现了星星超市具有误导性的广告。

关于收入流动性的数据请参考杰拉德·奥腾（Gerald Auten）与杰弗里·吉（Geoffrey Gee）发表于《国家税收杂志》（*National Tax Journal*）的论文《美国收入流动性：收入税数据中的新证据》（*Income Mobility in the United States: New Evidence from Income Tax Data*）。自本书第一版问世以来，流动性中的五分之一区间几乎没有发生改变。

第 14 章

ABC 新闻于 2008 年 2 月播出了系列片《生活在阴影之中：美国文盲问题》（*Living in the Shadow: Illiteracy in America*）。几乎 20 年前，ABC 在星期天早晨播出的《戴维·布林克里秀》（*David Brinkley Show*）中曾做过类似报道。本书第一版中，我使用相当的篇幅讲述了戴维·布林克里的报道。第二版修订时，由于年代久远，我本考虑将它删去，但随着《生活在阴影之中》的播出，ABC 又为这个过时的案例重新注入了活力。

通过征税或者补贴原创者可以鼓励创新的想法来自马尔

文·古德弗兰德（Marvin Goodfriend）。

担心包装材料问题的同事是布鲁斯·汉森（Bruce Hansen），如今他任职于威斯康星大学（University of Wisconsin）。

第15章

开篇的引语来自米尔顿·弗里德曼的《资本主义与自由》（*Capitalism and Freedom*），首次出版于1962年，如今仍在重印。

关于从事相同交易的人很少往来，除非为了在价格上串通一气的说法出自亚当·斯密的《国富论》（*The Wealth of Nations*），首次出版于1776年，如今仍在重印。

我相信——虽然并非完全肯定，人们应该获得买卖惩罚权的想法来自我与阿兰·斯特克曼的一次谈话。

第16章

关于价格具有双重性（two-part）的理论来自我的同事华特·欧伊（比如，分别向剃须刀与刀片收费，或者迪士尼分别向入园门票与单项门票收费），发表于1971年的《经济学季刊》（*Quarterly Journal of Economics*）。

来自加州大学富尔顿分校（Fullerton）的罗伯特·迈克尔斯（Robert Michaels）向我指出了家具免费送货是一种价格歧视。

对戴尔电脑价格的引用来自 2001 年 6 月 8 日《华尔街日报》的报道。后来，安德鲁·欧德里兹科（Andrew Odlyzko）在他的论文《互联网上的隐私、经济学与价格歧视》（*Privacy, Economics and Price Discrimination*）中引用了同一组数据。（这篇论文似乎从未正式发表，尽管在网上很容易找到它。）同时，欧德里兹科引用了 E 型激光打印机与法国铁路车厢的案例。

我从普雷斯顿·迈克菲（Preston McAfee）处得知，美国航空公司变动票价极为频繁。

如果对罗门哈斯化学品公司销售甲基丙烯酸甲醇的故事感兴趣，可以参考乔治·斯托金（George Stocking）与米恩·沃特金斯（Myron Watkins）所著《卡特尔在行动》（*Cartels in Action*）（出版社：The Twentieth Century Fund，1946 年），以及托马斯·纳格（Thomas Nagle）所著《定价战略与战术》（*The Strategy and Tactics of Pricing*）（出版社：Prentice-Hall，2010）。

本章提出了问题："电影院老板该如何利用价格歧视定价？"但是，讨论刚开始就回避了老板为什么可以采用价格歧视策略，因为他具有某种垄断力吗？当然，他的一部分垄断力来自电影院的区位优势（locational advantages），如果首轮上映的影片仅在限量电影院可以看到，就更能够凸显这种优势。经济学家路易斯·洛卡（Luis Locay）与阿尔瓦罗·罗德里格兹（Alvaro Rodriguez）提供了另一种令我信服的解读：因为人们总是结伴看电影，喜欢爆米花的人常与不喜欢爆米花的同伴一起去影院。一般假设认为，由于存在竞争，不可能对喜欢爆米花的人们施行价格歧视，否则他们就会选择其他影院。但是，洛卡与罗德里格兹的回应是，喜欢爆米花的人们不可能去其他影院，因为他们要与自己的同伴在一起。如果其他影院的爆米花便宜但电影票价贵，不喜欢零食的人们就会投票留在原地。洛卡与罗德里格兹构建了一套全面论述，解释了当喜欢爆米花的人们与不喜欢它的朋友们面临集体决定时，电影院老板的确拥有了一定程度的垄断力，而且他们可以通过提高爆米花价格攫取其中的好处。

我十分欣赏这种解释，但它留下了一个疑惑。它没能告诉我，爆米花爱好者为什么没有试图与朋友们做个交易——我们去爆米花价格低的电影院，但不时会为你的电影票买单？

第 17 章

一夫一妻制的分析来自加里·贝克尔（Gary Becker）的研究。

女权组织在禁用甲羟孕酮避孕针（Depo-Provera）中扮演的

角色请参考《最新避孕技术》(*Contraceptive Technology Update*)上的专栏文章《临床医生与消费团体的冲突或将导致Depo避孕针被禁》(*Clinicians Clash with Consumer Groups over Possible Depo Ban*)(1995年1月)。

我从华特·欧伊处得知了中国船夫的故事。

第18章

失望理论(theory of disappointment)来自杰克·赫舒拉法(Jack Hirshleifer)。我从阿兰·斯托克曼处听说了它。

普雷斯顿·迈克菲与J.麦克米伦(J. McMillan)曾对拍卖理论做出过精彩解释，文章发表于1987年的《经济文献杂志》(*Journal of Economic Literature*)。

第19章

过去50多年来，随机漫步理论在数百实证研究中得到了验证。但是，麻省理工学院的罗闻全(Andrew Lo)与宾夕法尼亚大学的阿奇·克雷格·麦金利(Archie Craig MacKinlay)所著《华尔街的非随机游走》(*A Non-Radom Walk Down Wall Street*)(出版社:

Princeton University Press，2001 年）一书，对它提出了严峻挑战。罗闻全与麦金利认为，不同于随机漫步理论，历史价格的确能够预测未来短期内的股价。然而，即使罗闻全与麦金利的分析在数据上获得了完美验证，却没有人（至少没有人公开宣称）可以利用这种方法赚到钱——随机理论的偏差实在太过微小，但你将为此付出的交易手续费将十分庞大。因此，即使随机理论并非百分之百正确，有效市场假说依旧没有受到冲击——即你无法通过公共信息致富。

理查德·罗尔的观点来自我与经济学家罗伯特·希勒（Robert Shiller）的对话。该对话于 1992 年春天发表在《应用公司财务杂志》（*Journal of Applied Corporate Finance*）上。

如果想寻找更多证据，请参考伯顿·麦吉尔（Burton Malkiel）于 2003 年冬天发表在《经济学展望杂志》（*Journal of Economic Perspectives*）的论文。

第 23 章

橄榄球故事的类比来自查克·怀特曼（Chunk Whiteman）。我相信（但并非肯定）它最初来自汤姆·萨金特（Tom Sargent）。

诺贝尔经济学奖得主米尔顿·弗里德曼与埃德蒙·费尔普

斯（Edmund Phelps）（分别但同时）首次提出了通货膨胀令人们对工资的真实价值产生误解从而影响了就业率。两篇论文均发表于 1968 年。弗里德曼的论文发表在《美国经济评论》（*American Economic Review*），费尔普斯的论文发表在《政治经济学期刊》。

罗伯特·卢卡斯将弗里德曼·费尔普斯的研究作为基础，于 1972 年在《经济学理论期刊》（*Journal of Economic Theory*）发表了突破性研究成果。卢卡斯对计量经济学在政策评估中的批评发表在 1976 年的《卡内基–罗彻斯特：公共政策会议集丛》（*Carnegie Rochester Conference Series on Public Policy*）。

第 24 章

据我所知，麦克·达比（Michael Darby）于 1973 年发表在《政治经济学期刊》的文章，首次在印刷媒体提及回收纸张将导致树木数量缩水。大卫·塔图特朝普（David Tatoutchoup）与热拉尔·高德特（Gerard Gaudet）（两人均来自蒙特利尔大学）在 2009 年发表的论文《回收对植被储量的长期影响》（*The Impact of Recycling on the Long-Run Stick of Trees*）中给出了详细分析。此外，亦可参考密歇根大学理查德·波特（Richard Porter）所著《浪费中的经济学》（*The Economics of Waste*）。